Mini-Farming

Selbstversorgung nach Plan
für jede Gartengröße

BRUNHILDE
BROSS-BURKHARDT

blv

Inhalt

Vom Garten zur kleinen Farm 6

Der schnelle Weg vom Brachland zum Gemüsebeet 8

Das Wichtigste über Boden, Kompost und Düngung 14

Fruchtfolge, Mischkultur und die richtige Zeitplanung 20

Richtig umgehen mit Unkraut, Schädlingen und Krankheiten 26

Die Grundlagen zu Saatgut und Anzucht 30

Gewächshaus & Co. – so funktioniert's! 34

Einführung in das Modulsystem 38

Der Gemüsegarten 42

Tipps zur Auswahl von Gemüse 44

Das darf in keinem Garten fehlen 48

Der Kräutergarten 74

Die wichtigsten Kräuter fürs Beet 76

Das Wichtigste zum Anbau der Kräuter 80

Der Obstgarten 84

Obstbäume für kleine Gärten 86

Unkompliziertes Beerenobst 98

Das Minifeld 106

Frisch gebacken: das tägliche Brot 108

Vom Feld auf den Tisch 114

Kleinvieh macht auch Mist 120

Der Hühnerhof – so geht's! 122

Gänse und Enten halten 128

Kaninchen züchten und halten 132

Honig aus dem eigenen Bienenstock 136

Meine Mini-Farm 142

Die Module kombinieren 144

Rund um die Mini-Farm 164

Handwerkliches mit Holz, Stein und Metall 166

Vom richtigen Umgang mit Wasser 174

Vorräte für den Winter 178

Die beste Lagerung 180

Gemüse und Obst haltbar machen 184

Stichwortverzeichnis 188

Adressen, die Ihnen weiterhelfen 190

Über die Autorin 191

Vom Garten zur kleinen Farm

Viele Menschen wollen sich heute wieder selbst mit frischem Obst und Gemüse, mit Honig und Eiern versorgen. Sie möchten Land bewirtschaften, das sie mit Nahrungsmitteln aus eigenem Anbau versorgt, und träumen von einem ganzheitlichen Leben in ländlichem Idyll.

Der schnelle Weg vom Brachland zum Gemüsebeet

Gehören Sie auch zu den Menschen, denen es wichtig ist, ihr eigenes Gemüse und Obst zu ernten oder von eigenen Hühnern Eier zu haben? Alle Menschen, die ein Stück Land bewirtschaften, sollten dies als Privileg ansehen und die Chance nutzen. Sie brauchen nicht gleich voll einzusteigen, sondern können zunächst Teilbereiche verwirklichen, die Ihnen besonders wichtig sind, und zum Beispiel mit dem Imkern beginnen.

Wünsche kennenlernen

Wer einmal den Entschluss gefasst hat, Gemüse und Obst selbst anzubauen, will meist voller Tatendrang loslegen. Erfahrungsgemäß ist es jedoch besser, zunächst einmal genau zu überlegen, was man selbst und die Familie und Freunde möchten und was gebraucht wird. Wollen Sie nur Gemüse anbauen oder sich auch mit Beerenobst und Baumobst selbst versorgen? Wollen Sie auch Tiere halten und können Sie diese regelmäßig versorgen? Können und wollen Sie ein stetes Leben auf der Mini-Farm verbringen? Gibt es jemand, der Sie während einer möglichen Abwesenheit vertreten kann?

Schon von einer relativ kleinen Grundfläche lässt sich viel ernten. Wenn Sie es geschickt anstellen, können Sie sich über viele Monate hinweg selbst mit dem Nötigen versorgen. Schon wenige Quadratmeter reichen aus, um das ganze Jahr über frischen Salat und anderes Feingemüse zu ernten. Noch mehr ist beim Einsatz eines Frühbeets oder eines Kleingewächshauses drin. Für eine weitgehende Selbstversorgung auch mit Beerenobst rechnet man pro Person etwa 20–25 Quadratmeter. Wenn Sie Äpfel, Birnen und ein paar andere Baumobstarten selbst ernten wollen, sollten es mindestens 40 Quadratmeter sein. Für die Tierhaltung müssen Sie mehr Platz einkalkulieren. Geflügel braucht viel Auslauffläche; Enten und Gänsen müssen Sie einige hundert Quadratmeter Weidefläche zur Verfügung stellen.

LINKS: Ein Nutzgarten mit Obstgehölzen, Gemüse und Kräutern kann es an Ästhetik mit einem Ziergarten aufnehmen.

OBEN: In guten Jahren liefert der Garten eine reiche Ernte an frischem Gemüse, Kräutern und Obst – fast wie im Schlaraffenland.

Plan skizzieren

Schreiben Sie Ihre Wünsche und Vorhaben auf, um sie mit den Gegebenheiten abzugleichen. Nicht alles ist machbar. Für die konkrete Umsetzung der Pläne eignet sich am besten kariertes Papier, auf dem alles maßstabsgetreu skizziert wird. Als Skizzengrundlage können Sie auch einen kopierten Plan des Grundstücks nehmen. Die Gartenmodelle und Beispiele in Kapitel 7 sollen Anregungen für die eigenen Vorhaben geben. So kommen Sie nach und nach einer Lösung für das eigene Grundstück nahe. Nutzen Sie die Chance und lassen Sie sich auf das Experiment »Mini-Farm« ein.

Das passende Gelände für die Mini-Farm

Die örtlichen Gegebenheiten beim Einstieg ins Mini-Farming sind meist ganz unterschiedlich. Im Kapitel 7 können Sie sich Anregungen anhand einzelner Gartenmodelle holen.

- Wer einen schon angelegten Garten mit älteren Obstbäumen und Gemüsebeeten übernimmt, kann das Grundstück nach den eigenen Wünschen Stück für Stück umgestalten.
- Haben Sie ein Haus neu gebaut oder ein frisch ausgewiesenes Pachtgrundstück übernommen? Dann ist in der Regel nur bloßes Erdreich vorhanden und das Grundstück muss angelegt werden. Das ist die beste Möglichkeit, die eigenen Wünsche in die Tat umzusetzen. Andererseits müssen Sie Zeit und Arbeit in die Grundanlage investieren. Normale Hausgartengrundstücke sind individuell zugeschnitten, oft mit spitzen Winkeln oder geschwungenen Grundstücksgrenzen. Kleingarten-Pachtgrundstücke sind eher in ein Rastersystem eingepasst und weisen einen rechtwinkligen Grundriss auf. Die Gartenmodelle auf den Seiten 146–149 und 152–153 im Kapitel 7 geben Anregungen.
- Vor den Toren der Dörfer und Städte liegen oft Areale mit Pachtgrundstücken, die zu einem niedrigen Pachtzins direkt von den Kommunen oder von Privatleuten verpachtet werden. Die Besitzer geben vor, ob eine Hütte auf dem Grundstück stehen darf oder ob das Pflanzen von Gehölzen erlaubt ist. Generell sind im Außenbereich vor den Städten und Dörfern feste bauliche Einrichtungen nicht erlaubt. Sie haben also nur das bloße Land, das Sie frei einteilen können, allenfalls mit einem Kompostbehälter darauf. Das Gartenmodell auf den Seiten 150–151 im Kapitel 7 gibt Anregungen. Auf solchen Parzellen kann gleich ohne große Vorarbeiten begonnen werden, vorausgesetzt, das Land ist unkrautfrei.
- Wenn Sie einen verwilderten Garten übernommen haben, müssen Sie mit viel Wildwuchs, mit Wildkräutern und Gehölzsämlingen fertigwerden. Wuchernde Goldrute, Brennnesseln, Giersch, Ackerwinde, Waldrebendickicht und Brombeergestrüpp sind nur einige der besonderen Herausforderungen. Den Wildwuchs sollten Sie abschneiden und aus dem Garten entfernen. Danach muss man den Boden erst wieder »urbar« machen, also Gehölzstummel entfernen und mehrmals gründlich durcharbeiten. Dann wird der Boden mit einer Gründüngung und Kartoffeln für die weitere Bepflanzung vorbereitet. Haben Sie Geduld, denn bei zu oberflächlichem und schnellem Arbeiten kommen Wildpflanzen innerhalb kürzester Zeit wieder hoch und bedrängen die Kulturgewächse.
- Vielleicht haben Sie die Möglichkeit, eine Wiese oder ein Baumland zu übernehmen und in Gartenland umzuwandeln. Dazu muss zunächst die Wiese oder der Rasen umgegraben werden, sodass die grünen Pflanzenteile nach unten kommen. Es ist allerdings etwas mühsam, diese Arbeit mit dem Spaten zu erledigen. Leihen Sie sich bei größeren Flächen für den Umbruch des Wiesengeländes am besten eine Gartenfräse oder einen Mini-Pflug aus. Nach dem Umbruch müssen die Grassoden zunächst verrotten, bevor mit dem Säen oder Pflanzen begonnen werden kann. Das dauert ein paar Monate oder etwa ein halbes Jahr. Im Sommer verrottet das organische Material schneller als im Winter. Danach sollten Sie noch eine Gründüngung einsäen, um den Boden optimal vorzubereiten. Es gibt noch eine andere, kräftesparende Möglichkeit, Wiesenland in Gartenland umzuwandeln, allerdings nur für eine kleine Fläche: Legen Sie ein lichtundurchlässiges Vlies oder einfach Pappe auf. Darunter verrotten Gräser und Kräuter. Nach mehreren Monaten kommt ein wunderbar krümeliger, feuchter und gut zu bearbeitender Boden zum Vorschein, in den sofort Gemüse gesät oder gepflanzt werden kann.
- Eine neue Variante der Landnutzung ist das temporäre Gartenland. Profi-Bauern oder -Gärtner verpachten Parzellen auf ihrem Gelände zur Gartennutzung. Die Profis übernehmen die Grundbodenbearbeitung und teilen die Parzellen ein. Sie brauchen also nicht selbst umzugraben und den Boden für die Bepflanzung vorzubereiten, sondern können gleich mit Säen und Pflanzen loslegen. In der gut vorbereiteten Erde gedeihen Gemüse und Feldfrüchte bestens. Außerdem gibt es auf so einem Grundstück kaum lästige Wurzelunkräuter.

RECHTS: Gänse liefern Federn, Daunen, Eier und Fleisch, sind andererseits aber auch Haus- und Hofgenossen.

Den Nutzgarten anlegen

Gärten unterscheiden sich nicht nur durch die schon erwähnten Ausgangsbedingungen, sondern auch in der Lage, im Zuschnitt und Gefälle. Alle diese Gegebenheiten müssen beim Planen und Einteilen des Nutzgartens bzw. der Mini-Farm berücksichtigt werden.

Sonne und Schatten

Ohne Licht kein Pflanzenwachstum. Diese schlichte Tatsache muss die Leitschnur bei der Gartenplanung sein. Suchen Sie deshalb fürs Gemüse und für die Feldfrüchte Geländeteile aus, die im Tagesverlauf das meiste Licht bekommen. Wenn es sich einrichten lässt, sollten die Gemüsebeete auf der Südseite oder an einer Südwest- oder Südostecke des Hauses oder der Gartenhütte liegen. Am günstigsten ist es, wenn die Gemüsereihen in Nord-Süd-Richtung verlaufen, sodass alle Reihen gleichmäßig von der Sonne beschienen werden. Pflanzen Sie keine hoch wachsenden Obstbäume oder hohe Ziersträucher in die Nähe der Nutzpflanzen. Frisch gepflanzte Gehölze sehen zwar anfangs klein aus, Sie müssen aber immer die endgültige Höhe und Breite einkalkulieren. Halten Sie auch Abstand zu Begrenzungshecken und Sichtschutzzäunen. Sobald nur ein wenig Schatten von Gehölzen oder vom Haus auf die Beete fällt, wachsen die Pflanzen nicht mehr so gut oder kümmern sogar. Allenfalls Beerenobststräucher und manche Kräuter vertragen etwas Schatten. Schattige Ecken lassen sich dennoch gut nutzen – für den Kompostplatz, für Kleintierställe und den Schuppen zum Unterstellen der Gartengeräte. Solche Bereiche können Sie außerdem mit schattenverträglichen Wildpflanzen gestalten. Die Bodendeckergewächse Efeu, Farne und Immergrün kommen mit einer solchen Situation bestens zurecht.

Um möglichem Ärger aus dem Weg zu gehen, sollten Sie Bäume und Sträucher vorausschauend so pflanzen, dass die Nachbargärten später nicht durch Schattenwurf beeinträchtigt werden. Am besten hält man ohnehin die gesetzlich vorgeschriebenen Grenzabstände ein.

Exposition

Die Beete lassen sich am besten bewirtschaften, wenn sie eben oder nur wenig nach Süden geneigt liegen. Auf ebener Fläche lässt sich besser arbeiten. Regenwasser dringt gut in den Boden ein und kann nicht so leicht oberflächlich abfließen.

Bei stark geneigtem Gelände kommt man nicht umhin zu terrassieren. Das heißt, man muss Mauern aufsetzen, um eine einigermaßen ebene Fläche zu bekommen. Das muss kein Nachteil sein, denn eine fachgerecht aufgebaute Trockenmauer aus Natursteinen bereichert den Garten ungemein (siehe S. 170–171).

Beetformen

Auch über die Form der Beete sollten Sie sich Gedanken machen. Rechteckige Beete sind am besten zu pflegen; auf ihnen hat man eine gute Übersicht beim Mischkulturanbau und kann den Fruchtwechsel einhalten. Sie sind auch deswegen von Vorteil, weil die handelsüblichen Folien, Vliese und Insektenschutznetze auf eine solche Beetform ausgelegt sind. Meistens erschließt ein Mittelweg die Gemüsefläche; die Beete werden entweder durchgehend bewirtschaftet oder sind in schmale Beete von 1,20 Meter Breite eingeteilt. Die Länge des Beetes ist nicht entscheidend; sie hängt von der Größe des Gartens ab und davon, wie viel Gemüse angebaut werden soll. Ein Gemüse-Modul in diesem Buch besteht aus drei 1,2 Meter breiten und 2,5 Meter langen Beeten mit schmalen Zwischenwegen.

LINKS: Für den Gemüseanbau muss das Gartenland gut durch Umgraben und Einsäen von Gründüngung vorbereitet werden.

Das Gemüseland kann auch im Stil der alten Bauerngärten durch ein Wegekreuz unterteilt sein. Auf diese Weise lassen sich der Fruchtwechsel für Starkzehrer, Mittelzehrer und Schwachzehrer und zusätzlich eine Dauerkultur wie Erdbeeren gut einhalten. Auf einem größeren Grundstück können Sie die Vierfelderwirtschaft leicht verwirklichen, indem Sie vier Gemüse- oder vier Feld-Module im Viereck anordnen.

Eine Sonderform ist das Kraterbeet mit tiefem Zentrum. Eine solche Beetform kann in kühlen, windigen Gegenden sinnvoll sein. Im »Krater« entsteht ein eigenes Kleinklima. Zum Aufbau des Kraters sind einige Erdarbeiten nötig. Zum Aufschütten des Randes nimmt man Erde von Aushubarbeiten auf dem eigenen Gelände oder lässt für größere Anlagen Humus anfahren. Ein solches Kraterbeet darf nicht zu klein bemessen sein – einen Durchmesser von 4 Metern sollte es schon haben.

Anbau in Gefäßen

Ein normaler, gewachsener Gartenboden bietet für alle Gemüse- und Obstarten die besten Voraussetzungen. Trotzdem kann auch ein Anbau in Gefäßen sinnvoll sein. Allerdings müssen Sie auf die Bewässerung große Sorgfalt legen, da die Pflanzen nicht im gewachsenen Erdreich wurzeln und sich kaum selbst mit Wasser versorgen können.

- In Hochbeeten lässt es sich sehr rückenschonend arbeiten. Hochbeete und Hügelbeete bieten zudem eine ideale Möglichkeit, organische Abfälle, wie Astmaterial, Laub, Staudenschnitt, auf dem Gelände sinnvoll zu kompostieren.
- Einige Gemüsearten und kleine Obstgehölze lassen sich auch in Kübeln, Säcken und Kisten kultivieren. Bei Kartoffeln und Tomaten ist das gut machbar. Tief wurzelnde und nährstoffbedürftige Gemüsearten und Obstgehölze tun sich bei dem beengten Wurzelraum in Pflanzgefäßen allerdings schwer. Betrachten Sie den Anbau in Gefäßen als Notbehelf, wenn es gar nicht anders geht.

Das Wichtigste über Boden, Kompost und Düngung

Der Boden sollte im Idealfall von krümeliger Struktur, also gut zu bearbeiten sein und genügend Nährstoffe enthalten. In alten Gärten findet man solche Verhältnisse manchmal vor. Bei der Neuanlage eines Gartens muss man dagegen meist erst an der Bodenqualität arbeiten. Eine Bodenprobe schafft über die Nährstoffverhältnisse und den Bodenzustand Klarheit.

Die wichtigsten Bodeneigenschaften

Es gibt schwere Böden und leichte Böden, humushaltige und humusarme mit vielen Zwischenstufen und weiteren Eigenschaften. Langfristig lassen sich die Bodeneigenschaften durch organisches Material in Form von Kompost und Mulchmaterial beziehungsweise durch Zufuhr mineralischer Bestandteile wie Tonmehl oder Sand ausgleichen und verbessern. Ein wichtiges Merkmal der Bodenqualität ist auch der pH-Wert. Am günstigsten ist es, wenn er in einem neutralen Bereich um den Wert 7 liegt. Eine Bodenuntersuchung, die Sie leicht selbst machen können, gibt darüber und über Nährstoffgehalte sowie die Bodenart Aufschluss. Wer Gemüse und Obst anbauen will, sollte einerseits die Bodeneigenschaften kennen und andererseits wissen, was die Pflanzen mögen. Möhren und andere Wurzelgemüse beispielsweise gedeihen gut auf sandigem Boden. Kohlgemüse wollen dagegen humusreiche, eher schwere Böden.

Boden durch Mulchen verbessern

Mulchen heißt nichts anders als den Boden bedecken. Es ist besonders wirksam bei leichten Böden und wirkt ausgleichend auch auf schweren Böden. Die Mulchdecke schützt vor starken Regengüssen und damit vor dem Verschlämmen des Bodens, denn das Wasser sickert allmählich in den Boden ein. Die Mulchschicht hält zudem das Wasser im Boden und hilft so Wasser zu sparen.

LINKS: Ein Komposthaufen darf im Garten nicht fehlen. Er dient der Verwertung organischer Abfälle und liefert Nährstoffe.

OBEN: Eine Mulchdecke tut besonders Beerensträuchern wie Himbeeren und Brombeeren gut. So bleibt der Boden feucht.

Ideal zum Mulchen sind zarte Blätter von Spinat, Salat oder Brennnesseltriebe, die schnell verrotten. Grob zerkleinerte Blätter von Beinwell und Rhabarberblätter, angewelkter Rasenschnitt eignen sich ebenfalls. Mulchen Sie dünn; besonders bei Rasenschnitt besteht nämlich die Gefahr, dass die Halme zusammenbacken und so eine undurchdringliche, luftdichte Schicht entsteht. Die Devise heißt also: lieber weniger und häufiger mulchen.

Stroh ist ebenfalls ein gutes Mulchmaterial, aber nicht auf Gemüsebeeten, sondern bei Erdbeeren und Beerenobst. Es verrottet nur schwer, und die Mikroorganismen, die es zersetzen, binden Stickstoff. Um ein Wegfliegen zu verhindern, übergießt man das Stroh mit verdünnter Brennnesselbrühe, die zusätzlich Stickstoff liefert.

Damit das Gemüse im Garten gesund und kräftig heranwächst, müssen genügend Nährstoffe vorhanden sein. Kompost, Pflanzenjauchen und organische Handelsdünger sind im biologisch bewirtschafteten Garten wichtige Nährstoffquellen. Wichtig ist vor allem ein guter Humusgehalt, und der lässt sich durch organische Dünger langfristig erhöhen.

Die wichtigsten Nährstoffe

In aller Regel sind unsere Gartenböden sehr gut und oft überreich mit Nährstoffen versorgt. Wenn Sie einen Garten neu übernehmen, müssen Sie sich jedoch mit der speziellen Situation vor Ort auseinandersetzen. Und Sie sollten in etwa wissen, welche Nährstoffe die Pflanzen brauchen. Die wichtigsten Nährstoffe sind Stickstoff, Phosphor, Kalium, Magnesium, Kalzium und Schwefel. In etwas geringerer Konzentration brauchen die Gewächse Eisen, Mangan, Zink, Kupfer, Chlor, Bor, Molybdän sowie weitere Mineralstoffe. Achten Sie besonders auf den Stickstoff. Bei zu hoher Konzentration färben sich die Blätter dunkelgrün, bei zu geringer Konzentration kümmern die Pflanzen, die älteren Blätter vergilben und sterben schließlich ab. Bei sehr nährstoffbedürftigen Kulturpflanzen, den sogenannten Starkzehrern wie Kohl oder Tomaten, kommt es gelegentlich zu Stickstoffmangel.

Generell kann man sagen, dass sandige, leichte Böden relativ nährstoffarm sind, weil sie Nährstoffe nur schlecht binden können. Deshalb muss die Bindefähigkeit erhöht und der Humusgehalt gesteigert werden. Lehmige, schwere Böden liefern dagegen reichlich Nährstoffe. Sie haben aber eine sehr starke Bindefähigkeit, sodass die Pflanzen kaum Nährstoffe aufnehmen können. Durch die Förderung der Bodenlebewesen und durch die Art und Weise der Bearbeitung kann das verbessert werden.

Die wichtigsten Dünger

Kompost enthält eine relativ ausgewogene Mischung von Nährstoffen. Er kann aus pflanzlichen Materialien oder aus Mist von Tieren entstehen oder aus einer Mischung der Komponenten. Kompost kann angerottet, halb verrottet oder reif sein. Je nach Reifegrad wird Kompost unterschiedlich eingesetzt. Angerotteter oder halb verrotteter Kompost eignet sich gut zum Mulchen zum Beispiel bei Tomaten oder Kohl. Empfindliche Gemüse wie Möhren vertragen solchen Kompost dagegen nicht. Man gibt im Gemüsegarten pro Quadratmeter und Jahr etwa einen Eimer voll reifen Kompost (ca. 10 kg) und arbeitet ihn mit der Hacke beziehungsweise mit Grubber, Krail oder Kultivator oberflächlich ein. Graben Sie ihn nicht unter.

Ebenfalls sehr wichtige Dünger sind pflanzliche Jauchen. Die wichtigsten Zutaten dafür sind Brennnesseln und Comfreyblätter. Die grob zerkleinerten Pflanzen werden in Eimern oder Kübeln mit Wasser übergossen (etwa 1 kg Pflanzenmaterial auf 10 l Wasser). Bei warmem Wetter vergärt die Jauche innerhalb von ein bis zwei Wochen. In dieser Phase riecht die Jauche unangenehm. Durch Überstäuben mit Steinmehl oder Tonmehl lässt sich der Geruch abbinden. Mit Jauche lässt sich Stickstoffmangel an Gemüsen schnell beheben. Pflanzenjauche wird immer mit Wasser 1:10 verdünnt angewendet und direkt auf den Boden gegossen.

LINKS: Dünger für gutes Wachstum und guten Ertrag sollten sorgfältig in den Boden eingearbeitet werden.

MITTE: Nutztiere wie Hühner liefern nicht nur Eier und Fleisch, sondern auch wertvollen Dünger.

RECHTS: Der Kompost ist der wichtigste Dünger im Selbstversorgergartenbau. Er versorgt die Pflanzen ausgeglichen mit Nährstoffen.

Die Unterschiede

Hornmehl, Horngrieß und Hornspäne sind reich an Stickstoff. In den gröberen Produkten werden die Nährstoffe nach und nach freigesetzt. Das heißt, sie wirken nicht sofort wie die Jauchen. Geben Sie Hornmehl oder Horngrieß gezielt zu stark zehrenden Kulturen wie Tomaten oder Kohl.

Auf leichten Böden und bei Anbau ohne tierische Düngemittel mangelt es manchmal an Kalium. Das erkennt man an Braunfärbungen der Blattränder und Blattspitzen. Geben Sie dann Kalimagnesia oder, wenn vorhanden, Holzasche aufs Beet oder in den Kompost. Auch Comfreyblätter und daraus hergestellte Jauche enthalten relativ viel Kalium.

Algenkalk enthält außer Kalk viele Spurennährstoffe. Zum Kalken kann man auch kohlensauren Düngekalk verwenden. Stein- und Tonmehle sind ebenfalls mineralstoffreich. Tonmehl macht zudem leichte Böden bindiger, sodass die Nährstoffe besser haften bleiben. Bei organischen Handelsdüngern werden die Nährstoffe erst durch die mikrobielle Zersetzung den Pflanzen zur Verfügung gestellt. Der Handel bietet speziell zusammengesetzte Dünger für bestimmte Kulturpflanzen wie Tomaten an. Diese unterscheiden sich im Wesentlichen im Stickstoff- und im Phosphatgehalt.

Kompostieren – gewusst wie

Der Kompostplatz sollte gut zugänglich in der Nähe des Gemüsegartens liegen und Platz zum Hantieren bieten. Achten Sie darauf, dass der Kompostbehälter aus Holz oder Kunststoff leicht beschattet liegt, etwa im lichten Schatten eines Holunderbuschs oder eines Haselnuss- oder Fliederstrauchs. Dann trocknet der Inhalt bei starker Sonneneinstrahlung nicht so schnell aus und die Umsetzungsprozesse können gut ablaufen. Sehr praktisch und gut zu handhaben sind Kompostlegen aus Kunststoff, deren Seitenteile einfach ineinandergesteckt werden.

Füllen Sie den Kompostbehälter zum Beispiel mit Ernteresten, Staudenstängeln, abgeschnittenen Blütenständen. Wichtig ist, alles Material vor dem Einfüllen zu zerkleinern, entweder mit der Gartenschere oder einem Häcksler, und gut zu mischen. Rasenschnitt, der oft in großer Menge anfällt, sollte immer vermischt mit gröberem Material eingefüllt werden, sonst bekommt man eine faulende, stinkende Masse, die einem die Freude am Kompostieren nimmt. In kleineren Gärten wird man es nicht schaffen, den Behälter auf einmal vollzufüllen, auch wenn das wünschenswert wäre. Dann legt man das frisch Gehäckselte oder Zerkleinerte obenauf und vermischt es mithilfe der Grabegabel ein wenig mit der darunter liegenden Schicht, in der sich oft schon rote Kompostwürmer kringeln.

Kompost muss sich erhitzen

Der Kompost soll sich gut erhitzen, optimalerweise auf 55–60 °C. Das gelingt, wenn das eingefüllte Material feucht ist, nicht zu nass und nicht zu trocken. Bei Trockenheit muss man den Kompost unter Umständen befeuchten, bei Regengüssen dagegen abdecken. Beim richtigen Feuchtigkeitsgrad erhitzt sich das Kompostinnere etwa einen Tag nach dem Aufsetzen kurzzeitig auf etwa 60 °C. Höher sollte die Temperatur nicht steigen, weil dann Nährstoffe verloren gehen. Schon nach wenigen Tagen sackt die Temperatur stark ab. Nach dieser ersten Kompostierphase besiedeln Pilze den Kompost; danach folgen weitere Zersetzer – Asseln und Springschwänze – und schließlich die Kompostwürmer. Im Zuge des Zersetzens »setzt« sich der Kompost. Von einem Berg organischen Materials bleibt dann nur ein kleines Häufchen dunkler, angenehm erdig riechender Komposterde übrig – ein hervorragender Dünger für alle Kulturen.

- Kompostiert werden Ernteabfälle, kleine Mengen Rasenschnitt, Staudenschnitt, Reste vom Gemüseputzen, Kaffeesatz, Teebeutel, Eierschalen und andere organische Abfälle.
- Das Kompostiermaterial wird zerkleinert, gut gemischt und feucht gehalten.
- In Stadtwohnungen können organische Abfälle in Wurmkisten oder als Bokashi gesammelt werden.
- Der Kompost wird nach einem halben bis dreiviertel Jahr als Dünger ausgebracht.

LINKS: Der Kompostierprozess läuft schnell ab, wenn die zerkleinerten Materialien gut miteinander gemischt und befeuchtet werden.

Gründüngung

Mit Gründüngung können Sie im Garten viel bewirken, dabei ist es eigentlich keine richtige Düngung, sondern dient eher der Bodenpflege. Die Handelsbezeichnung »Bodenkur« für Gründüngungspflanzen ist deshalb ganz treffend. Unter der grünen Decke hält sich die Feuchtigkeit im Boden und die Struktur bleibt erhalten. Außerdem kommt mit der Gründüngung organische Substanz in den Boden, aus der die Bodenlebewesen nach und nach Humus aufbauen können. Die Gründüngungspflanzen schließen mit ihrem mehr oder weniger tief reichenden Wurzelwerk den Boden gut auf, lockern ihn dadurch und setzen Nährstoffe frei.

Einige Gründüngungsarten aus der Gruppe der Schmetterlingsblütler wie Ackerbohnen, Lupinen und Wicken düngen den Boden tatsächlich. Sie reichern mithilfe der Knöllchenbakterien Stickstoff aus der Luft im Boden an. Dieser wichtigste Nährstoff steht dann wiederum den nachfolgenden Kulturen oder den Nachbarkulturen zur Verfügung.

Gründüngung können Sie als Lückenfüller aussäen, wenn Gemüse oder Feldfrüchte früh räumen, oder ganz gezielt, wenn ein Stück Land in Kultur genommen werden soll oder wenn eine Fläche vorübergehend nicht gebraucht wird. Auf jeden Fall tut eine Gründüngung dem Boden gut und beugt Fruchtfolgeschäden vor. Wer Bienen hält, wird gezielt Pflanzenarten aussäen, die Bienen anlocken, allen voran Büschelschön *(Phacelia tanacetifolia)* oder Buchweizen *(Fagopyrum esculentum)*.

Gründüngungspflanzen, die im Herbst ausgesät werden, sterben normalerweise im Winter ab. Das abgefrorene Pflanzenmaterial bleibt den Winter über auf dem Boden liegen. Es verrottet weiter und wird im Frühjahr vor der Bodenbearbeitung weggeharkt. Phacelia verträgt Frost bis etwa –8 °C und kann in milden Wintern auf dem Beet überdauern.

RECHTS: Phacelia ist eine der beliebtesten Gründüngungspflanzen und eine sehr gute Bienenweidepflanze dazu.

Weitere Gründüngungspflanzen

- **Ackerbohne** *(Vicia faba):* Aussaat ab März/April bis August reihenweise oder flächendeckend. Der Schmetterlingsblütler reichert den Boden mit Stickstoff an.
- **Gelbsenf** *(Sinapis alba):* Aussaat März/April und ab August. Als Vorkultur und Nachkultur, nicht im Sommer säen, da er schnell in Blüte geht und dann als Gründüngungspflanze nutzlos ist.
- **Ölrettich** *(Raphanus sativus):* Dieser Kreuzblütler wurzelt tief, schließt den Boden gut auf und ist gut bei Garten-Neuanlagen.
- **Phacelia** *(Phacelia tanacetifolia):* Aussaat flächendeckend von April bis August. Die blauen Blüten locken Bienen an.
- **Studentenblume** *(Tagetes):* Aussaat April bis Juni. Wird als Bodenkur eingesät, um Fruchtfolgeschäden durch Nematoden vorzubeugen.

Fruchtfolge, Mischkultur und die richtige Zeitplanung

Eine gute Fruchtfolge ist die Basis für erfolgreichen Pflanzenbau. Sie hat sich im Gartenbau und in der Landwirtschaft seit Langem bewährt. Aus Erfahrung wissen Landwirte und Gärtner, dass man dieselbe Pflanzenart nicht öfter hintereinander anbauen darf, weil sie den Boden einseitig auslaugt, Nährstoffe entzieht und auf der anderen Seite schädliche Stoffe in den Boden ausscheidet.

Altem Erfahrungswissen zufolge sollte man eine Kultur erst nach einer Anbaupause von drei bis vier Jahren auf dasselbe Beet oder in dieselbe Pflanzreihe säen oder pflanzen. Auch für die häufig angebauten Kartoffeln gilt diese Anbaupause, ebenso für Rüben und andere Feldkulturen. Wird ein und dieselbe Art über mehrere Jahre am selben Platz angebaut, können sich sogar schädliche Organismen im Boden anreichern. Die mikroskopisch kleinen Nematoden oder Wurzelälchen sind solche Organismen. Man nennt sie auch Fruchtfolgeschädlinge.

Fruchtfolgekrankheiten

Wenn schon Fruchtfolgeschäden aufgetreten sind, wie beispielsweise die gefürchtete Kohlhernie an Kohlgewächsen und Raps, ist sogar eine längere Anbaupause nötig. Schalten Sie zwischendurch immer mal eine Gründüngung ein. Speziell gegen Nematoden ist vor allem die Studentenblume äußerst wirksam. Und die Bienenweidepflanze Phacelia ist fruchtfolgeneutral und hilft, den Boden gesund zu halten.

Eine weitere typische Fruchtfolgekrankheit ist die Rettichschwärze an Rettich und Radies, die auftritt, wenn das Gemüse zu oft hintereinander auf einem Beet angebaut wird. Bei dieser Pilzerkrankung verfärbt sich der Rettich äußerlich dunkelblau bis schwarz. In der Folge reißt die Rübe auf und wird von innen her morsch. Ein Fruchtfolgeschaden ist auch das Gelbwerden der Petersilie.

LINKS: In Mischkulturen wechseln hoch und niedrig wachsende Gemüsearten einander ab, sodass ein abwechslungsreiches Bild entsteht.

OBEN: Um Fruchtfolgeschäden vorzubeugen, sollte auf Gemüse- und Feldflächen alle paar Jahre eine Gründüngung ausgesät werden.

Selbstverträgliche Tomate

Eine der wenigen Gemüsearten, die mit sich selbst verträglich ist, ist die Tomate. Bei längerem Anbau am gleichen Platz, etwa im Gewächshaus, reichern sich jedoch auch bei dieser Art im Boden schädliche Nematoden an. Sie vermehren sich im Wurzelbereich und bewirken, dass die Pflanzen nur noch kümmerlich wachsen. Tomaten-, Paprika- und Gurkenanbauer setzen auf veredelte Pflanzen, um Schäden durch Nematodenbefall zu umgehen. Nematoden können übrigens auch Obstgehölzen stark zusetzen.

Mit Mischkulturen experimentieren

In enger Verbindung zur Fruchtfolge steht die Mischkultur. Sie nutzt die Beobachtung vieler Gärtner, dass sich Pflanzen gegenseitig in ihrer Entwicklung fördern oder hemmen können. Die Ursache dafür sind Ausscheidungen der Pflanzen in die Luft und in den Boden. Es ist schwierig, diese Wirkungen nachzuweisen; sie basieren hauptsächlich auf Beobachtung. Neuere Versuchsergebnisse dazu liegen nicht vor.

Einige von Pflanzen ausgeschiedene Stoffe scheinen Schädlinge zu verwirren, sodass sie die beliebten Pflanzen nicht finden, beispielsweise diejenigen der Möhre, die der Zwiebelfliege »den Kopf verdrehen«. Umgekehrt vertreiben Ausscheidungen der Zwiebel die Möhrenfliege. Auf dieser Beobachtung beruht die häufig empfohlene Kombination von Möhren und Zwiebeln beziehungsweise Lauch. In der Praxis wird dieser Verwirreffekt jedoch von anderen Einflüssen überlagert, sodass Sie sich nicht zu viel von dieser und anderen Kombinationen erwarten dürfen. Viel wichtiger ist es, die Gewächse ihren Ansprüchen an den Standort entsprechend zu kultivieren und Sä- und Pflanzabstände einzuhalten, denn dann entwickeln sie sich gut und bleiben gesund.

Wenn Sie es trotzdem probieren wollen, können Sie folgende Gemüsearten miteinander kombinieren: Salat mit Radies, Kohlrabi oder Gurken; Kohlgemüse mit Sellerie; oder Erbsen, Bohnen, Rote Bete, Tomaten mit Sellerie oder Petersilie; Möhren mit Zwiebeln oder Lauch.
Salat und Kohlrabi können gut in der Reihe abwechselnd gepflanzt werden. Das gilt auch für Kohlgemüse mit Sellerie und Tomaten mit Sellerie.

Werden dagegen Erbsen mit Zwiebeln, Bohnen mit Zwiebeln beziehungsweise Lauch oder Knoblauch, Kohl mit Zwiebeln, Tomaten mit Blaukraut, Tomaten mit Roter Bete, Kartoffeln mit Zwiebeln, Petersilie mit Kopfsalat kombiniert, sollen die Pflanzen einen schlechten Einfluss auf ihr Wachstum haben. Zwiebelgewächse sollten generell nicht neben Leguminosen stehen, weil dadurch die Knöllchenbakterien gehemmt werden. Ob diese Annahme stimmt, sei dahingestellt.

Den Raum gut ausnutzen

Die Angaben in Mischkulturtabellen brauchen Sie nicht strikt zu befolgen. Experimentieren Sie lieber. Die Mischkultur ist auf jeden Fall sinnvoll, weil sie noch andere Wechselbeziehungen der Kulturpflanzen berücksichtigt. Die Mischkulturpartner nutzen den Raum oberirdisch und unterirdisch mit ihren Wurzeln unterschiedlich aus und ergänzen sich. Deshalb stehen unterschiedlich hohe und in die Breite wachsende Gewächse in Reihen nebeneinander. Die Kombination von Gurken und Salat beispielsweise ist deshalb günstig, weil so die Fläche sehr gut ausgenutzt werden kann. Salat entwickelt sich schnell und ist schon abgeerntet, wenn die Gurkenpflanzen, die sich nach den Seiten ausbreiten, den Platz benötigen.

Bewährt hat sich seit Jahrzehnten eine durchgehende Reihenmischkultur ohne Zwischenwege, bei der die Gemüsereihen im weiten Abstand von 50 Zentimeter zueinander stehen. In jedem Jahr rücken die Reihen um 25 Zentimeter weiter. So ergibt sich von alleine eine Fruchtfolge. Natürlich muss das alles auf Papier geplant werden. Der einmal aufgestellte Plan bleibt bestehen. Im Frühjahr wird mit Liniensaaten von Spinat zwischen den eigentlichen Gemüsereihen begonnen, in die gleichzeitig oder später gesät oder gepflanzt wird. Der Spinat in den Zwischenreihen wird teils geerntet und bleibt teils abgehackt als Futter für die Bodenlebewesen auf dem Beet liegen. Die Spinatreihen dienen während des Sommers als Trittwege. Spinat verrottet sehr schnell, zudem ziehen Regenwürmer Blätter in den Boden. An seiner Stelle wird ständig neues Mulchmaterial aufgelegt. Das können Erntereste von Salat und anderem Gemüse sein oder abgeschnittene Brennnesseln oder Comfreyblätter. Abgeerntete Reihen werden mit Gelbsenf, Phacelia oder einer anderen Gründüngung eingesät. So ist die Gründüngung in den Mischkulturanbau integriert. Und so kann eine knappe Gartenfläche sehr gut ausgenutzt werden – Gemüsebau intensiv!

RECHTS: Tomaten und Sellerie gelten als gute Mischkulturpartner. Die Gemüse stehen in Reihen nebeneinander oder abwechselnd in der Reihe.

Hoch und niedrig, schmal und breit – auf Abwechslung kommt es bei Mischkulturkombinationen an.

Säen und ernten im Jahreslauf

Erfahrungsgemäß sollten Sie im Frühjahr nicht zu früh mit dem Säen und Pflanzen beginnen. Nach der ersten frühlingshaften Phase kommt bestimmt noch einmal ein Kälteeinbruch. Das schadet den frisch gesäten oder gepflanzten Kulturen. Warten Sie besser ab, bis sich der Boden genügend erwärmt hat. Dann keimen die ersten Radieschen, der Spinat, der Rucola und der Pflücksalat sehr schnell. Unter Vlies und Folie geht's zu Beginn des Gartenjahres deutlich schneller, bis die ersten Kulturen erntereif sind. Ein festes Datum kann man nicht nennen. Der Frühling beginnt nicht überall zur gleichen Zeit und setzt auch von Jahr zu Jahr zu unterschiedlichen Zeiten ein. Orientieren Sie sich am phänologischen Kalender. Demnach dürfen die Gartenarbeiten im Freien beginnen, wenn die Salweide blüht und die Stachelbeeren austreiben.

Säen oder Pflanzen

Im Haus beginnt die Saison etwas früher, Ende Februar bis etwa Mitte März, mit Aussaaten von Tomaten, Paprika und Peperoni. Diese Gemüsearten brauchen eine lange Vorkultur bis zum Auspflanzen ins Freiland oder ins Gewächshaus. Im Freiland sind April und Mai wichtige Monate zum Säen und Pflanzen. Bei manchen Kulturen ist es besser, sie direkt in den Garten zu säen, bei anderen ist die Vorkultur im Haus oder im Frühbeet besser. Typische Säkulturen sind Radies, Rettich, Feldsalat, Spinat, Pflück- und Schnittsalat, Pastinaken, Möhren, Rucola, Rote Bete, Erbsen und Buschbohnen.

Pflanzkulturen sind Kopfsalat, Kohlrabi, Kohlgemüse, Sellerie, Tomaten, Paprika, Peperoni, Zucchini, Kürbisse und Steckzwiebeln. Die Setzlinge können Sie entweder selbst anziehen oder beim Gärtner kaufen.

Einige Kulturen können Sie direkt säen oder Setzlinge pflanzen, je nach persönlichen Vorlieben: Lauch, Zwiebeln, Kohlrabi, Kopfsalat, Einlegegurken, Stangenbohnen.

Wichtiger Termin: die »Eisheiligen«

Ein wichtiger Termin im Gartenjahr sind die »Eisheiligen« vom 12. bis 15. Mai. Sie werden auch die strengen Herren genannt und sind eigentlich die Gedenktage der Heiligen Pankratius, Servatius und Bonifatius und der kalten Sophie. Erfahrungsgemäß ist es an diesen Tagen oder kurz davor oder danach noch einmal sehr kalt und gar frostig. Die tiefen Temperaturen schaden kälteempfindlichen Gemüsearten wie Tomaten oder Zucchini und bringen sie im Extremfall zum Absterben. Selbst wenn die Gemüse zunächst nicht geschädigt scheinen, merkt man später doch, dass sie im Wachstum zurückgeworfen worden sind. In einem kühlen Frühjahr ist es tatsächlich am besten, wenn man mit dem Pflanzen bis Ende Mai oder gar Anfang Juni wartet. Es gibt aber auch Jahre, in denen die »Eisheiligen« ausfallen. Dann hätte man doch schon früher mit den Kulturen ins Freiland können. Aber das weiß man vorher nie.

Die Ernte beginnt

Im Gemüsebau sind Mai, Juni und Juli wichtige Erntemonate. Salat, Radies, Rettich, Kohlrabi, Erbsen und Buschbohnen füllen nach und nach den Erntekorb. Ab etwa Mitte Juli reifen die ersten Tomaten, Gurken und Zucchini. Die Kartoffelernte steht je nach Sorte ab Juli bis September an.
Beim Beerenobst beginnt die Erntezeit mit dem Reifen der Erdbeeren im Juni. Etwa Ende Juni bis Ende Juli reifen Johannisbeeren und Stachelbeeren. Himbeeren sind ebenfalls im Juni und Juli erntereif. Bei Brombeeren beginnt die Ernte erst Ende Juli und kann – je nach Sorte – bis zum Spätsommer dauern. Für viele Gartenbesitzer ist die Ernte des Baumobstes der Höhepunkt im Gartenjahr. Nehmen Sie sich Zeit zum Ernten, Einlagern und Konservieren von Pflaumen, Mirabellen, Zwetschgen, Äpfel, Birnen und Weintrauben. Das Gartenjahr beim Obst endet mit der Ernte der Quitten und Mispeln und des Sanddorns im Oktober und November.

LINKS: Salatsetzlinge werden so hoch gepflanzt, dass sie im Winde flattern; Kohlsetzlinge kommen dagegen tief in den Boden.

Gemüse für Spätherbst und Winter

Parallel zur Obst- und Gemüseernte beginnt eine zweite Säphase. Ab der Jahresmitte werden Salate und andere Kulturen für die Ernte im Herbst und Winter ausgesät. Endiviensalat, Zuckerhut und andere Zichoriengewächse und Chinakohl kommen auf Saatbeete und werden später verpflanzt, sobald die Reihen im Gemüsegarten frei geworden sind. Für Winterrettiche ist im Juli die richtige Saatzeit. Im August und September folgen Feldsalat, Winterpostelein, Winterkopfsalat und Spinat für die Spätherbsternte oder den Überwinterungsanbau.

Mini-Farming und Urlaub

Von März bis Ende Oktober ist auf der Farm immer etwas zu tun. Nur im Winter kann man den Nutzgarten weitgehend sich selbst überlassen oder die Arbeiten schieben. Um Tiere müssen Sie sich allerdings das ganze Jahr über kümmern. Wenn Sie in den Sommermonaten verreisen wollen, können Sie die Mini-Farm höchstens zwei, drei Tage alleine lassen. Es sei denn, sie installieren eine automatische Bewässerungsanlage oder spannen Freunde ein.
An die Ernte müssen Sie bei der Urlaubsplanung ebenfalls denken. Wer großen Wert auf Erdbeeren legt oder besondere Tomatensorten ernten möchte, muss den Urlaub entsprechend legen. Erdbeeren reifen von Mitte Juni bis etwa Mitte Juli. Die Tomatenernte beginnt meistens Ende Juli und dauert bis in den September oder gar Oktober hinein. Und parallel dazu reifen schon die Weintrauben. Sie müssen also nicht in den Süden fahren, das Schlaraffenland liegt vor der Haustür!

Richtig umgehen mit Unkraut, Schädlingen und Krankheiten

Trotz Vorbeugung und sorgsamer Pflege haben wir es immer wieder mit Schädlingen und Krankheiten zu tun. Schädlinge kommen meist bei Hitze und Trockenheit. Pilzkrankheiten breiten sich eher bei feuchter Witterung aus. Kaninchen, Wühlmäuse und Amseln treiben unabhängig davon ihr Unwesen. Und Nacktschnecken stellen die Geduld der Gärtner auf die Probe, vor allem dort, wo Beete an eine Wiese angrenzen.

Nacktschnecken fallen vor allem über Gemüse mit weichen Blättern her. Eine wirkungsvolle Methode, die Kriechtiere abzuhalten, sind Schneckenzäune zum Beispiel in Form von Beeteinfassungen aus Eisenblech, die tief in den Boden gesteckt werden. Mit Schneckenkorn können Sie den Tieren auch zu Leibe rücken. Nehmen Sie ein ökologisch unbedenkliches Präparat auf der Basis von Eisen-III-Phosphat. Ansonsten müssen Sie die Kriechtiere regelmäßig absammeln. Gehen Sie am besten abends auf Schneckenjagd; dann kriechen die Tiere aus ihren Tagesverstecken in Bodenspalten und unter Brettern oder Mulch.

OBEN: Kartoffelkäfer und ihre Larven richten durch Blattfraß großen Schaden an. Bei kleinen Beständen hilft am besten Ablesen.

Geduld hat Vorrang

Wenn Blattläuse sich ausbreiten, wartet man zunächst einfach ab, was geschieht. Oft regelt sich der Blattlausbefall von selbst, weil Marienkäfer und deren Larven oder die Larven von Florfliegen und Schwebfliegen die Blattläuse fressen. Kommen die Nützlinge nicht gegen die Pflanzensauger an, kann Spritzbrühe aus einer Schmierseifen-Lösung Abhilfe schaffen. Selbst angesetzter Brennnesselauszug zeigt wenig Wirkung.

Weitere wichtige Schädlinge sind Weiße Fliege, diverse Gemüsefliegen und Schadschmetterlinge wie Lauchmotte oder Kohlweißling. Drahtwürmer und Maulwurfsgrillen, die an den Wurzeln von Salat und anderem Gemüse fressen, bereiten in manchen Gärten große Probleme, sind aber insgesamt nicht so häufig. Im Obstbau kann es mit Frostspanner, Blattläusen, Blutläusen, Schildläusen sowie Spinnmilben Probleme geben.

LINKS: Marienkäfer sind unsere wichtigsten Verbündeten im Vorgehen gegen Blattläuse. Käfer und Larven fressen die saugenden Insekten.

Pilzkrankheiten breiten sich in manchen Jahren stark aus. Die wichtigsten Krankheiten sind die Kraut- und Braunfäule an Kartoffeln und Tomaten sowie Echter und Falscher Mehltau an Salat, Feldsalat und Gurken. Obstanbauer haben es mit Schorf an Äpfeln und Birnen zu tun. Durch die Wahl widerstandsfähiger Sorten können Sie manches Krankheitsproblem umgehen. Rückschnitt befallener Pflanzenteile hilft oft schon viel.

Vom Umgang mit Wildkräutern

Gegen allzu viel Wildwuchs auf Gemüse- und Kräuterbeeten oder unter den Beerensträuchern müssen Sie etwas unternehmen, wenn die Ernte einigermaßen ausfallen soll. Hacken und Jäten macht deshalb in vielen Gärten die Hauptarbeit aus, vor allem im Frühjahr, wenn das wilde Kraut schneller in die Höhe schießt als Rüben und Salat.

Mit der Hacke gegen Samenunkräuter vorgehen

Die Samenkräuter bereiten in der Praxis nicht allzu viele Probleme. Sie lassen sich durch wiederholtes Abhacken bei trockenem Wetter gut zurückdrängen. Ganz beseitigen kann man sie nicht, und das ist auch gar nicht nötig. Die abgehackten Triebe sind Futter für Regenwürmer und andere Bodenlebewesen. Vogelmiere ist zudem gutes Futter für Zimmervögel. Und Hühner sind ganz verrückt danach. Einige Pflänzchen dürfen sogar stehen bleiben; sie gehören zum Lebensraum Garten.

Hacken Sie nicht bei regnerischem Wetter und auf feuchtem Boden, denn dann wachsen abgehackte Wildkräuter leicht wieder an. Samen tragende Unkräuter müssen aufgenommen und separat kompostiert werden. Auf einem großen Grundstück eignet sich dafür eine abgelegene Gartenecke. Auf dem normalen Kompost werden die Samen nicht sicher abgetötet, es sei denn, der Kompost erhitzt sich dauerhaft auf über 60 °C. Die Gefahr, dass Sie mit der wertvollen Komposterde Unkrautsamen aufs Beet bringen, ist dann sehr groß. Mit Samenunkräutern kann man sich arrangieren; Wurzelunkräuter und -ungräser bringen jedoch manchen Gärtner fast zum Verzweifeln. Besonders gefürchtet sind Ackerschachtelhalm, Ackerwinde, Giersch und Quecke.

Fast so lästig kann der Kriechende Hahnenfuß werden, der sich mit oberirdischen Ausläufern ausbreitet und fortpflanzt. Seine Blattschöpfe wurzeln fest und sind nur mit spitzem Gerät zu entfernen. Dort, wo der Boden feucht ist, fühlt sich diese Hahnenfußart wohl.

Ständiger Kampf gegen Wurzelunkräuter

Der Giersch breitet sich vor allem unter Hecken, Sträuchern und Bäumen aus. Er schiebt seine Ausläufer dicht unter der Erdoberfläche weiter. Auf lockerem, feuchtem Boden kann man die Wurzelstränge manchmal einfach herausziehen. Bei trockenem oder schwerem Boden ist dagegen mühevolle Handarbeit gefragt: Sie müssen jedes einzelne Wurzelstückchen aus dem Boden lesen, sonst entwickelt sich daraus im Nu eine neue Pflanze. Besonders wenn der Giersch in das Wurzelwerk von Stauden oder ins Beerenland vorgedrungen ist, ist die Arbeit besonders mühevoll. Da bleibt kaum etwas anderes übrig, als die Kulturgewächse aufzunehmen und den Wurzelstock von dem Gierschgeflecht zu befreien. So lästig der Giersch ist, so hat er doch gegenüber anderen Wurzelunkräutern den Vorteil, dass er häufiges Bearbeiten nicht verträgt.

Bei Beerensträuchern, an Zäunen und auf brachliegendem Gelände bereiten Ackerwinde und Zaunwinde Probleme. Ihre Wurzeln reichen metertief in den Boden und die Wurzelausläufer dringen in der Tiefe waagerecht vor. Das macht es schwierig, die Winden zu entfernen. Die Pflanzen können sich über weite Entfernungen ausbreiten, genau wie der Ackerschachtelhalm. Beide Kräuter haben ein ähnliches Wurzelbild. Nur ist es beim Ackerschachtelhalm noch hartnäckiger und wuchskräftiger. Er gilt als Zeiger für einen verdichteten, vernässten Boden. Um ihn dauerhaft zum Verschwinden zu bringen, müsste man den Boden tief lockern und die Stauschicht aufbrechen. Mechanisches Entfernen an der Oberfläche hilft gegen ihn kaum.

LINKS: In den ersten Wochen nach dem Säen und Pflanzen ist es wichtig, den Boden zu lockern und dabei Wildkräuter abzuhacken.

Durch Mulchen Licht entziehen

In Daueranlagen und unter Gehölzen gibt es eine einfache Methode, die Wildkräuter zu unterdrücken: durch Abdecken mit lichtundurchlässigem Material, mit Pappe, Vlies oder einer dicken Schicht organischem Mulchmaterial. Wenn diese Abdeckungen über längere Zeit liegen bleiben, »hungern« Quecke, Giersch und Winden durch Lichtentzug nach und nach »aus«, weil sie kein Blattgrün bilden können. Allerdings sieht ein Flickenteppich aus Pappe im Garten nicht schön aus. Mit Stroh oder Rindenmulch lässt sich das Material aber kaschieren. Rindenmulch, in dicker Lage von mindestens 5 Zentimeter ausgebracht, unterdrückt Wildkräuter wirkungsvoll. Das Material deckt nicht nur ab und unterdrückt dadurch Wildkräuter; es hemmt auch den Pflanzenwuchs. Bringen Sie ihn deshalb nur unter eingewachsenen Gehölzen aus, nicht jedoch im Gemüsebeet.

Kluge Vermehrungsstrategien

Unkräuter wachsen ein- und mehrjährig und sie breiten sich auf unterschiedliche Weise aus. Beachten Sie die Vermehrungsstrategie der jeweiligen Art.

- **Einjährige Samenunkräuter:** Überall verbreitet sind Persischer Ehrenpreis, Vogelmiere oder Rote Taubnessel. Häufig sind Winden-Knöterich, Hohlzahn, Weißer Gänsefuß oder Melde. In Gegenden mit leichten Böden hat man mit Klatschmohn, Franzosenkraut oder Hirse-Arten zu tun. Kletten-Labkraut ist ein typisches Unkraut in Getreide.
- **Rosettenpflanze:** Löwenzahn vermehrt sich über Samen.
- **Wurzelunkräuter:** Giersch, Ackerwinde, Ackerschachtelhalm vermehren sich über unterirdische Ausläufer.
- **Wurzelunkräuter:** Kriechender Hahnenfuß vermehrt sich über oberirdische Ausläufer.
- **Ungräser:** Quecke (Spitzgras) vermehrt sich über unterirdische Wurzelunkräuter.

Die Grundlagen zu Saatgut und Anzucht

Vor Generationen versorgten sich Gärtnerinnen und Gärtner weitgehend selbst mit Saatgut. Sie nahmen von Gemüse, Kräutern und Blumen Samen ab und bewahrten diesen bis zur Aussaat im Folgejahr auf. Heute ist das Vermehren von Saatgut wieder sehr populär geworden. Vor allem großsamige Arten wie Erbsen oder Bohnen eignen sich gut, gelegentlich wird die Samenvermehrung auch bei Zwiebeln oder Möhren und bei Kräutern wie Dill und Petersilie praktiziert.

Wer ernsthaft etwas für die Biodiversität im Pflanzenreich tun möchte, muss Saatgut selbst vermehren und es dann wieder aussäen. Prädestiniert für die Vermehrung durch Samen sind sogenannte samenfeste Gemüsearten. Das ist allerdings etwas aufwendiger als das Säen aus der Samentüte. Sie brauchen jedoch auch kein schlechtes Gewissen haben, wenn Sie Saatgut kaufen; da bekommen Sie gut gelagerte und gut keimfähige Samen und Sie wissen, welche Art und Sorte Sie vor sich haben. Und außerdem kann man auf diese Weise immer mal etwas Neues ausprobieren.

Saatgut selbst vermehren

Wenn Sie selbst Saatgut vermehren wollen, sollten Sie samenfeste Sorten nehmen. Das sind meist ältere Züchtungen, bei denen die Pflanzen über Jahre hinweg auf bestimmte Eigenschaften durch Selektion und Kreuzung ausgelesen wurden. Diese Eigenschaften, also zum Beispiel die Farbe der Blüten, die Größe, das Aussehen der Früchte, blieben auch in den nachfolgenden Generationen erhalten. Die modernen Hybridsorten bilden zwar manchmal auch Samen aus, die daraus herangezogenen Pflanzen spalten jedoch auf; das heißt, sie haben andere Eigenschaften als ihre Elternpflanzen, von denen die Samen abgenommen worden sind.
Zum Aufbewahren der selbst geernteten, gut getrockneten Samen eignen sich Filmdöschen, Schraubdeckelgläser oder selbst gefaltete Tütchen aus Papier. Es ist nicht wichtig, welches Material oder Behältnis genommen wird – Hauptsache, die Samen lagern kühl, trocken und dunkel. Vollkommen trockene Samen kann man auch einfrieren. Damit Sie nur schnell zugreifen brauchen, sollten Sie die Lagerbehälter etikettieren; vermerken Sie Pflanzenart und Sorte und das Sammeljahr.

Die verschiedenen Gemüsearten behalten ihre Keimkraft unterschiedlich lange. Leguminosensaatgut keimt noch nach Jahrzehnten. Gurken, Tomaten und Kohlgewächse bleiben 6 Jahre und länger keimfähig, Salat und Möhren etwa 3–4 Jahre lang. Bei Pastinaken und Schwarzwurzeln nimmt die Keimfähigkeit dagegen rasch ab.

OBEN: Großkörnige Bohnen eignen sich gut für erste Vermehrungsversuche. Ein Teil der Ernte wird für die Aussaat im Frühjahr aufbewahrt.

LINKS: Vielen Menschen bereitet es Freude, Gemüse und Kräuter selbst auszusäen. So kommt man günstig an Setzlinge.

Anzucht von Gemüse und Kräutern

Einige Gemüsearten wie Spinat, Radies, Rettich, Erbsen und Möhren werden immer direkt in den Garten gesät, andere kultiviert man im Haus oder auf einem Saatbeet im Freiland vor, bevor man die Setzlinge auspflanzt. Bei Wärme liebenden Fruchtgemüsearten wie Tomaten, Paprika und Peperoni, Schlangen-Gurken, Kürbis sowie dem Würzkraut Basilikum ist die Vorkultur im Haus die Regel. Einlegegurken vertragen etwas mehr Kälte. Sie können nach den Eisheiligen ins Frühbeet oder auf ein Saatbett im Freien ausgesät werden.

Aussaat im Freien

Säen Sie die Gemüse in Reihen. Eine gute Hilfe dafür ist eine Pflanzschnur. Sie wird zunächst am Beetanfang und -ende der Reihe gesteckt und markiert die Reihe. Entlang der Schnur wird mithilfe des Rechenstiels eine Rille gezogen. Als Nächstes wird die Rille verfestigt und begradigt, indem man mit dem Rechenrücken die Rille festklopft. Auf diese Weise liegen die Samen in etwa in gleicher Höhe und gehen dann auch zur selben Zeit auf. Säen Sie die Samen vorsichtig von Hand in die Reihe. Das verlangt etwas Übung. Sie können auch Sähilfen nehmen, die die Saatkörner einzeln im gewünschten Abstand ablegen. Die Samen müssen anschließend gut mit dem Rechenrücken festklopft werden. Das ist nötig, um den Samenkörnern einen guten Bodenschluss oder Bodenkontakt zu geben, sodass sie gut quellen und ihre Wurzeln ins Erdreich wachsen lassen können. Besonders wichtig ist dies bei Radieschen und Möhren. Wenn diese Gemüse schlecht keimen, ist oftmals die Aussaattechnik schuld daran. Ziehen Sie nach dem Andrücken mit dem Rechen die Rille mit lockerer Erde zu oder bedecken Sie die Reihe mit feiner Komposterde. Über das nachfolgende Angießen herrschen

unterschiedliche Meinungen. Wer die Kulturen nach der Aussaat nicht gießt, überlässt sie von Anfang an den atmosphärischen Einflüssen und das ist sicher nicht verkehrt.
Und fest steht: Wer einmal mit dem Gießen begonnen hat, muss auch regelmäßig gießen.
Ausnahmen betreffen Erbsen und Bohnen, die vor der Aussaat vorquellen sollten.

Markieren Sie die Saatreihen an den Enden mit Stöckchen. Dann wissen Sie, wie die Reihe verläuft, und können gut entlang der Reihe hacken, ohne die Pflänzchen zu beschädigen.

Anzucht in Töpfchen

Für die Anzucht der Gemüse und Kräuter auf dem Fensterbrett oder im Gewächshaus genügen einfache Utensilien: flache Töpfchen oder Schalen mit Abzugslöchern, Abdeckhauben, keimfreie Aussaaterde und Etiketten zum Beschriften. Die Aussaat beginnt etwa Mitte oder Ende Februar. Frühere Aussaaten sind wegen des fehlenden Lichts nicht sinnvoll; bei Lichtmangel schießen die Jungpflanzen schnell in die Höhe, und die langen geilen Triebe fallen um.

Tomatensamen werden am besten gleich einzeln in kleine Töpfe gesät. Die großen Samenkörner sind leicht abzuzählen und zu handhaben. Drücken Sie genauso wie im Freiland die Samen gut fest und streuen oder sieben Sie feine Erde darüber. Die Samen müssen wie im Freiland Bodenschluss haben, um gut keimen zu können. Schreiben Sie für jede Sorte ein Etikett, das in die Töpfchen gesteckt wird. Das sorgfältige Etikettieren ist besonders wichtig, wenn viele Sorten einer Gemüseart ausgesät werden sollen, beispielsweise bei Tomaten oder Paprika.
Die Saatgefäße müssen unbedingt warm stehen, mindestens bei Zimmertemperatur. Um eine gespannte Luft mit hoher Luftfeuchtigkeit zu erhalten, hat sich die Methode bewährt, eine Plastiktüte über den Topf zu stülpen oder eine Glasscheibe aufzulegen, damit die Samen zügig keimen. Nach dem Keimen können die Pflanzen etwas kühler stehen. Die jungen Tomaten- und Paprikapflänzchen brauchen viel Licht. Schon wenige Zentimeter hinter einer Scheibe nimmt die Lichtmenge sehr stark ab. Weiter im Zimmerinneren können Sie höchstens mit speziellen Pflanzenleuchten für die nötige Belichtung sorgen.

Sobald die Keimlinge die ersten Laubblätter ausgebildet haben und etwas erstarkt sind, wird pikiert. Gehen Sie dabei sehr vorsichtig zu Werke, um die zarten Blättchen und Würzelchen nicht zu verletzen oder abzuknicken. Nehmen Sie am besten einen Pikierstab zu Hilfe.
Bei langer Anzuchtdauer kann es nötig sein, die Jungpflanzen mit Flüssigdünger zu versorgen oder in einen größeren Topf umzupflanzen. Die Aussaat- oder Pikiererde enthält nämlich nur wenige Nährstoffe.

LINKS: Freilandsaaten verlangen Sorgfalt, damit sie gut auflaufen. Die Gemüse werden in Reihen entlang einer Saatschnur gesät.

Samen vorquellen

Bei verschiedenen Gemüsearten lohnt es sich, die Samen vor der Aussaat vorzuquellen. Mais, Tomaten, Kürbis, Bohnen & Co. mit ihren harten Schalen keimen dann schneller und verfaulen auch nicht so leicht in der Anzuchterde. Die Samen werden dazu über Nacht in lauwarmes Wasser gelegt.
Mit Saatbädern können Sie die Keimkraft und das Wachstumsvermögen der Samen positiv beeinflussen. Eine Mischung aus getrockneten und fein zerriebenen Blättern von Brennnessel, Löwenzahn, Kamille, Baldrian, Eichenrinde und Schafgarbe hat sich besonders bewährt, es geht aber auch mit einzelnen Kräutern. Eine Messerspitze des Kräuterpulvers wird in einem Blumenuntersetzer mit handwarmem Wasser übergossen. Dahinein kommen dann die Samen. Kohlarten werden 15 Minuten gebadet, Rettich und Radies 30 Minuten, Wurzelgemüse 1,5 Stunden. Alle anderen Sämereien bleiben 1 Stunde in dem Kräuterbad. Anschließend werden die Samen filtriert und getrocknet.

Gewächshaus & Co. – so funktioniert's!

Wenn Sie sich mit Gemüse selbst versorgen wollen, sollten Sie es über eine lange Zeit frisch aus dem Garten ernten können. Da sind Schutzvorrichtungen nötig. Mit Vlies- und Folienabdeckungen lässt sich die Erntezeit um mindestens 1–2 Wochen verlängern. Ein Frühbeet verlängert die Phase noch mehr. Und ein Gewächshaus ermöglicht oft sogar die Kultur und Ernte während des ganzen Jahres.

OBEN: Eine Abdeckung mit Vlies gibt Salaten wie dem Winterpostelein einen deutlichen Wachstumsvorsprung.

Kälteschutz durch Vlies und Folie

Vlies oder Folie bietet den Gemüsearten einen guten Schutz vor Kälte. Legen Sie die Bahnen gleich nach dem Säen oder Pflanzen über frisch mit Spinat, Salat und Radies eingesäte Beete. Die Breite der Schutzmaterialien ist auf eine Beetbreite von etwa 1,2 Meter abgestimmt. Die Länge der Bahn können Sie passend zurechtschneiden.
Beim Auflegen sollten Sie zu zweit sein, vor allem wenn es leicht windig ist. Das Vlies muss an den Rändern sehr gut aufliegen. Am besten beschwert man die Ränder mit Steinen oder Brettern oder schaufelt Erdhäufchen darauf. Beide Materialien – Vlies und Folie – lassen Wasser und Licht durch. Unter ihrer schützenden Hülle steigt die Temperatur um ein paar Grad und ist insgesamt ausgeglichener als auf bloßer Erde, sodass die ersten Radieschen und der erste Salat tatsächlich etwa 1–2 Wochen früher erntereif sind. Beide Materialien sind aus Sicht der Umwelt unschädlich: Vlies wird aus Polypropylen hergestellt, Folie aus Polyethylen.

Ernte aus dem Frühbeet

Das Frühbeet bietet etwas mehr Möglichkeiten. Sie können es als »kaltes Beet« führen oder als »warmes Beet« mit einer Packung aus Pferdemist, der sich besonders schnell erwärmt. Dazu wird der Boden des Frühbeets etwa 40 Zentimeter ausgehoben und mit einer Schicht Laub bedeckt. Darauf kommt Pferdemist, der festgestampft und befeuchtet wird. Als Abschluss kommt auf den Mist Laub oder Styroporplatten. Wenn sich der Pferdemist erhitzt, wird die Abdeckung abgenommen, etwa 10–15 Zentimeter guter Gartenboden aufgeschichtet und noch mal abgedeckt. Nach 1–2 Tagen kann dann bepflanzt werden. Einfacher zu handhaben ist das »kalte Frühbeet«. Dessen Gehäuse sitzt einfach auf der Erde, entweder stationär angelegt oder von Jahr zu Jahr an einer anderen Stelle. Sie können einen Frühbeetkasten leicht aus Holz und Gitterfolie selbst bauen oder aber auf eine Unterkonstruktion aus Holz, Stein oder Beton ausrangierte Fenster aufsetzen.

LINKS: In Kleingewächshäusern wachsen wärmebedürftige Kulturen wie Tomaten, Gurken, Paprika, Peperoni und Basilikum geschützt heran.

Solche Eigenkonstruktionen können es mit Frühbeetkästen aus Stegdoppelplatten oder anderen Kunststoffmaterialien kaum aufnehmen; sie haben jedoch ihren ganz eigenen Charme und erfüllen ihren Zweck.

Beim Kauf eines fertigen Frühbeetkastens sollten Sie darauf achten, dass es einen Selbstöffnungsmechanismus (auf hydraulischer Basis) hat. Das heißt, dass die Fenster sich bei Erwärmung von alleine öffnen und bei Abkühlung auch wieder schließen. Bei einfacheren Modellen und bei selbst konstruierten Fenstern müssen Sie selbst Hand anlegen und an warmen Tagen das Frühbeet öffnen und zur Nacht wieder zuklappen. Wenn Sie nicht bei Bedarf für Belüftung sorgen können, sollten Sie besser auf ein Frühbeet verzichten. In dem Fall ist eine Abdeckung der Beete mit Vlies oder Folie sinnvoller, um wenigstens etwas früher ernten zu können. Auf jeden Fall muss das Frühbeet vor einer kalten Frostnacht zusätzlich abgedeckt und bei starker Sonneneinstrahlung schattiert werden. Frühbeetfenster können Sie zu dem Zweck mit einem Kalkanstrich versehen.

Mobiler Schutz

Als Kompromiss zwischen einem Frühbeet und einem Gewächshaus bieten sich niedrige Frühbeet- beziehungsweise Folientunnel oder versetzbare Kästen an. Diese Objekte sind nur zeitweise im Garten und werden weggeräumt, sobald die Gemüse zu hoch werden oder wegen steigender Temperaturen kein Schutz mehr nötig ist. Folientunnel bestehen aus Stahlrohr- oder Drahtbügeln, die mit UV-beständiger Folie überspannt sind. Die Tunnel werden durch Einstecken der Bügelenden ins Erdreich fixiert. Aus Holz gezimmerte und mit Folie bespannte Kästen (Wanderkästen) sind in kleinen Gärten als Kälteschutz für frühen Salat, Radieschen oder Kohlrabi sehr nützlich. Eine ähnliche Funktion haben Hütchen für Salatsetzlinge oder Solarglocken aus Glas oder Kunststoff. Einzelne Salatpflänzchen kann man durch Überstülpen eines Blumentopfes schützen.

Gewächshäuser

Das Gewächshaus bietet noch weitaus mehr Möglichkeiten als die Abdeckungen im Freien. In kühlen Gegenden brauchen Sie ein Gewächshaus, um wärmebedürftige Kulturen wie Tomaten, Paprika oder Gurken überhaupt kultivieren zu können. Aber nicht nur das: Ein Gewächshaus ermöglicht es Ihnen, nahezu das ganze Jahr über ernten zu können. Es beginnt mit Salat und Spinat im Frühjahr, im Sommer Fruchtgemüse und Kräuter wie Basilikum und als Nachnutzung noch Feldsalat, Winterpostelein und Rucola. Bei einer solch intensiven Anbauweise mit Vor- und Nachkulturen ernten Sie weitaus mehr als im Freiland.

LINKS: Vor allem in kühlen Klimalagen braucht man ein Frühbeet oder einen Folientunnel, um die Erntesaison zu verlängern.

Allerdings müssen ein Gewächshaus und die darin befindlichen Pflanzen während der Saison ständig betreut werden. Es muss jemand da sein, der gießt und lüftet und – erntet! – Es sei denn, Sie bauen eine elektronische Steuerung ein. Freilandkulturen kommen dagegen eher ein paar Tage lang ohne den Gärtner oder die Gärtnerin aus.

Gewächshäuser sollten immer einen gut besonnten Platz auf dem Gelände bekommen, aber selbst nicht Schatten auf andere Kulturen werfen. Am einfachsten aufzubauen und preisgünstig sind Folienhäuser. Stabiler sind solche aus Glas oder aus Stegdoppelplatten. Sie brauchen jedoch ein festes Fundament. Die Grundfläche sollte mindestens 6 Quadratmeter betragen, wenn Platz dafür vorhanden ist, auch mehr.

Tomatenhaus

Eine einfachere Variante des Gewächshauses ist das Tomatenhaus als eine Art Foliengewächshaus oder ein mit Folie überspannter Verschlag. Die Konstruktion dient dem Zweck, Regen und Feuchtigkeit von den Tomatenstöcken fernzuhalten. Blätter, Stängel und Früchte sollen nicht nass werden beziehungsweise schnell wieder abtrocknen können. Dies ist der effektivste Schutz vor dem Befall mit Kraut- und Braunfäule, der gefürchteten Tomatenkrankheit, die in nassen Jahren ganze Bestände zum Absterben bringt. Die dafür verantwortlichen Pilzsporen keimen nur bei Feuchtigkeit; dann dringen sie in das Pflanzengewebe ein und durchziehen es innerhalb kürzester Zeit. Das ist die Erklärung dafür, dass Tomatenbestände scheinbar »über Nacht« zusammenbrechen. Bei Trockenheit hat der Pilz dagegen keine Chance. Die Gefahr des Pilzbefalls besteht aber nicht von Anfang an; erst etwa ab Ende Juni ist mit einem Befall zu rechnen, wenn die Kartoffeln in den Gärten und auf den Äckern der Umgebung krank sind. Die Pilzsporen werden jedes Jahr neu von den Kartoffelbeständen in den Garten geweht. Insofern nützt es nicht, wenn man den Platz für die Tomaten im Garten wechselt; die Kraut- und Braunfäule ist keine Fruchtfolgekrankheit. Allerdings ist nicht auszuschließen, dass die Pilzkrankheit über nicht verrottetes Blattwerk im Boden oder im Gewächshaus weiterverbreitet wird.

Die beliebten Tomatenhauben schützen dagegen nicht vor Pilzbefall, sie dienen nur der Ernteverfrühung; unter der Folie trocknen die Blätter zu langsam ab. Diese Abdeckungen schützen lediglich vor Kälte.

Doch auch der geschützte Anbau unter Glas bietet nicht hundertprozentige Sicherheit. Unter Umständen werden die Bestände hier ebenfalls befallen, zum Beispiel, wenn die Tomatenstöcke zu dicht stehen und wenn nach dem Wässern das Blattwerk nicht gut genug abtrocknen kann. Eine automatische Bewässerung mit Tropfschläuchen direkt in den Wurzelraum schützt ebenfalls vor Krankheitsbefall.

RECHTS: Ein Tomatenhaus schützt die Tomaten vor Nässe von oben und beugt so dem Befall mit der gefürchteten Kraut- und Braunfäule vor.

Einführung in das Modulsystem

Beim Anlegen eines Gartens oder einer Ackerfläche sind viele Dinge zu überlegen. Da ist zum einen die zur Verfügung stehende Fläche, die in Einklang mit Ihren Plänen gebracht werden muss. Zum anderen die zeitliche Abfolge, in der Sie Ihr Land in Bewirtschaftung nehmen. Das Modulsystem soll Ihnen die Auswahl und die Kombination erleichtern.

Das Modulsystem beinhaltet die wichtigsten Bestandteile eines Nutzgartens oder eines kleinen Bauernhofs mit Kleintieren. Auf den folgenden Seiten sind diese Module zeichnerisch dargestellt.

Module hin und her rücken

Sie können die Module in Gedanken auf Ihrem Grundstück hin und her schieben oder auf einem Blatt Papier kleine Skizzen anfertigen, so wie es die Gartenplaner auch machen – bis Sie eine befriedigende Lösung gefunden haben.
Bitte füllen Sie nicht den ganzen Garten mit den Modulen aus. Zwischen den Einheiten müssen Wege- und Abstandsflächen eingehalten werden. Je nach Bauvorschriften dürfen Sie mit Gebäuden und Gehölzen nicht unmittelbar an die Grundstücksgröße rücken. Und auch der Schattenwurf von Gebäuden und Obstgehölzen auf dem Grundstück und auf den angrenzenden Grundstücken darf nicht unbeachtet bleiben. Gemüse- und Kräuterbeete und Feldflächen dürfen nicht beschattet sein, sonst leidet der Ertrag darunter.

OBEN: Teilen Sie die Gemüse- und Feldflächen großzügig ein, sodass das Arbeiten leicht vonstattengeht.

Flexibilität einplanen

Das Modulsystem berücksichtigt die räumliche Anordnung, der Nutzgartenteile und der Grundelemente eines Gartens. Sie sollten auf Ihrem Grundstück nicht alle Pläne sofort in die Tat umsetzen und nicht alle Kulturen gleich zu Beginn anlegen. Tasten Sie sich nach und nach ans Gemüse, an die Feldfrüchte und die Obstgehölze heran. Die Grundanlage mit der Anordnung der baulichen Module sollte jedoch von vornherein stimmen. Die Obst- und Beerenmodule sind ebenfalls statisch; Beerensträucher und Obstbäume bleiben viele Jahre lang an einer Stelle stehen. Gemüse-, Kräuter- und Feldmodule sind dagegen flexibel. Diese können sie auch an einer anderen Stelle im Plan unterbringen. In Kapitel 7 (siehe S. 146–163) finden Sie neun Beispiele, wie Sie auf Grundstücken von 100 bis 700 Quadratmeter Fläche die Module anordnen können.

LINKS: Sind Wiesen mit vielen Blumen in der Nähe, lohnt es sich darüber nachzudenken, ob einige Bienenstöcke angeschafft werden sollen.

Die Module

1 Modul Gemüse/Gemüse + Erdbeeren: Ein Gemüsemodul ist 2,5 x 4 m = 10 m^2 groß. Die Fläche lässt sich nochmals in drei Beete von je etwa 1,2 m Breite und 2,5 m Länge einteilen, jeweils mit schmalen Trittwegen dazwischen. Erdbeeren sind dem Gemüsemodul zugeordnet.

2 Modul Feld: Getreide, Mais, Kartoffeln, Rüben und Gründüngungspflanzen werden flächendeckend ohne Zwischenwege angebaut. Ein Feldmodul hat in den Beispielen dieselben Abmessungen wie ein Gemüsemodul von 2,5 x 4 m. So kann es in die Fruchtfolge mit den Gemüse-Modulen einbezogen werden.

3 Modul Kräuter: Kräuter müssen zum Ernten gut zugänglich sein. Auf einem 2 Meter breiten und 1 Meter tiefen Beet können ein oder zwei großwüchsige oder etwa vier bis sechs kleinere Kräuterstauden oder -halbsträucher Platz finden.

4 Modul Beerenobst: Ein Beerenobst-Modul nimmt in den Beispielen eine Fläche von 1 x 2 m ein. Jeweils zwei Johannisbeeren und Stachelbeeren finden hier Platz bzw. eine Brombeere oder sechs bis acht Himbeerpflanzen, die am Spalier gezogen werden.

5 Modul Obst (groß)/Obst (klein): Obstgehölze werden je nach Art und Erziehungsform unterschiedlich groß. Walnussbäume werden sehr groß. Bäume mit einer kleinen Erziehungsform nehmen in den Modellen eine Grundfläche von 3 x 3 m ein, Spindelbüsche etwa 2 x 2 m. Die ausladend wachsende Josta-Beere ein Holunderbaum braucht ebenfalls so viel Platz.

6 Modul Spalierobst/Säulenobst: Spalierobst wird an einer Gebäudefassade oder an einem frei stehenden Gerüst hochgeleitet. Für ein Spaliergehölz reicht eine Grundfläche von 0,5 x 2 m. Vom Säulenobst können sogar vier Bäumchen auf einer Grundfläche von 0,5 x 2 m untergebracht werden.

7 Modul Gewächshaus: In den Beispielen in diesem Buch hat dieses Modul die Abmessungen 2,5 x 4 m oder 4 x 6 m – für eine weitgehende Selbstversorgung mit Tomaten, Gurken, Paprika und anderem Wärme liebenden Gemüse sowie mit Würzkräutern wie Basilikum.

8 Modul Kompost: Für fachgerechtes Kompostieren sind zwei nebeneinander liegende Behälter mit den Maßen von etwa 1 x 1 m nötig. Vor und neben den Behältern muss genügend Platz sein, so dass man mit dem Schubkarren heranfahren und mit Schaufel und Grabegabel hantieren kann.

9 Modul Bienenstock: Bienenkästen sind mobil. Sie stehen auf einem Podest. Pro Bienenstock ist eine Grundfläche von etwa 1 m^2 nötig. Drei oder vier Bienenstöcke sollten es anfangs sein.

10 Modul Geflügelhaltung: Hühner, Enten und Gänse brauchen einen fest abzuschließenden Stall und Grünland als Freilauffläche – für ein Huhn wird mindestens 10 m^2, für ein Laufentenpaar etwa 300 m^2 und für ein Gänsepaar etwa 500 m^2 kalkuliert. Das Geflügel-Modul ist in den Beispielsgärten stilisiert dargestellt. In der realen Gartensituation brauchen die Tiere mehr Auslauffläche.

11 Modul Kaninchen: Kaninchen werden oft einzeln in übereinander- und nebeneinander stehenden Boxen von etwa 1 x 1 m Größe gehalten. Für 6 Kaninchen ist ein Stall mit Vorplatz von etwa 2 x 2 m Größe nötig. Kaninchen dürfen außerdem frei in einem großzügigen Gehege oder direkt im Garten herumhoppeln.

Weitere Module: Zusätzlich beinhalten die Zeichnungen in Kapitel 7 Gebäudeflächen, Wege- und Freiflächen, Zäune, Tore, Treppen, Wasserbehälter, Heckenstreifen, Wiese/Rasen, Teich, Rabatten mit Sommerblumen und Stauden und Ziersträuchern.

1

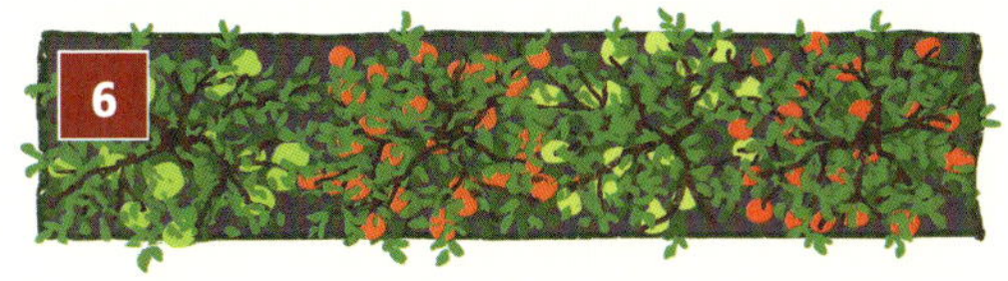
6

2

7

3

8

4

9

5

5

10

11

Der Gemüsegarten

Für Vegetarier, Veganer und für alle, die Gemüse mögen – der Gemüsegarten versorgt sie mit Grünzeug, Wurzeln und Früchten, die sie für Suppen und Salate, fürs Mittagessen und zum Vespern brauchen. Und für die Tiere fällt auch noch eine Ration ab.

Tipps zur Auswahl von Gemüse

Sie wollen auf Ihrer Mini-Farm gute Erträge erwirtschaften? Da lohnt es sich, wenn die Gemüsearten und -sorten ganz nach den Bedingungen auf dem Grundstück ausgewählt werden. Boden, Lage und Klima sind die entscheidenden Faktoren für die Anbauplanung! Es ist ein Unterschied, ob der Garten im Flachland oder im Gebirge liegt, ob es immer windig ist oder die Anbaufläche durch Hecken und Gebäude geschützt wird.

Mit viel gärtnerischem Know-how und Hilfsmitteln lässt sich Gemüse auf nahezu jedem Boden anbauen. Besser ist es jedoch, sich an den natürlichen Gegebenheiten zu orientieren. Erfahrungsgemäß gedeiht Wurzelgemüse auf lockerem, sandigem Boden gut, weil hier die langen Wurzeln leicht in den Boden eindringen können. Kohlgemüse findet optimale Bedingungen auf tiefgründigem Boden in Regionen, in denen es viel regnet. Auf leichtem Boden, der das Wasser schlecht hält, wächst Kohl schlecht, es sei denn, Sie düngen und wässern intensiv.

Wann wird das Gemüse erntereif?

Die Gemüsearten brauchen von der Aussaat beziehungsweise Pflanzung bis zur Ernte unterschiedlich lange. Radieschen sind innerhalb von wenigen Wochen erntereif, während Lagermöhren vom Frühjahr bis zum Spätherbst auf dem Beet stehen. Grünkohl nimmt den Platz auf dem Beet vom Sommer bis zum darauffolgenden Frühjahr ein. Die Kulturdauer der Gemüseart muss deshalb unbedingt in die Anbauplanung und in die Abfolge der Kulturen einfließen.

Zusätzlich wird innerhalb einer Art in frühe, mittelfrühe und späte Sorten differenziert. Frühe Sorten sind früher erntereif als der Durchschnitt, mittelfrühe etwa so lang wie der Durchschnitt und späte Sorten brauchen deutlich länger bis zur Ernte. In Regionen mit kurzem Sommer sollten Sie immer eine »frühe« Sorte wählen, die sich schnell entwickelt, damit Sie sicher etwas ernten können. »Späte« Sorten werden dagegen nicht sicher reif. Spät reifende Tomatensorten wie die Baumtomate 'De Berao' müssen Sie in manchen Jahren mit kurzem Sommer grün ernten. Frühe Sorten wie 'Matina' oder 'Frühzauber' reifen um Wochen eher.

LINKS: Wer auf Selbstversorgung mit Gemüse Wert legt, baut viel frostharte, auf dem Beet überwinternde Arten wie den Grünkohl an.

OBEN: Über die Nützlichkeit des Umgrabens wurde schon viel diskutiert. Bei verdichteten Böden lohnt es sich.

Arten fürs Gewächshaus

Gemüsearten, die viel Wärme brauchen, entwickeln sich am besten im Gewächshaus. Tomaten, Paprika und Peperoni sowie Schlangen-Gurken sind typische Gewächshauskulturen. Die frühen Saaten von Kopf- und Pflücksalat sowie von Spinat und Radies entwickeln sich im Gewächshaus ebenfalls schneller als im Freiland. Im Herbst und Winter lässt sich die Gewächshausfläche gut für Feldsalat nutzen.

Reaktion auf Tageslänge

Bei Salat, Spinat, Radies und Rettich müssen Sie eine weitere Eigenschaft beachten: deren Reaktion auf die Tageslänge. Einige Arten und Sorten wachsen an kurzen Tagen besonders gut, andere an langen Tagen, wieder andere sind tagneutral. Bei älteren Sorten von Salat und Spinat ist diese Eigenschaft besonders ausgeprägt, neuere Züchtungen verhalten sich eher tagneutral. Die Gemüsezüchter bieten Sorten aus diesem Grund speziell für Frühjahr-, Sommer- oder Herbstanbau an; die tagneutralen Sorten eignen sich für den Ganzjahresanbau. Eine bekannte Salatsorte für den Frühjahrsanbau ist zum Beispiel 'Maikönig'. Die Sorten 'Kagraner Sommer' oder 'Attraktion' eignen sich für den Anbau im Sommer. Die Information zum Anbauzeitraum steht meist in der Sortenbeschreibung auf der Rückseite der Samentüte.

Widerstandsfähige Sorten wählen

Krankheiten und Schädlinge machen Gemüsegärtnern die Ernte streitig. Doch das muss nicht sein, wenn widerstandsfähige oder resistente Sorten ausgewählt werden. Jede Gemüseart hat ihre speziellen Krankheiten und Schädlinge. Bei Gurken, Salat, Spinat und Feldsalat sind es Echter und Falscher Mehltau, beim Tomatenanbau im Freiland ist es dagegen die Kraut- und Braunfäule. Im Gewächshaus sind eher Weiße Fliegen ein Problem oder Nematoden und andere Fruchtfolgeschäden. Von einigen Gemüsearten gibt es Sorten, die widerstandsfähig oder sogar resistent gegen einen speziellen Schädling oder eine spezielle Krankheit sind. Es gibt zum Beispiel Salatsorten, die resistent gegen die Grüne Salatblattlaus sind oder Möhrensorten, die resistent gegen die Möhrenfliege sind.

Nach und nach werden Sie mit diesen Problemen beim Gärtnern konfrontiert. Im Laufe der Jahre werden Sie viele Erfahrungen sammeln und so gerüstet mit Problemen umzugehen wissen.

Anbautechniken

Die Gemüsearten nehmen unterschiedlich viel Standfläche in Anspruch. Bedenken Sie, wie viel Platz ein Kohlkopf beansprucht und wie viel ein Radieschen! Die empfohlenen Reihenabstände und Abstände in der Reihe richten sich nach dem unterschiedlichen Raumbedarf der Gemüsearten und -sorten. Nur dann können sich die Gemüsepflanzen gut entwickeln und bringen einen guten Ertrag, wenn sie ausreichend Platz haben. Zucchini und Stangenbohnen haben den größten Platzbedarf. Hoch wachsende Gemüse, also Stangenbohnen oder Tomaten, stehen am besten in einer Reihe mit viel Platz darum herum, sodass sie von allen Seiten viel Licht bekommen.

Aus praktischen Erwägungen heraus sät oder pflanzt man Gemüse in Reihen oder in Horsten, also immer 4–5 Samen zusammen und dann mit einem größeren Abstand zum nächsten Horst. Das ist vor allem bei Buschbohnen üblich. So gruppiert, können Sie zwischen den Pflanzen hacken, ohne sie zu beschädigen. Und die Ernte geht so ebenfalls leichter von der Hand.

LINKS: Tomatensorten sollte man nicht nur nach Form und Farbe auswählen, sondern auch auf die Widerstandsfähigkeit achten.

MITTE: Gemüseanbauer können bei Möhren zwischen rasch wachsenden Sommersorten und Lagersorten wählen.

RECHTS: Mangold verträgt Kälte und kann bis in den Winter hinein frisch vom Beet geerntet werden.

Beet oder Reihe

Am übersichtlichsten haben Sie es, wenn Sie je ein Beet – in der Regel sind das drei Gemüsereihen auf einem Beet von 1,20 Meter Breite – mit nur einer Gemüseart bepflanzen. Diese Anbauart ist sinnvoll, wenn Sie alles auf einmal ernten, beispielsweise bei Zwiebeln und Möhren zum Einlagern oder bei Buschbohnen, wenn Sie diese einfrieren wollen.
Beim Anbau in Reihen werden jeweils verschiedene Arten abwechselnd in Reihen ausgesät, also in Mischkultur angebaut. Auf diese Weise bringen Sie auch in einem kleinen Garten mehr Arten und Sorten unter.

Viele Gemüse stehen nicht das ganze Jahr über auf dem Beet. Salate und Kohlrabi räumen früh den Platz, sodass eine zweite Kultur folgen kann. Buschbohnen, Grünkohl, Endiviensalat und Zuckerhutsalat haben dann noch genügend Zeit, sich zu entwickeln. Bei Tomaten, Gurken, Zucchini und Stangenbohnen, die erst im Lauf des Sommers den Platz ganz für sich beanspruchen, können Sie im Frühjahr schnell räumenden Spinat oder Salate neben den geplanten Reihen aussäen. Bei Gemüsearten, die im August geerntet werden, bleibt noch Zeit für eine Nachkultur von Feldsalat oder Spinat.

Das darf in keinem Garten fehlen

Die Gemüsevorlieben der Deutschen sind eindeutig: Tomaten stehen obenan auf der Verzehrsstatistik, gefolgt von Möhren, Speisezwiebeln und Gurken. Dann folgen Weiß- und Rotkohl, Erbsen und Bohnen, Blumenkohl und Brokkoli, Salat und andere. Wählen Sie die Gemüsearten entsprechend Ihren persönlichen Vorlieben und abgestimmt auf Lage und Größe Ihrer Mini-Farm aus.

Von feinem und grobem Gemüse

Wenn Sie nur wenig Gartenfläche zur Verfügung haben, sollten Sie sich auf feines Gemüse, also zum Beispiel Spinat, Salate, Buschbohnen, Erbsen, Radies, Rettich, beschränken. Für grobes Gemüse und Lagergemüse – dazu zählen Kopfkohl, Zwiebeln, Lauch und Möhren – brauchen Sie mehr Platz. Für die gesunde Ernährung sind sie zwar unverzichtbar, auf kleiner Gartenfläche schränkt man sich durch den Anbau von grobem Gemüse aber doch in der Artenvielfalt ein.
In warmen Klimalagen gedeihen Fruchtgemüse wie Tomaten und Paprika auf Beeten im Freien. Die Fruchtgemüsearten bringen jedoch noch mehr Ertrag, wenn sie im Gewächshaus oder die Tomaten in einem Tomatenhaus angebaut werden. Die Schlangen-Gurke ist sowieso eine Gewächshauskultur.
Wenn Sie ein Faible für dieses oder jenes Gemüse haben, werden Sie selbstverständlich alles daransetzen, mit viel Zuwendung zu den Pflanzen eine gute Ernte zu erzielen. Regionales Lieblingsgemüse gibt es auch: In Norddeutschland wird man auf Grünkohl kaum verzichten wollen; im Süden können die Menschen damit oft gar nichts anfangen; sie kultivieren stattdessen Filderkraut, Zuckerhutsalat oder Rote Bete.

In den folgenden Sortenporträts wird das Gemüse unterteilt in Zwiebelgemüse, Kohlgemüse, Blattgemüse, Leguminosen und Fruchtgemüse. Wählen Sie für Ihre Mini-Farm aus allem das Beste für die Standortbedingungen und den Bedarf heraus.

LINKS: Auf einer kleinen Gartenfläche haben Würzkräuter und feines Gemüse wie Buschbohnen und Salate Vorrang vor gröberem Gemüse.

OBEN: Rasch wachsende Blattgemüse wie Spinat, Mangold und Melde versorgen den Haushalt mit viel Grünzeug für Salate.

Anbau über Winter

Wenn Sie sich das ganze Jahr über mit frischem Gemüse versorgen wollen, sollten Sie frostharte Arten in Ihren Anbauplan aufnehmen, die über Winter auf dem Beet stehen bleiben. Porree, Rosenkohl und Grünkohl sind typische Wintergemüse. Ebenso Feldsalat. Zudem gibt es von einigen Sommergemüsearten spezielle frostharte Sorten für den Überwinterungsanbau. Mit diesen Sorten im Garten können Sie dann schon früh im Jahr Kopfsalat, Spinat, Zwiebeln, Knoblauch oder Wirsing ernten.

Küchen-Zwiebel

In der Küche geht ohne Zwiebeln gar nichts. Ihre süßliche Würze gibt Soßen, salzigen Kuchen, Chutneys und Wok-Gemüse den besonderen Geschmack. Die Küchen-Zwiebel *(Allium cepa)* wird üblicherweise gesteckt, nur die großen Gemüse-Zwiebeln werden ausgesät. Eine richtige Schönheit ist die Sorte 'Stuttgarter Riesen' mit ihrer leicht abgeplatteten Form und der gelben, glänzenden Schale. Ihr ähnelt die gelbbraune, runde Sorte 'Sturon'. Beide sind nach der Ernte im Juli und August bis März oder April lagerfähig. Rotschalige Sorten und die längliche 'Birnenförmige' sind nicht so lange lagerfähig. Für die Steckzwiebelkultur über Winter brauchen Sie spezielle Winter-Steckzwiebelsorten wie 'Radar'.
Stecken Sie die Zwiebeln im März oder April, sobald der Boden abgetrocknet ist und betreten werden kann. Der Pflanzabstand von Reihe zu Reihe beträgt 15–20 Zentimeter, in der Reihe 10 Zentimeter. Die Spitzen der Zwiebeln sollen gerade bis zur Erdoberfläche reichen. Halten Sie den Boden um die Zwiebeln herum immer offen. Vor allem nach Regengüssen, wenn der Boden oberflächlich verkrustet ist, muss entlang der Reihen mit der Hacke gelockert werden. Zwiebeln brauchen normalerweise keine Extradüngung, allenfalls arbeitet man vor dem Stecken gut verrotteten Kompost ein.

Zwiebeln sollen bis zur Ernte immer gut abreifen. Auf keinen Fall darf das Laub umgetreten werden, wie es früher üblich war. Im Juli oder August an einem sonnigen, trockenen Tag kann geerntet werden. Dann bleiben die Zwiebeln einige Stunden lang auf dem Beet liegen, um abzutrocknen. Die Küchen-Zwiebel bringt einen sicheren Ertrag von 60–80 Zwiebeln pro Quadratmeter und insgesamt etwa 2,5–4 Kilogramm. Wenn das Laub noch geschmeidig ist, können Zwiebelzöpfe geflochten werden. Oder die Zwiebeln werden in luftigen Körbe oder flachen Gemüsekisten aufbewahrt. Luftig, kühl und trocken gelagert, bleiben sie bis zum darauffolgenden Frühjahr frisch.

Knoblauch

Frisch, gedünstet oder gebraten in pikanten Gerichten, so mögen wir ihn. Knoblauch *(Allium sativum)* gedeiht am besten auf mittelschweren bis schweren, kalkhaltigen Böden und in windoffenen Lagen. Nehmen Sie Zehen von der eigenen letztjährigen Ernte oder kaufen Sie speziellen Pflanzknoblauch zum Stecken. Sie haben die Wahl zwischen der gut lagerfähigen 'Blanc de Lautrec', der rosaschaligen, mild schmeckenden 'Edenrose' oder 'Flavor' mit hellrosa Zehen.
Gesteckt werden die Zehen im Abstand von 10–15 Zentimetern entweder im Oktober 7 Zentimeter tief oder im März und April 4 Zentimeter tief. Die Spitzen müssen nach oben zeigen. Wie bei den Zwiebeln muss zwischen den Reihen öfter gehackt werden, um den Boden offenzuhalten.
Sobald die Hälfte der Blätter abgeknickt ist, kann der Knoblauch geerntet werden. Dabei zieht man die von einer Hülle umgebenen Knollen bei trockenem Wetter aus dem Boden und lässt sie auf dem Beet noch etwas nachtrocknen. Wie Zwiebeln lagert man Knoblauch trocken und kühl.

LINKS: Beim Anbau der Küchen-Zwiebel kann man eigentlich nichts falsch machen. Sie ist das Anfängergemüse par excellence.
MITTE: Zwiebeln sollten nach der Ernte auf dem Beet abtrocknen. Solange die Schlotten grün sind, lassen sich Zwiebeln zu Zöpfen flechten.
RECHTS: Gemüse oder Gewürz?, ist beim Knoblauch die Frage. Wer ihn gerne isst, wird ihn sicher im Garten anbauen.

Lauch

Lauch oder Porree *(Allium porrum)* ist unentbehrlich als Suppengemüse, aber auch für feine Lauchkuchen, für Quiches und Aufläufe. Gemüseanbauer schätzen ihn als Herbst- und Wintergemüse. Achten Sie auf die richtige Sorte: Herbstsorten wie 'Herbstriesen' vertragen zwar etwas Frost, jedoch keinen Dauerfrost. Sicher frosthart ist 'Blaugrüner Winter' oder 'Hannibal', die allenfalls bei lang anhaltendem, sehr tiefem Frost Schaden nehmen. Lauch wird im Frühjahr entweder in Reihen direkt aufs Beet gesät oder es werden vorkultivierte Setzlinge im Frühsommer gepflanzt, mit einem Abstand von Reihe zu Reihe von 30 Zentimetern und in der Reihe 10–15 Zentimetern. Zu dicht stehende Pflänzchen sollten Sie ausdünnen und gleich als frisches Zwiebelgrün in der Küche verwerten. Gepflanzter Lauch wächst zu dicken »Stangen« heran. Wenn Sie ihn beim Hacken etwas anhäufeln, so bekommen Sie einen langen, weißen Schaft. Das Gemüse legt im Herbst, wenn es wieder mehr regnet, noch kräftig zu. Den ganzen Winter über kann Lauch jederzeit frisch vom Beet geholt werden. Damit Sie für alle Fälle gerüstet sind, sollten Sie immer einen kleinen Vorrat in einem kühlen Raum lagern.

Möhre

Die Möhre oder Gelbe Rübe *(Daucus carota),* wie das Wurzelgemüse in Süddeutschland heißt, bildet die Grundlage unserer Gemüseküche. Selbst angebaute Möhren schmecken unvergleichlich nussig-mild und eignen sich hervorragend als gesunde Rohkost. Die heutigen Zuchtformen unterscheiden sich – neben inneren Qualitäten – hauptsächlich in Rübenform und -länge. Die Gärtner kultivieren zylindrisch stumpfe Nantaise-Typen, sehr lange, schmale, abgestumpfte bis spitze zulaufende Wurzel-Typen oder runde, kugelige Sorten wie 'Pariser Markt'. Zudem gibt es spezielle Futtermöhren zum Verfüttern an Kaninchen.

Bauen Sie am besten mehrere Möhrensorten an: frühe Sorten zum Sofortverbrauchen und mittelfrühe und späte Sorten zum Einlagern. Sehr gute Lagersorten sind beispielsweise 'Lange rote stumpfe ohne Herz', 'Rothild' und die schön gefärbte, besonders karotinreiche 'Juwarot'.
Möhren sät man ab März bis Mitte Juli in Sätzen. Die feinen Möhrensamen werden dabei möglichst dünn etwa 2 Zentimeter tief in gerade verlaufenden Saatrillen abgelegt. Damit sich die Lagermöhren gut entwickeln können, sollten Sie diese mit weitem Reihenabstand von 40–50 Zentimetern säen. Hacken Sie nach dem Auflaufen möglichst bald, um den Boden zu lockern und Wildkräuter zu entfernen. Zu dicht stehende Sämlinge werden ausgedünnt. Das ist wichtig, denn sonst gibt es nur dünne, kurze Möhrchen.

Gefahr: Möhrenfliege

Die Möhrenfliege kann den Möhren kräftig zusetzen. Um genau zu sein, sind es die Larven der Fliege, die im Möhrenkörper fressen. Stark befallene Möhren sind von dunklen Madengängen durchzogen, sodass man sie kaum noch verwerten kann, auf jeden Fall aber einen großen Putzaufwand hat. Zur Vorbeugung eignen sich Kulturschutznetze, die gleich nach der Aussaat über die Beete gelegt werden. Alternativ können Sie eine resistente Sorte anbauen. Luftige und zugige Orte meidet die Möhrenfliege, da sucht sie sich lieber andere Plätze zur Eiablage.

Lassen Sie Lagermöhren möglichst lange in der Erde, da sie im Spätherbst noch kräftig zulegen. Zum Ernten eignet sich die Grabegabel; durch Vor- und Zurückbewegen der Gabel werden die tief reichenden Möhrenwurzeln zunächst gelockert und erst Stunden später herausgezogen. Währenddessen baut sich noch Nitrat ab. Die Ernte gelingt am besten, wenn der Boden feucht, aber nicht nass und auch nicht ausgetrocknet ist. Drehen Sie das Laub ab oder schneiden Sie es ein paar Zentimeter über dem Rübenansatz ab. Der Rübenkörper darf dabei nicht verletzt werden. Es schadet nichts, wenn Erde an den Möhren haften bleibt. Lagermöhren halten sich in einem kühlen Keller monatelang knackig frisch. Von einem Quadratmeter ernten Sie etwa 3–5 Kilogramm Möhren.

Knollensellerie

Das würzige Gemüse gibt Suppen und Salaten einen besonderen, kräftigen Geschmack. Knollensellerie *(Apium graveolens var. rapaceum)* hat eine cremeweiße Knolle und einen Schopf dunkelgrüner, gefiederter Blätter – ein schönes Gemüse. Die mächtigen Pflanzen sitzen stabil auf dem Beet. Da erstaunt es nicht, dass die Sorten königliche Namen tragen und 'Monarch', 'Prinz', 'Rex' oder 'Mars' heißen.
Für den Bedarf im Haushalt genügen wenige Pflanzen. Am besten kauft man Selleriesetzlinge und pflanzt ab Mitte Mai im weiten Abstand von 75 x 40 Zentimetern. Gute Nachbarn sind Tomaten und Kohl. Das Knollengemüse bevorzugt wie Möhren einen luftigen Ort und bleibt dann weitgehend von der Septoria-Blattfleckenkrankheit verschont. Ernten Sie das Gemüse mit der Grabegabel. Zum Einlagern wird der Blattschopf abgeschnitten, ohne dabei die Knolle zu verletzen. Blattreste trocknen beim Lagern ein. Die bis etwa 500 Gramm schweren Knollen halten im Lager bis zum Frühjahr. Bei einer Pflanzdichte von 4–6 Knollen ernten Sie pro Quadratmeter 2–3 Kilogramm.

RECHTS: Sellerie lässt sich vielseitig verwerten – roh und gedünstet und als besonders gesunde Zubereitung als Frischpresssaft.

Vom rundum gesunden Sellerie kann man auch die Blätter zum Würzen nehmen.

Radieschen

Radieschen *(Raphanus sativus var. sativus)* oder Radies mögen alle. Frisch zum Vespern oder als essbare Tischdekoration. Nicht immer sind die Knollen rund und rot. Rettichartig spitz zeigt sich die weiße Sorte 'Eiszapfen'. Rot-weiß gefärbt und walzenförmig sind 'French Breakfast' und 'Bamba'. Und violette, gelbe und weiße Sorten gibt es auch, als »Ostereiermischung« werden sie angeboten!

Bei Radieschen kommt es wie beim Salat auf die richtige Auswahl entsprechend dem Anbauzeitraum der jeweiligen Sorte an. Frühjahrssorten wie 'Cherry Belle' schießen, wenn sie im Sommer angebaut werden. Sommersorten wie 'Parat', 'Raxe', 'Rudi' sind dagegen schossfest. Die Tageslänge hat auf ihre Entwicklung deshalb keinen Einfluss.

Mit Radieschen können Sie die gesamte Anbausaison von März bis Oktober sehr gut ausnutzen, bei sehr früher Saat im Frühbeet oder Gewächshaus sogar bereits ab Ende Februar. Sobald man den Boden betreten kann, säen Sie ins Freiland und decken mit Vlies oder Folie zum Schutz vor Kälte ab. Bei Anbau im Frühbeet oder Kleingewächshaus verlängert sich die Erntephase um mehrere Wochen. Damit nicht zu viele Radieschen auf einmal erntereif werden, sollten Sie diese immer in Sätzen säen, also etwa alle zwei Wochen eine kurze Reihe (Abstand in der Reihe 2–3 Zentimeter, von Reihe zu Reihe 10–15 Zentimeter). Wichtig ist ein gutes Saatbett mit feinkrümeligem Boden. Klopfen Sie die Samen gut fest; sie müssen Bodenschluss haben. Auch bei Radies empfiehlt sich regelmäßiges Hacken, immer entlang der Reihen, um den Boden zu lockern und Wildkräuter abzuhacken und zu verschütten. Bei zu dichtem Stand muss vereinzelt werden.

Ideale Lückenfüller

Radieschen brauchen von der Aussaat bis zur Ernte nur wenige Wochen und sind deshalb ideale Lückenfüller. Sie brauchen kein Extrabeet, sondern finden überall einen Platz. Auch in nicht allzu tiefen Kästen auf dem Balkon gedeihen sie prächtig. Saatbänder und Saatscheiben machen die Aussaat kinderleicht. Wer geübt im Säen ist, braucht diese Hilfe jedoch nicht.

Radieschen brauchen viel Feuchtigkeit. Bei Trockenheit muss man sie gießen, sonst werden sie unangenehm scharf oder bekommen im Inneren eine pelzige Konsistenz. Genügend Feuchtigkeit schützt zudem vor dem Befall mit Erdflöhen. Dieser wichtige Schädling an Radieschen frisst Löcher in die Blätter. Und noch ein Grund spricht für das gleichmäßige Feuchthalten der Radieschenkultur: Der Rübenkörper platzt beim Wechsel von Trockenheit und Feuchte leicht auf. Ernten Sie Radies jung, bevor sie pelzig oder holzig werden und schließlich »schießen« und in Blüte gehen. Das Laub wird bei der Ernte abgedreht. Denn mit Blättern bleiben sie nur kurze Zeit knackig frisch.

LINKS: Radieschenblätter sind essbar. Sie geben grünen Blattsalaten eine angenehme Schärfe.

Rettich

Vor allem die Süddeutschen schätzen scharf schmeckenden Rettich zum Vespern, zu Brezel und Bier. Der Rettich *(Raphanus sativus var. niger und R. s. var. sativus)* ist eine sehr alte, bereits in der Antike bekannte Kulturpflanze, die bereits die Römer über die Alpen brachten. Die Menschen schätzen ihn als Nahrung und auch als Medizin, speziell bei Husten, wobei seine Heilwirkung auf dem hohen Gehalt an Senfölglykosiden basiert.

Mit den richtigen Sorten können Sie sich das ganze Jahr über mit frischem Rettich versorgen: Die Saison beginnt im Frühbeet und Kleingewächshaus mit frühen, halblangen Sorten wie 'Ostergruß' oder der raschwüchsigen 'Rex'. Im Sommer sorgen 'Münchner Bier' oder 'Neckarruhm' für Rettichgenuss. Die lagerfähigen Herbst- und Winterrettiche wie zum Beispiel 'Runder schwarzer Winter' werden im Juni und Juli gesät und bleiben bis zur Ernte im Spätherbst auf dem Beet stehen. Wer während der gesamten Saison Rettich ernten möchte, sollte das Gemüse in Sätzen, also etwa alle drei Wochen in kleinen Partien, säen und nicht eine ganze Samentüte auf einmal verbrauchen. Die Sorten unterscheiden sich auch durch die verschiedenfarbige Korkschicht, die schwarz, grau, braun, rot oder gelb sein kann.

Platzen und Schießen verhindern

Rettiche mögen einen feuchten Boden und gleichmäßige Wasserversorgung, sonst werden sie strunkig, holzig, pelzig und zudem unangenehm scharf. Dasselbe geschieht, wenn die Rettiche zu lange auf dem Beet stehen bleiben und anfangen zu »schießen«, also Blütenstängel zu schieben.
Beim Rettich sollten Sie unbedingt die Fruchtfolge einhalten. Sonst besteht die Gefahr, dass sie schwarz werden. Grund dafür ist die Fruchtfolgekrankheit Rettichschwärze, die Sie vermeiden können, wenn das Gemüse jedes Jahr an einer anderen Stelle ausgesät wird. Eine Gefahr ist auch die Kohlfliege, deren Maden sich Gänge in den Rettichkörper bohren. Durch das Abdecken mit speziellen Kulturschutznetzen können Sie das Gemüse vor dem Schädling schützen.

Ernten und lagern

Holen Sie das Gemüse immer frisch aus dem Garten. Sommerrettiche sollten nicht zu lange auf dem Beet stehen und geerntet werden, bevor die Wurzeln strunkig und pelzig sind. Herbst- und Winterrettich vertragen ein paar Minusgrade und können deshalb im Herbst lange draußen bleiben. Geerntet wird nur bei trockenem Wetter. Damit die Rettiche knackig frisch bleiben, wird das Laub abgedreht! Herbst- und Winterrettiche halten sich an einem kühlen Ort mit hoher Luftfeuchtigkeit, zum Beispiel im Keller, Erdkeller oder einer Erdmiete, bis ins Frühjahr hinein.

RECHTS: Sommerrettiche schmecken frisch vom Beet am besten. Herbst- und Winterrettiche lassen sich monatelang lagern.

Brokkoli und Blumenkohl

Gesundheit kann man essen! Der beste Beleg für diese Aussage ist der Brokkoli *(Brassica oleracea var. italica)*. Das Kohlgemüse nimmt in der modernen gesundheitsbewussten Ernährung einen Spitzenplatz ein. Und das mit Grund: Es enthält Vitamine (Vitamin C, Folsäure) und Mineralstoffe (Kalium, Kalzium) in hoher Konzentration, zudem Senföle, denen wahre Wunderwirkungen zugesprochen werden.

Brokkoli mag wie alle Kohlgewächse tiefgründigen, nährstoffreichen Boden und viel Feuchtigkeit. In heißen, trockenen Sommern kümmert er. Da hilft nur, viel und regelmäßig zu gießen und den Boden mit einer Mulchschicht abzudecken, damit die Feuchtigkeit im Boden bleibt. Erst im Herbst, wenn es wieder regnet, erholt er sich und kann oft bis in den Dezember hinein auf dem Beet stehen bleiben, da er Frost bis etwa –5 °C verträgt. Für die Mini-Farm sind Sorten interessant, die nach der Ernte des Hauptsprosses viele Seitentriebe bilden, beispielsweise 'Belstar' F_1 oder 'Penta' F_1. 'Marathon' F_1 entspricht mit seiner blaugrünen Knospe am ehesten dem Brokkolityp aus dem Supermarkt.

Die Diva unter den Gemüsen

Blumenkohl *(Brassica oleracea var. botrytis)* ist noch anspruchsvoller in der Kultur als Brokkoli. Das Kohlgemüse gedeiht nur gut, wenn es bestens mit Wasser versorgt ist – entweder durch natürliche Niederschläge oder durch Gießen beziehungsweise Beregnen, wie es im Profianbau praktiziert wird. Zum Schutz der weißen Blume vor zu starker Sonneneinstrahlung sollten Sie eventuell die Innenblätter umknicken. Für den Anbau im Hausgarten sind samenfeste Sorten wie 'Erfurter Zwerg' oder 'Neckarperle' zu empfehlen.

Nach der Ernte des Hauptsprosses erscheinen in den Blattachseln reichlich ebenfalls essbare Nebensprosse.

Alles für die Blume

Pflanzen Sie von Brokkoli und Blumenkohl jeweils nur wenige Pflanzen im Abstand von 2–3 Wochen. Ein Auspflanzen ist ab März und April möglich, in rauen Gegenden müssen die zarten Jungpflanzen aber mit Vlies abgedeckt werden. 40–50 Zentimeter Platz sollte zwischen jeder Pflanze sein. Späte Termine im Juni oder Juli zur Ernte im Herbst sind ebenfalls möglich.
Ernten Sie Brokkoli rechtzeitig, bevor er schießt, und zwar bevor sich die Knospen gelb färben. Am besten schneidet man zunächst die Hauptblume ab, dann können sich die Nebenblumen noch gut entwickeln und bringen ebenfalls noch guten Ertrag. Geernteter Brokkoli hält sich in Plastikfolie eingehüllt ein paar Tage lang, die grünen Knospen werden jedoch schnell gelb. Brokkoli lässt sich, kurz blanchiert, gut einfrieren.
Blumenkohl sollten Sie ebenfalls rasch ernten, sobald sich die Blume gebildet hat. Das Gemüse hält sich geerntet und in Plastikfolie eingehüllt ein paar Tage im Kühlschrank. Zarte Blätter können Sie mit verwenden.
Von Brokkoli und Blumenkohl ernten Sie 5–6 Pflanzen pro Quadratmeter, das ergibt einen Ertrag von 2–4 Kilogramm pro Quadratmeter.

Kohlrabi

Kohlrabi *(Brassica oleracea var. gongylodes)* gedeiht in jedem Garten. Die ersten beim Gärtner gekauften Kohlrabipflänzchen können Sie bereits ab Mitte März ins Frühbeet oder unter Vlies beziehungsweise Folie ins Freiland pflanzen. Wenn Sie selbst Jungpflanzen heranziehen wollen, säen Sie ab April bis Mitte Juli auf ein Saatbeet im Freien oder im Frühbeet oder Gewächshaus. Nehmen Sie fürs Frühbeet die rasch wachsende blaue Sorte 'Azur Star'. Für den Anbau im Sommer und Herbst eignen sich besser schossfeste Sorten wie die blaue 'Blaro' oder die plattrunde Traditionssorte 'Delikatess' in Weiß oder Blau. Die Setzlinge pflanzen Sie im Reihenabstand von 40 Zentimetern und mit einem Abstand in der Reihe von 20–30 Zentimetern. Hübsch sieht es aus, wenn Kohlrabi abwechselnd mit Kopfsalat in der Reihe steht. So ist der Platz gut ausgenutzt.
Ernten Sie Kohlrabi im Sommer zügig, da die Knollen bei Trockenheit holzig werden. Im Herbst kann er dagegen lange auf dem Beet bleiben, zumal das Gemüse ein paar Frostgrade verträgt. Durch Abdecken mit Vlies lässt sich die Erntezeit bis in den Winter verlängern. Beim Ernten schneidet man den Strunk direkt an der Knolle ab und entfernt die äußeren Blätter. Pro Quadratmeter ernten Sie 13–25 Stück von unterschiedlichem Gewicht, insgesamt etwa 2–3 Kilogramm. Verbrauchen Sie Kohlrabi möglichst frisch. Ein mild schmeckendes Gemüse zum Knabbern oder kurz gedünstet, in Streifen geschnitten ideal zum Dippen in pikanten Soßen.

LINKS: Brokkoli verträgt einige Frostgrade. Er kann deshalb bis in den Winter hinein auf dem Beet stehen bleiben.

Schutz vor Raupen und Co.

Kohlgemüse ist ein gefundenes Fressen für Schadschmetterlinge, Kohlfliege, Mehlige Kohlblattlaus und Motten-Schildlaus, die besser bekannt ist als Weiße Fliege. Kohlweißlingsraupen fressen die Blätter bis aufs Gerippe ab. Kohleulenraupen dringen in Kohlköpfe oder in die Blume von Brokkoli ein. Ziemlich eklig, wenn man die auf den Teller bekommt. Legen Sie zur Schädlingsabwehr gleich zu Beginn der Kultur ein Kulturschutznetz auf. Es muss an den Rändern dicht aufliegen, damit Insekten und Schmetterlinge nicht zufliegen und ihre Eier ablegen können.
Wenn Sie nur wenige Kohlpflanzen haben, genügt es, die Pflanzen regelmäßig abzusuchen und Eigelege und jungen Räupchen auf den Blattunterseiten zu zerdrücken. Die gelben Eier des Kohlweißlings beispielsweise sitzen eng beieinander auf der Blattunterseite und sind leicht zu erkennen. Natürliche Schädlingsregulierung funktioniert auch gut mit dem Bakterium *Bacillus thuringiensis.*

Kopfkohl und Grünkohl

Auf fruchtbaren, feuchten Böden bildet Kraut große Köpfe aus. Kopfkohlarten brauchen mehr Platz als die zuvor beschriebenen Kohlarten. Weißkraut, Blaukraut und Wirsing sowie Rosenkohl, allesamt Mitglieder der Familie der Kreuzblütler oder Brassicaceae, gehören zum Grundbestand in großen Nutzgärten. Wählen Sie für den Anbau auf der Mini-Farm am besten eine samenfeste Sorte aus. Beim Blaukraut sind die gängigen Sorten 'Marner Frührotkohl' und 'Marner Lagerrot'. Beim Weißkohl 'Marner Lagerweiß' oder 'Filderkraut'. Beim Wirsing gibt es ebenfalls eine Frühsorte, 'Vorbote 3/Hilmar', und eine Lagersorte, 'Marner Grüfewi' mit flachrundem Kopf und schön gekrausten Blättern. Beim Rosenkohl steht die frostharte Sorte 'Hilds Ideal' zur Ernte im Winter zur Verfügung. Wenn Sie Wert auf Farbe im Gemüsegarten legen, können Sie sogar einen Rosenkohl mit roten Röschen wählen: die samenechte Sorte 'Red Ball'. Blattkohl wie Grünkohl ist in manchen Regionen sehr beliebt. Frostharte Standardsorten (bis etwa –10 °C) sind die kompakt wachsende 'Halbhoher grüner krauser' und 'Lerchenzungen' mit langen schmalen Blättern. Wenn Sie Kleintiere halten, sollten Sie Grünkohl unbedingt anbauen; Hühner und Kaninchen fressen ihn sehr gerne, ebenso Ziegen und Schweine.

Aussaat und Pflege

Blaukraut und Weißkraut wird im März und April auf einem Saatbeet vorgezogen. Nach 3–4 Wochen kommen die kleinen Pflänzchen dann an Ort und Stelle. Kalkulieren Sie beim Bestimmen des Pflanzabstands ein, dass alle Kopfkohlarten viel Platz brauchen, und pflanzen Sie diese im Abstand von

60 x 60 Zentimetern. Frühkraut kann dagegen etwas enger im Abstand von 50 x 40 Zentimetern gepflanzt werden.

Grünkohl wird Mitte Mai bis Mitte Juni gesät und von da an bis Mitte Juli gepflanzt. Bei späterer Pflanzung bleibt er dann aber sehr klein. Allen Kohlarten gemeinsam ist ihr hoher Nährstoff- und Wasserbedarf. Wenn Kohl zu wenig Nährstoffe bekommt, bilden sich keine richtigen Köpfe aus, das Blattwerk bleibt flatterig und die älteren Blätter vergilben. Düngen Sie zur Pflanzung mit gut verrottetem Kompost, etwa einen halben Eimer voll pro Quadratmeter, oder mit organischem Handelsdünger.

Vor allem während der Wachstumsphase, während der Kopfbildung, braucht das Gemüse viel Wasser. In Trockenphasen muss man deshalb reichlich gießen. Zusätzlich schützt eine Mulchdecke vor starker Verdunstung. Zudem sollten Sie den Boden durch Hacken lockern, damit Luft hineingelangt. Durch das Hacken verdampft das Wasser außerdem nicht so schnell. Erfahrungsgemäß wächst Kohl im Frühherbst, wenn es wieder regnet, erst richtig weiter und bildet Köpfe aus. Trockenheit schwächt die Pflanzen, sie ist oft auch der Grund, weshalb Schädlinge das Gemüse befallen.

Für den Lagerkeller

Die Ernte von Lagerkohl erstreckt sich über den Oktober und November. Die Krautköpfe sind sehr gut lagerfähig, vorausgesetzt, sie werden luftig und kalt in einem Schuppen oder gut belüfteten kalten Kellerraum aufbewahrt. Besonders lange halten sich die Köpfe, wenn sie kopfüber an der Wurzel aufgehängt werden. Die äußeren Blätter schrumpeln und vertrocknen etwas; sie bilden während der Lagerung einen schützenden Mantel um die Köpfe. Darunter bleiben die kompakt gelagerten Blätter frisch. Bei Weiß- und Blaukraut können Sie pro Quadratmeter mit 3–4 Köpfen rechnen. Bei guter Düngung entspricht das einem Ertrag von 4–6 Kilogramm. Grünkohl bringt etwa 2 Kilogramm Ertrag. Vom Rosenkohl ernten Sie lediglich die Röschen in den Blattachseln, von 3–4 Pflanzen insgesamt etwa 1 Kilogramm.
Der frostharte Rosenkohl kann übrigens draußen bleiben. Ernten Sie die Röschen erst, wenn Sie diese in der Küche zubereiten wollen.

LINKS: Rosenkohl ist ein klassisches Überwinterungsgemüse. Manche Sorten vertragen tiefen Frost.
RECHTS: Weißkraut lässt sich vielseitig zu Rohkostsalat, Krautwickeln, Bayrisch Kraut und natürlich zu Sauerkraut verarbeiten.

Sauerkraut selbst machen

Eine besonders gesunde Zubereitung ist milchsauer vergorenes Kraut, das Sauerkraut. Mit einem speziellen Gärtopf lässt es sich leicht herstellen. Fein gehobeltes Weißkraut wird dazu lagenweise in den Topf gefüllt. Nach jeder Lage wird Salz eingestreut und gut festgestampft, bis Saft austritt. Den Topf zum Gären 5–6 Wochen lang bei Zimmertemperatur aufstellen, danach kühl stellen (siehe Bild S. 186).

Salat

Bei Salat ist es einfach. Da gibt es so viele Arten und Sorten, dass Sie sich zu jeder Jahreszeit mit frischem Blattsalat versorgen können. Kopfsalat, Pflücksalat und Romanasalat gehören der Gattung *Lactuca* an. Daneben gibt es aber auch Salate aus anderen Gattungen, die umgangssprachlich als Salat bezeichnet werden.

Die Salatsaison beginnt im März mit der Aussaat von Schnittsalat. Etwas später folgen Pflücksalate und Kopfsalat, Eissalat und Römischer Salat. Für die ersten Pflanzungen im Frühbeet oder im Gewächshaus kaufen Sie die Setzlinge am besten beim Gärtner. Für die Kultur im späten Frühjahr und Sommer wird in Saatkisten, ins Frühbeet oder direkt aufs Beet gesät, nie zu viel von einer Sorte, damit nicht ein ganzes Beet oder eine ganze Reihe auf einmal erntereif ist.

Alle Salate sind gute Mischkulturpartner für Radieschen, Bohnen, Gurken, Buschbohnen, Rote Rüben oder Mangold – entweder in der Reihe gemischt oder in Reihen nebeneinander. Eine platzsparende Kombination ist zum Beispiel die von Pflücksalat oder Kopfsalat mit Zucchini, Kürbis und Gurken. Die schnell wachsenden Salate räumen den Platz, bevor die Fruchtgemüse sich ausbreiten. Im Juni und Juli ist Saatzeit für die Zichoriensalate Radicchio *(Cichorium intybus var. foliosum),* Endivie und Zuckerhut *(Cichorium intybus var. foliosum).* Im August wird Feldsalat gesät.

Salat-Fahrplan fürs ganze Jahr

Mit Herbst- und Wintersalaten lässt sich die Saison bis in den Winter hinein verlängern. Wenn Sie auch im Winter frischen Salat ernten möchte, sollten Sie vor allem an Endiviensalat und Zuckerhutsalat denken, die etwas Frost (–2 bzw. –4 °C)

vertragen. Mit zusätzlicher Vliesabdeckung können die beiden Gemüse bis November oder Dezember im Freien stehen bleiben. Vom frostharten Feldsalat können Sie den ganzen Winter über bis ins Frühjahr hinein laufend frische Blattrosetten ernten. Beim Salatanbau kommt es nicht nur darauf an, die richtige Salatgruppe auszuwählen, sondern auch die passende Sorte für den jeweiligen Anbauzeitraum im Frühjahr, Frühsommer, Sommer, Herbst oder über Winter. Neuere Züchtungen sind oft schossfest und können deshalb auch im Sommer angebaut werden. Für frühe Aussaaten im Frühbeet oder Kleingewächshaus eignen sich zum Beispiel 'Larissa' oder 'Maikönig'. Es folgen Sommersorten wie 'Kagraner Sommer', 'Attraktion' oder 'Merveille de Quatre Saison'.

Aussaat und Pflege

Säen oder pflanzen Sie vom Kopfsalat nur so viel, wie in 1–2 Wochen verbraucht wird. Das feine Saatgut muss möglichst dünn gesät werden, was nicht ganz einfach ist; anschließend gut festdrücken und mit feiner Erde dünn übersieben. Problemlos ist die Handhabung von Saatbändern, bei denen die Samen schon im richtigen Abstand zueinander liegen. Die Bänder brauchen allerdings nach dem Auslegen sehr viel Feuchtigkeit.

Kopfsalatsetzlinge werden hoch gepflanzt, sodass sie »im Winde flattern«. Nicht rechtzeitig geernteter Salat schießt in die Höhe, geht in Blüte über und ist dann kaum noch verwertbar. Salate mögen humusreiche, durchlässige Böden und ausgeglichene Bodenfeuchtigkeit. Ein Mulchvlies, das den Boden vor Austrocknen sowie das flach streichende Wurzelsystem schützt, ist deshalb sehr empfehlenswert. Organisches Mulchmaterial ist bei Salaten nicht so günstig, weil es durch die Pflanzenreste leicht zu Fäulnis kommt.

Kopfsalat und Pflücksalat kommen mit wenigen Nährstoffen aus. Bei Lichtmangel kann Stickstoff nicht vollständig in Pflanzeneiweiß umgewandelt werden, und dann bildet sich Nitrat in den Blättern, das sich anreichert und die Gesundheit schädigen kann. Zum Düngen nur reifen, sehr gut verrotteten Kompost oder organischen Fertigdünger nehmen.

LINKS: Pflücksalate wachsen schnell heran und sollten Grundbestand in einem kleinen Garten sein.

Schön schnittig

Ernten Sie zarte Kopf- und Pflücksalate bei warmem Wetter morgens, dann halten sie länger frisch und können in Folie gehüllt 1–2 Tage lang im Kühlschrank aufbewahrt werden. Vor allem Pflücksalat ist sehr praktisch, denn es können nach Bedarf Blätter abgeschnitten werden. Bleibt das Salatherz stehen, bilden sich wieder neue zarte Blätter.

Wenn zu viel Salat herangewachsen ist und in die Höhe schießt, können Sie das zarte Blattgrün zum Mulchen im Garten verwenden oder es den Hühnern verfüttern.

Frühe Ernte

Früh im März oder April gesäter oder gepflanzter Salat wächst schneller unter einer Abdeckung, die vor kühlen Temperaturen oder vor Frost schützt. Legen Sie Bahnen von Vlies oder Folie gleich nach dem Säen oder Pflanzen übers Beet. Das geht auch, wenn Sie Salat in Mischkultur mit Kohlrabi und Radieschen anbauen. Vlies und Folie schützen genauso gut vor kühlen Temperaturen im Herbst. Unter der temperaturausgleichenden Abdeckung werden die ersten Salate im Freiland tatsächlich etwa 1–2 Wochen früher erntereif als ohne Abdeckung und im Herbst halten die Köpfe länger.

Wer viel Salat anbaut, kann die Setzlinge durch einen Folientunnel schützen. Oft genügt es aber auch, in kalten Nächten Plastikhütchen oder Tontöpfe über die Salatköpfe zu stülpen. Beste Bedingungen für die Salatkultur bieten Frühbeet oder Kleingewächshaus mit einer Vorrichtung zum automatischen Lüften.

Endiviensalat

Endiviensalat *(Cichorium endivia)* ist in Süddeutschland, in Österreich und der Schweiz beliebt. In Mittel- und Norddeutschland kennt man ihn dagegen kaum. Das Zichoriengewächs stammt aus dem Mittelmeerraum und dem Nahen Osten und ist verwandt mit unserer einheimischen Wegewarte *(Cichorium intybus)*. Es wird seit dem 17. Jahrhundert im deutschsprachigen Raum kultiviert.

Endiviensalat schmeckt leicht bitter. Der relativ hohe Gehalt an Lactucopikrin *(Intybin)* ist schuld daran. Die Gemüsezüchter unterscheiden zwischen Frisée-Endivie *(Cichorium endivia var. crispum)* mit stark geschlitzten Blättern wie 'Wallonne' oder 'Très fine maraîchère' und glattblättrigen Sorten *(Cichorium endivia var. latifolium)* wie 'Bubikopf'. Bei den Endiviensalaten sind die Blätter weit rosettenartig ausgebreitet; mit dem weiteren Wachstum füllt sich die Mitte der Rosette, bis schließlich ein dicker Kopf entsteht. Früher war es üblich, die Köpfe zusammenzubinden, um die inneren Blätter zu bleichen, denn die hellen Blätter aus dem Kopfinneren schmecken viel zarter als die dunkelgrünen äußeren Blätter. Neuere Züchtungen bringen die Eigenschaft der »Selbstbleichung« mit.

Kältetauglich

Der Endiviensalat ist ein typisches Herbst- und Frühwintergemüse, das nach früh räumenden Gemüsearten wie Salaten, Kohlrabi, Radies oder Erbsen gepflanzt wird. Häufig wird die robuste Standardsorte 'Escariol, grüner' kultiviert. Sie wird ab Mitte Juni bis Juli breitwürfig auf Beete ausgesät. Damit die Samen gut keimen, sollten Sie das Beet mit alten Säcken oder anderen das Licht abhaltenden Materialien bis zur Keimung schattieren und feucht halten. Im August werden die jungen Pflänzchen im Abstand von 30–40 Zentimetern flach gepflanzt und gleich angegossen.

Bewährte Tricks zum Überwintern

Die Erntezeit reicht bis in den Winter hinein; durch Abdecken mit Tüchern oder Vlies lässt sie sich in nicht allzu frostigen Wintern bis in den Januar hinein verlängern. Wird die Abdeckung bei milder Temperatur entfernt, können die Köpfe wieder abtrocknen und es kommt nicht zu Fäulnis. Wenn Sie auf Selbstversorgung mit Wintergemüse großen Wert legen, lohnt es sich, den Endiviensalat samt der Wurzel auszugraben und die Köpfe aufrecht in Eimer zu stellen. In einem Schuppen oder kalten Kellerraum aufbewahrt, halten sich die Köpfe wochenlang. Bitte achten Sie darauf, dass die Köpfe bei der Ernte trocken sind, und entfernen Sie faulige Blätter. Zuckerhutsalat hält sich, fest eingewickelt in Zeitungspapier, an einem kühlen Ort sogar noch länger.

Feldsalat, Ackersalat

Feldsalat oder Ackersalat *(Valerianella locusta)* ist ein »Muss« für den winterlichen Salatteller. Der einheimische Feldsalat wächst in vielen Regionen Mitteleuropas auf mageren Wiesen, auf Äckern, an Böschungen und in Weinbergen. Bis Mitte des vergangenen Jahrhunderts sammelten Landbewohner die Blattrosetten häufig am Naturstandort. Zur Ernte schneidet man einfach die ganze Blattrosette so ab, dass die Blätter zusammenbleiben; die Wurzel bleibt im Boden.
Die Blätter des Feldsalats sind je nach Sorte rundlich, länglich oder löffelblättrig. Bei der Standardsorte 'Dunkelgrüner, vollherziger' liegen die Blätter flach auf dem Boden, bei anderen Sorten stehen sie aufrecht.

Feldsalat wird im August und September breitwürfig oder in Reihen im Abstand von 15 Zentimetern direkt aufs Gartenbeet gesät. Beetfläche oder Saatrillen müssen mit dem Rechenrücken gut festgeklopft werden. Jetzt sind Dunkelheit

LINKS: Pflücksalate lassen sich häufig beernten. Wird das Herz nicht herausgeschnitten, wachsen immer neue Blätter nach.
MITTE: Sehr zu empfehlen für sommerliche Salate und den legendären »Caesar Salad«: Römischer Salat.
RECHTS: Profianbauer pflanzen Feldsalatsetzlinge. Im Selbstversorgeranbau ist die breitwürfige Aussaat oder die Reihensaat üblich.

und Feuchtigkeit für die Keimung gefragt. Dazu decken Sie das Beet am besten mit Tüchern oder lichtundurchlässigem Vlies ab. Sie können Feldsalat auch ins Kleingewächshaus oder ins Frühbeet säen.
Feldsalat ist eine zweijährige Pflanze, die im Frühjahr des zweiten Jahres in die Höhe schießt und blüht. In dieser Phase ist der Feldsalat kaum noch nutzbar. Wenn Sie die Samen ausreifen lassen, verstreuen sie sich auf dem Beet und im Herbst keimen überall junge Feldsalatpflänzchen – ganz ohne Ihr Zutun.

Erbsen

Erbsen *(Pisum sativum)* sehen dekorativ aus, sind leicht zu kultivieren und ihre Hülsen schmecken fein – was will man von Gemüse mehr erwarten! Bereits wenige Wochen nach der Aussaat stehen süße Zuckererbsen zum Naschen, Markerbsen fürs Risotto oder Trockenkocherbsen für den Eintopf bereit.

Erbsen gehören wie Bohnen und Wicken zur Pflanzenfamilie der Schmetterlingsblütler mit den typisch geformten weißen, rosa oder lila gefärbten Blüten. Schmetterlingsblütler besitzen die einzigartige Eigenschaft, mithilfe von Knöllchenbakterien im Boden Stickstoff aus der Luft zu filtern. Sie versorgen sich mit diesem wichtigsten Pflanzennährstoff zu einem Teil selbst. Erbsen wollen ein gut gemachtes Saatbett in einem feinkrümeligen tiefgründigen Boden, der sich schnell erwärmt und das Wasser gut hält. Schalerbsen können Sie bereits im März aussäen; Markerbsen folgen ab April bis Ende Mai in Sätzen. Die Samenkörner mit einem Abstand werden in Saatrillen mit einem Abstand von 3 Zentimetern etwa 3–5 Zentimeter tief abgelegt. Einige Sorten wie die Palerbse 'Kleine Rheinländerin' oder die Markerbse 'Markana' brauchen keine Stütze.

Junge Bestände müssen gehackt werden, und dabei können Sie gleich die jungen Pflanzen mit Erde anhäufeln. Bei Trockenheit ist durchdringendes Gießen angesagt! Und pflücken Sie immer gut durch, damit sich schnell neue Erbsenhülsen bilden. Ernten Sie die Hülsen, solange sie grün sind, und dann müssen sie schnell verarbeitet werden. Wenn sie noch lange liegen, reifen Erbsen nach und werden dann mehlig. Sie können mit einem Ertrag samt Hülsen von 1,5 Kilogramm rechnen.

Bohnen

Im Unterschied zu den relativ kälteverträglichen Erbsen brauchen Buschbohnen *(Phaseolus vulgaris var. nanus)* und Stangenbohnen *(Phaseolus vulgaris var. vulgaris)* mehr Wärme. Erst wenn sich der Boden auf 8–10 °C erwärmt hat, kommen die Samen in die Erde. Das ist oft erst Anfang Mai der Fall. Bei Buschbohnen ist die Saat in Horsten zu 6–8 Körnern oder in Reihen im Abstand von 30–50 Zentimetern und 3–5 Zentimeter tief üblich. Säen Sie Buschbohnen nicht auf einmal, sondern in Sätzen etwa im Abstand von drei Wochen. Der späteste Termin ist um den 10. Juli. Auf diese Weise verteilt sich die Ernte über viele Monate und Sie ernten gerade so viel, wie Sie verbrauchen können.

Kletternde Bohnen

Bei kletternden Stangenbohnen und Feuerbohnen weicht man die großen Bohnenkerne vor der Saat etwa 12 Stunden ein, damit sie zügig keimen. Gesät werden Stangenbohnen dann ab Mitte Mai. Feuerbohnen vertragen allerdings tiefere Temperaturen und können schon Ende April in die Erde kommen. Bei Stangenbohnen und Feuerbohnen bringt die Vorkultur im Haus in Töpfen einen Entwicklungsvorsprung. Zudem ist sie in Gärten sinnvoll, in denen Nacktschnecken über die Bohnenkeimlinge herfallen.

Legen Sie pro Bohnenstange 7–11 Körner etwa 3–5 Zentimeter tief, jeweils 2 oder 3 Körner an eine Stelle, damit die Keimlinge mit vereinter Kraft die Bodenkruste besser durchbrechen. Der Abstand von Bohnenstange zu Bohnenstange in der Reihe sollte mindestens 40 Zentimeter betragen. Wenn die Pflanzen etwa 15 Zentimeter hoch sind, wird leicht angehäufelt, um die Standfestigkeit zu verbessern.

Pflege und Ernte

Bohnen gedeihen gut auf humosen Lehmböden, die das Wasser lange halten. Gedüngt wird am besten mit reifem Kompost. Da die wüchsigen Stangenbohnen viel Blattmasse ausbilden, brauchen sie mehr Nährstoffe als Buschbohnen.

LINKS: Mark-Erbsen palt man aus der grünen Hülse, während Zucker-Erbsen samt Hülse gegessen werden.

RECHTS: Feuerbohnen zieren jeden Garten und geben guten Sichtschutz. Stangenbohnen bringen mehr Ertrag als Buschbohnen.

Bitte beachten Sie, dass Bohnen viel Wasser brauchen. Vor und während der Blüte darf der Boden nicht austrocknen, sonst bilden sich wenig Blüten und kaum Hülsen.
Pflücken Sie Bohnen immer gut durch, solange die Hülsen noch zart sind. Dann entwickeln sich die nachfolgenden Bohnenansätze schneller. Das Pflücken mit beiden Händen hat sich bewährt, denn so werden die nachwachsenden Bohnen nicht mit abgerissen und die Blätter und Sprosse schonen. Wenn Sie doch einmal Hülsen übersehen haben, macht das nichts aus. Sie können dann vollständig abreifen. Die darin enthaltenen Bohnenkerne sind ein willkommenes Nahrungsmittel oder Saatgut für das nächste Gartenjahr.

Tomaten

Bei Tomaten haben Sie die Qual der Wahl zwischen Hunderten, ja Tausenden Sorten in vielen Wuchsformen, Fruchtgrößen und -farben und vielfältigen Geschmacksnuancen. Zum gleich Verzehren und für die Vorratshaltung sollten Sie jeweils ein paar Cocktail- und Cherrytomaten, normale Stabtomaten, Fleischtomaten und Roma-Tomaten auswählen. Und vielleicht ist auch noch Platz für ein paar Sortenraritäten wie beispielsweise die fruchtig-säuerlich schmeckende Sorte 'Grünes Zebra' mit gelb-orange-grüner Flammung oder die sehr süße, schnittfeste 'Braunrote Russische'. Stehen die Tomatenstöcke im Freiland, sollten Sie Sorten auswählen, die widerstandsfähig gegen die Kraut- und Braunfäule sind, beispielsweise 'Philovita' F_1 oder 'Phantasia' F_1. Bei Gewächshauskulturen kommt es auf die Widerstandsfähigkeit gegen Samtfleckenkrankheit *(Cladosporium)* an. Im Gewächshaus lohnt sich auch der Anbau von veredelten Tomaten, bei denen die Edelsorte auf eine Wildtomatenunterlage gepfropft ist. Veredelte Tomaten sind in lange genutzten Gewächshäusern deutlich wüchsiger und bringen mehr Ertrag als auf ihren eigenen Wurzeln wachsende Pflanzen.

Dann spielt auch noch die Reifezeit eine Rolle. Bei kurzer Vegetationsperiode in Gebirgslagen sind »frühe« Sorten ideal, die früh blühen und verhältnismäßig schnell Früchte tragen, zum Beispiel 'Matina', 'Diplom' F_1, 'Harzfeuer' F_1, 'Hildares' und 'Frühzauber'. Dagegen reifen Fleischtomaten langsam und spät. Sie bringen deshalb nur in sehr mildem Klima oder im Gewächshaus einen zufriedenstellenden Ertrag. Für Weinbauklima empfehlenswert ist die sehr widerstandsfähige spät reifende Baumtomate 'De Berao' mit flaschenförmigen Früchten.

Und schließlich sollten Sie sich auch noch überlegen, ob Sie selbst Saatgut ernten wollen. Dann müssten Sie eine samenechte Sorte wählen und keine Hybridsorte. Wer Tomaten selbst ernten will, kann entweder im März im Haus vorkultivieren oder im Mai Tomatenjungpflanzen kaufen. Die optimale Aussaatzeit ist ab Ende Februar bis etwa 20. März. Bei späteren Aussaaten entwickeln sich die Pflanzen nicht mehr so gut, zumindest bringen sie keinen vollen Ertrag mehr und bei früheren Aussaaten vergeilen die Pflanzen leicht, wenn sie nicht genügend Licht bekommen.

Von der Pike auf

Die Samenkörner werden einzeln oder zu mehreren in mit spezieller Aussaaterde gefüllte Töpfchen gesät. Bei Zimmertemperatur keimen die Pflanzen schnell. Sobald an den Keimlingen die ersten Laubblätter zu sehen sind, ist Zeit zum Pikieren. Jetzt brauchen die Jungpflänzchen viel Licht. Die vorderste Reihe auf dem Fensterbrett ist gerade recht für sie. Stellen Sie sie jedoch nicht über dem Heizkörper auf, sondern kühler, bei 16–18 °C. Damit bis zum Auspflanzen kompakte, gedrungene Pflanzen heranwachsen, die im Idealfall schon Blüten tragen, vertragen Tomaten noch im Topf eine leichte Düngung.

Tomaten vertragen keine Kälte. Pflanzen Sie das Gemüse also vorsichtshalber erst nach den Eisheiligen Mitte Mai ins Freie, im Gewächshaus schon etwas früher. Fürs Auspflanzen ins Freie einen warmen, windstillen Tag wählen, an dem der Himmel bedeckt ist.
Heben Sie das Pflanzloch in der Gartenerde mindestens eine Spatenlänge tief aus. Je tiefer, desto besser. Das ist besonders wichtig bei lang aufgeschossenen Exemplaren. Den Wurzelballen dann gut mit beiden Händen festdrücken und das Pflanzloch mit lockerer Gartenerde, vermischt mit Kompost, auffüllen. Die Setzlinge gleich in den Wurzelbereich hinein angießen, damit die Erde im Pflanzloch in die Hohlräume nachrutscht. Gleichzeitig mit dem Pflanzen setzen Sie den etwa 1,5 Meter langen Stab, Spiralstab oder Pflock, um daran die Tomaten anbinden oder in die Höhe leiten zu können. In der Regel lässt man nur einen Trieb in die Höhe wachsen. Bei wüchsigen Sorten auch zwei. Ansonsten ist es wichtig, alle Achseltriebe mit den Fingern abzubrechen. Man sagt dazu »ausgeizen«.

RECHTS: Tomaten gedeihen an einer vor Regen geschützten Stelle im Garten oder besser noch im Kleingewächshaus.

Tomaten sind nicht immer
rund und rot. Lassen Sie sich von den
ungewöhnlichen Sorten begeistern!

OBEN: Tomaten und Sellerie sind gute Partner. Sellerie braucht unter der Erde Platz, während Tomaten die Höhe in Anspruch nehmen.

Ziel ist, dass Licht und Luft zu den Pflanzen gelangen. Niedrige Buschtomaten und Balkontomaten muss man nicht ausgeizen und auch nicht entspitzen. Diese Maßnahme wird bei großfrüchtigen Pflanzen ab dem 5. bis 6. Fruchtstand oder generell im Herbst durchgeführt, wobei die Tomatenspitze gekappt wird. Dadurch wächst die Pflanze nicht weiter, sondern steckt ihre letzten Kräfte in das Ausreifen der Früchte.

Viel Raum geben

Damit sich die Pflanzen gut entwickeln können und hohen Ertrag bringen, sollten sie viel Platz um sich haben. Pflanzen Sie deshalb in weitem Abstand von etwa 80 Zentimetern in der Reihe. Tomaten wurzeln tief und ziehen noch am Stängel Wurzeln. Sie sind Nährstoffräuber, die organischen Dünger wie Kompost sehr gut verwerten. Sie profitieren zudem vom Mulchen mit Blättern, Rasenschnitt und anderem organischen Material. Unter der Mulchschicht bleibt der Boden gleichmäßig feucht.

Das weite Pflanzen ist auch deshalb wichtig, weil dann der Wind besser durch die Bestände streichen kann und die Blätter nach Regen oder Tau schnell wieder abtrocknen. Auf diese Weise bleiben die Pflanzen vor der Kraut- und Braunfäule weitgehend geschützt. Diese gefürchtete Pilzkrankheit kann sich nur bei Nässe ausbreiten.

Zum Schutz vor Kraut- und Braunfäule

Hobbyanbauer haben die meisten Probleme mit der Kraut- und Braunfäule *(Phytophthora infestans),* einer Pilzkrankheit, die Blätter, Stängel und Früchte befällt und im Extremfall die Pflanzen zum Absterben bringt. Vorbeugen lässt sich zunächst durch die Wahl der richtigen Sorte. Relativ widerstandsfähig sind Cherry- und Cocktailtomaten sowie Baumtomaten. Durch das Einkreuzen von Resistenzgenen aus Wildtomaten ist es gelungen, hoch widerstandsfähige neue Sorten zu züchten. Schutz vor Krankheitsbefall bietet zudem der Anbau an einem vor Regen und Tau geschützten Platz im Kleingewächshaus, im Tomatenhaus oder unter einem Dachvorsprung. Wenn sich die Krankheit doch ausbreitet, gelingt es möglicherweise, durch Abbrechen der befallenen Blätter und der bodennahen Blätter die weitere Ausbreitung zu unterbinden. Ansonsten gibt es immer noch die Möglichkeit, mit einem zugelassenen Pilzbekämpfungsmittel zu spritzen. Durch Mischkultur oder Kräutertees bekommen Sie die Krankheit leider nicht in Griff.

Um der Krankheit gar nicht erst »Tür und Tor« zu öffnen, bietet es sich an, die empfindliche Kultur im Gewächshaus anzubauen. Hier umgehen Sie viele Probleme des Freilandanbaus, müssen jedoch auf anderes achten: Sorgen Sie beim Anbau im Gewächshaus immer für guten Luftdurchzug und rütteln Sie an den Pflanzen, um eine gute Befruchtung zu ermöglichen.

Wasser und Nährstoffe

Tomatenpflanzen brauchen für üppigen Wuchs und guten Ertrag viel Wasser. Sie überstehen aber auch Trockenphasen ganz gut und können problemlos ein paar Tage lang sich selbst überlassen werden. Zum Gießen eignet sich am besten Regenwasser aus der Tonne, das nicht so kalt ist wie das Wasser aus der Leitung. Mit der Gießkanne wird dann direkt in den Wurzelbereich gegossen, und vermeiden Sie es unbedingt, über die Pflanzen zu gießen oder die Blätter mit Wasser zu bespritzen.
Bei aller Toleranz der Tomatenpflanze ist es doch optimal für sie, wenn gleichmäßig mit Wasser versorgt wird. Sonst besteht die Gefahr, dass die Früchte platzen, wenn es nach einer langen Trockenphase wieder kräftig regnet.
Vor allem im Gewächshaus lohnt es sich, eine automatische Bewässerungsanlage mit Tropfschläuchen oder Tropfern und Tensiometern zu installieren, die die Tomatenpflanzen bedarfsgerecht mit Wasser versorgen.
Tomaten müssen neben Wasser auch gut mit Nährstoffen versorgt werden. Im Hausgarten ist Kompost die wichtigste Nährstoff- und Humusquelle. Organische oder mineralische Handelsdünger oder Hornmehl beziehungsweise Hornspäne können den Angaben auf der Packung entsprechend ausgebracht werden.
Kräuterjauche aus Brennnesseln oder Comfrey ist ebenfalls ein guter und schnell wirksamer Dünger für Tomatenpflanzen. Und wenn die Tomaten mit Brennnesseln gemulcht werden, tun Sie ebenfalls etwas für die Nährstoffversorgung.

Topfkultur

Für eine Kultur im Topf sind Buschtomaten oder Balkontomaten ideal, zum Beispiel 'Hoffmanns Rentita'. Diese Sortentypen wachen nur begrenzt in die Höhe und brauchen keinen langen Stab. Man braucht sie zudem nicht auszugeizen. Ansonsten eignen sich viele Tomatensorten, vor allem Cocktail- und Cherrytomaten. Im Freiland müssen sie an Stäben oder Stöcken angebunden oder an Schnüren in die Höhe geleitet werden. Allerdings gestaltet sich das im Topf weitaus schwieriger als im Gartenboden.

OBEN: Kleinwüchsige Tomatensorten wachsen auch gut in Töpfen. Achten Sie aber auf eine ausreichende Wasserversorgung.

Tomaten ernten

Ernten Sie Tomaten möglichst vollreif. Von zwei Pflanzen pro Quadratmeter dürfen Sie 3–6 Kilogramm Früchte erwarten. Durch die längere Kulturdauer ernten Sie im Gewächshaus übrigens mehr als im Freiland.

Grün geerntete gesunde Tomaten reifen im Haus gut nach. Die Früchte legt man dazu einzeln nebeneinander auf ein Tablett oder in eine Schachtel und stellt sie kühl – aber nicht kalt – und dunkel. Mit etwas Glück haben Sie so bis Weihnachten frische Tomaten. Lagern Sie reife Früchte nie im Kühlschrank, vielmehr bei Zimmertemperatur oder etwas darunter bei 13–18 °C. Nur dann entfalten sie ihr volles Aroma.

Paprika und Peperoni

Welche Paprika soll's denn sein? Im Gemüsehandel finden Sie hauptsächlich Paprikafrüchte in Blockform in den Farben Rot, Gelb und Grün. Viel interessanter für den Anbau auf der Mini-Farm sind jedoch Spitzpaprika. Der mild schmeckende Spitzpaprika *(Capsicum annuum)* ist erst vor wenigen Jahrzehnten durch Mutation aus scharfem Paprika entstanden. Die Sorten bilden etwa 20 Zentimeter lange Schoten aus, von Grün oder Hellgelb nach Orangerot oder Rot abreifend.

Rot, schlank und scharf – so müssen Peperoni *(Capsicum frutescens* und *Capsicum annuum* Longum-Gruppe) sein, die genau genommen auch eine Paprikaart sind. Ein typischer Vertreter ist die Sorte 'De Cayenne', deren Schoten von Dunkelgrün nach Rot abreifen. Sie bringt im Freiland ausgepflanzt einen guten Ertrag – vorausgesetzt, man gießt die Pflanzen regelmäßig.

Sicherer Ertrag im Gewächshaus

Paprikasamen kommen ab Ende Februar bis März einzeln in Töpfchen, die gut mit Anzuchterde gefüllt sind. Bis zur Keimung müssen sie an einem warmen Ort im Haus stehen. Der beste Pflanztermin für selbst gezogene und gekaufte Jungpflanzen ist gekommen, wenn die ersten Blütenknospen sichtbar sind. Da Paprika erst bei einer Temperatur über 14 °C gut wachsen, gelingt die Kultur am sichersten im Gewächshaus. Allerdings sollten Sie im Gewächshaus besonders auf Schädlinge achten. Blattläuse, Weiße Fliegen und Spinnmilben gefährden die Paprikakulturen.

Gute Pflege

In einer warmen Gegend können Paprika und Peperoni aber durchaus auch im Freiland gedeihen. Am besten wachsen Paprika bei Temperaturen zwischen 18 und 22 °C mit Schwankungen zwischen Tag- und Nachttemperaturen. Steigt die Temperatur auf 30 °C und darüber an, werfen die Pflanzen Knospen, Blüten und junge Früchte ab.
Ab Mitte Mai können die Pflänzchen an einem warmen, bedeckten und windstillen Tag ins Freie. Geben Sie den Pflanzen reichlich Platz mit einem Abstand von 40 x 40 oder 50 x 50 Zentimetern, dann wachsen sie schön buschig. Paprikapflanzen brauchen Sie nicht auszugeizen.

Paprika gehören wie Tomaten zu den Starkzehrern und sind auf gute Nährstoffversorgung angewiesen. Ausreichende Gaben mit Kompost oder organischem Handelsdünger und während des Wachstums ab der Blütenbildung Flüssigdüngung tun den Pflanzen deshalb sehr gut. Außerdem ist eine kontinuierliche Feuchtigkeit im Boden für eine reiche Ernte wichtig. Die Pflanzen bilden wenig Wurzelwerk aus; sie können sich also nicht aus tieferen Bodenschichten mit Wasser versorgen. Umso wichtiger ist deshalb das Mulchen, wodurch mehr Wasser im Boden gespeichert bleibt. Sehr große, kräftige Pflanzen sollten mit einem Stab gestützt werden, und wenn sich sehr viele Früchte entwickelt haben, müssen weitere Stäbe dazugesteckt werden. Sorgen Sie zusätzlich durch Anhäufeln mit Erde dafür, dass sie nicht umkippen.

Die Ernte

Der erste Fruchtansatz wird als Königsblüte bezeichnet, und die muss abgebrochen werden, denn nur dann verzweigt sich die Pflanze gut und bildet mehrere Früchte aus. Nach etwa 6–10 Wochen nach dem Pflanzen reifen dann die ersten Früchte heran. Zunächst sind die Früchte grün oder je nach Sorte auch gelb oder violett-schwarz. Mit zunehmender Reife schlägt die Farbe in Rot um. Peperoni- bzw. Chilischoten können Sie unreif, noch grün, ernten oder ausreifen lassen, bis sie richtig rot sind. Sie lassen sich gut trocknen und werden dann dunkel und kühl in Gläsern aufbewahrt.
Peperonis sind zum fein dosierten Würzen, zum Einlegen in Essig und Öl. Sie lassen sich gut trocknen. Paprikafrüchte sollten Sie dagegen möglichst frisch verbrauchen; sie halten sich im Kühlschrank bei 8–10 °C etwa eine Woche lang. Essen Sie die Vitamin-C-reichen Schoten roh, gedünstet oder gegrillt, gefüllt mit Reis oder mariniert als italienische Vorspeise.
Wie viel Sie pro Pflanze ernten können, hängt stark von der Sorte und dem Klima im jeweiligen Jahr ab: einige Schoten oder mehrere Kilogramm. Bei Peperoni kommt es ohnehin nicht so sehr auf den Ertrag an – da decken wenige scharfe Schoten schon den Bedarf.

LINKS: Paprika und Peperoni brauchen viel Wärme und gedeihen in den meisten Klimalagen sicher nur im Gewächshaus.

Paprika und ihre Eigenarten

Paprika unterscheiden sich in Form, Größe und Schärfe. Unreife Früchte können orange, grün, gelb, rot oder violett, ja sogar weiß gefärbt sein. Die meisten werden beim Reifen rot. Es gibt jedoch auch Sorten, die von Grün nach Gelb, Orange oder Violett abreifen. Gemüsepaprika enthält sehr viel Vitamin C, weit mehr als Zitronen.
Mild und höllisch scharf – so unterschiedlich schmecken Peperoni (Chilis) je nach Sorte, Wachstumsbedingungen und individuellem Geschmacksempfinden. Chilifans teilen die Sorten nach Schärfegrad ein, auf einer Skala von 1 bis 10. Mild-scharfe Sorten wie Chili 'Anaheim' weisen einen Schärfegrad von 2–3 auf; 'Jalapeno' liegt mit 5,5 im Mittelfeld; Thai-Chili hat eine Schärfe von 7–8. Habanero-Chilis gelten mit dem Schärfegrad von 10 als die schärfsten der Welt – für mitteleuropäische Gaumen kaum zu ertragen. Für extrem scharfe Sorten wie Chili 'Naga Jolokia' gibt's auf der Schärfe-Skala noch 2 Extrapunkte.
Der »Scharfmacher« Capsaicin sitzt in den Samen und Scheidewänden.

Gurken

Salat- und Schlangengurken sind zum Frischverbrauch für Salat, als Vesperbrotbelag oder als Reiseproviant gut geeignet. Einlegegurken sind vielseitiger verwendbar. Man kann sie mit Essigwasser, Senfkörnern, Dill und Zwiebeln eindünsten oder größere Früchte süß-sauer einlegen.

Die Gurke *(Cucumis sativus)* stammt aus den Tropen und gedeiht nur bei Wärme gut. Die robusten Einlegegurken sind dabei etwas robuster und kommen auch im Freiland zurecht, Schlangengurken gedeihen zwar auch im Freien, aber im Gewächshaus ist der Ertrag deutlich höher. Allerdings gibt es auch einige neue Sorten wie 'Chinese Slangen', die speziell für den Freilandanbau gezüchtet wurden.

Bei Schlangengurken können Sie veredelte Pflanzen kaufen. Ein oder zwei bitterfreie Pflanzen pro Haushalt fürs Kleingewächshaus genügen. Ziehen Sie diese an Schnüren in die Höhe.

Am besten ist es, wenn Sie Einlegegurken ab Ende April in Töpfchen im Haus vorkultivieren und nach den Eisheiligen direkt ins Freiland pflanzen. In der Reihe sollte 5–6 Zentimeter Platz zwischen den Pflanzen gelassen werden, von Reihe zu Reihe sollten es 50–60 Zentimeter sein. Sie können zu diesem Zeitpunkt aber auch direkt ins Freiland säen, zum Beispiel die bewährte Sorte 'Vorgebirgstrauben' und die kernlose 'Delikateß', die sich mit gutem Erfolg entwickeln. 'Delikateß' wächst zu etwa 25 cm langen Früchten heran und kann auch als Salatgurke verwendet werden. Wenn Sie Wert auf gesunde Pflanzen legen, sollten Sie die mehltauresistente Sorte 'Diamant' F_1 nehmen.

Viel Wärme für das Tropengewächs

Gurken gedeihen auf humusreichen, leicht erwärmbaren Böden am besten. Schwere, nasse und kalte, auch sandige Böden mögen sie nicht. Gießen Sie die Gurken während der Blütezeit gründlich, und zwar auf den gemulchten Boden in den Wurzelbereich. Eine Mulchschicht, Mulchfolie oder ein Mulchvlies, die das Wasser im Boden halten, sorgt für gleichmäßige Bodenfeuchtigkeit. Bei Trockenheit werden Gurken bitter. Kältephasen im Sommer schaden dem tropischen Gewächs; es gedeiht am besten bei einer Temperatur von 22–30 °C.

Ernten Sie Gurken laufend. Bei 2–4 Pflanzen pro Quadratmeter können Sie mit einem Ertrag von 2–3 Kilogramm rechnen.

RECHTS: Ein Kleingewächshaus ist ideal zur Kultur von Schlangengurken. Meistens kauft man veredelte Jungpflanzen beim Gärtner.

Zucchini

Zucchini *(Cucurbita pepo)* sind aus der modernen Küche nicht wegzudenken. Dabei ist es hierzulande ein »junges« Gemüse, das erst vor wenigen Jahrzehnten seinen Siegeszug angetreten hat. Die kalorienarmen Zucchini besitzen wenig Eigengeschmack. Da kommt es auf Raffinesse bei der Zubereitung an: roh, gedünstet, mariniert, gebraten, überbacken oder gefüllt – so flexibel ist Zucchini. Die neutral schmeckenden Früchte sind unentbehrlich für Mischgemüse, für italienische Vorspeisen, für Aufläufe und Lasagne.

Zucchini sind ideal für kleine Gärten, da sie kompakt wachsen und keine Ausläufer treiben, so wie es die verwandten Speise-Kürbisse tun. Sie können pro Pflanze mit 3–4 Kilogramm oder mehr Ertrag rechnen – je nachdem, wie groß die Früchte werden. Für einen normalen Haushalt reichen also 1–2 Pflanzen.

Auf einer kleinen Fläche lässt sich der anfänglich freie Platz um Zucchinipflanzen mit schnell wachsenden Schnitt- und Pflücksalaten, Spinat oder Radieschen füllen. Die sind bereits geerntet, wenn die Zucchini den Platz beanspruchen.

Säen Sie Zucchini ab Ende April in Töpfchen im Haus aus. Das Kürbisgewächs braucht guten, nahrhaften Boden und reichlich Wasser, dann entwickeln sich viele Früchte. Bei Wassermangel werden sie dagegen bitter. Kälte schadet dem wärmebedürftigen Gewächs. Im Spätsommer werden die Pflanzen fast immer von Echtem Mehltau befallen, der mal mehr, mal weniger stark auftritt. Wählen Sie widerstandsfähige, resistente Sorten aus, damit es gar nicht so weit kommt.

Unreif oder Keule

Zucchinis brauchen nur 2–3 Monate von der Aussaat bis zur Reife der ersten Früchte. Ernten Sie die Früchte jung mit einer Länge von 12–20 Zentimetern, solange sie noch zart und kernlos sind, und lassen Sie einen etwa 10 Zentimeter langen Stielansatz stehen. Bei fortlaufender Ernte setzen die Pflanzen immer neue Früchte an. Eine Pflanze liefert einen Ertrag von 3–4 Kilogramm.

Der Erntezeitpunkt ist wichtig: Zu groß gewordene Früchte lassen sich mit ihrer harten Schale und dem schwammigen Fruchtfleisch kaum noch verwerten. Junge, »unreife« Zucchini halten sich im Kühlschrank nur etwa eine Woche; dann schrumpeln und faulen sie. Nur ausgereifte Zucchini können länger in der Küche oder an einem anderen trockenen Platz liegen.

RECHTS: Zucchinipflanzen sehen dekorativ aus. Ernten Sie die Früchte möglichst jung, bevor sie zu Keulen werden.

Der Kräutergarten

Aromatische Minze für den Tee, würziger Liebstöckel für die Suppe, Dill für die Salatsoße. Bereits eine kleine Fläche im Garten reicht aus, um sich mit Würz- und Heilkräutern selbst zu versorgen. Und Kaninchen und Hühner gleich mit.

Die wichtigsten Kräuter fürs Beet

Überlegen und planen Sie, welche Tee- und Würzkräuter Sie für Ihren eigenen Bedarf und den Bedarf der Tiere brauchen. Denken Sie bei der Auswahl auch an Futter für Honigbienen! Von den bekannten Würzkräutern genügt meist ein Exemplar. Nur von häufig genutzten Teekräutern, die für den Wintervorrat getrocknet werden, benötigen Sie mehrere Exemplare.

Duftende Kräuterklassiker – Lavendel, Salbei & Co.

Was wäre ein Garten ohne Lavendel, Salbei und Thymian? Die meisten der aromatischen Lippenblütler fühlen sich an einem sonnigen, warmen Platz in einer Rabatte oder auf einer Kräuterspirale wohl.

Das wärmebedürftige Basilikum *(Ocimum basilicum)* gedeiht am besten in Töpfen oder im Gewächshaus. Pflanzen Sie das einjährige Kraut nach der Vorkultur im Haus erst nach den Eisheiligen ins Freiland. Gegen Ende des Sommers wächst es kaum noch und stirbt ab. Basilikum wird büschelweise geerntet und vorsichtig getrocknet, denn das Kraut ist druckempfindlich.

Das ausdauernde Berg- oder Winterbohnenkraut *(Satureja montana)* ist ein dekorativer Kräuter-Halbstrauch, der Bienen anlockt. Durch Rückschnitt nach der Blüte können Sie die ausladenden Büsche in Form halten. Das Einjährige Bohnenkraut *(Satureja hortensis)* bleibt viel kleiner. Es versamt sich meist selbst auf dem Gemüsebeet.

Dost oder Wilder Majoran *(Origanum vulgare)* mit seinem würzigen Aroma, das an Thymian erinnert, scheint beim Essen die Sommerwärme weiterzugeben. Die trockenheitsverträgliche Staude blüht von Ende Juni bis zum Frost, und diese lange und späte Blütezeit kommt Bienen und Schmetterlingen zugute. Schneiden Sie die krautigen Triebe nach der Hauptblüte zurück. Die Pflanze treibt dann im Herbst frisches Blattgrün nach.

LINKS: Kräuter kann man nie genug haben! Ernten Sie für heilsame Öle oder Salben.

OBEN: Der Gewürzfenchel wächst zu einer mächtigen Staude heran, die viel Platz in der Rabatte einnimmt.

Wenigstens ein Lavendelstrauch *(Lavandula angustifolia)* gehört in jeden Garten oder besser noch eine ganze Reihe. Lavendel mag es sonnig, trocken und warm, dann bildet er seine ätherischen Öle am besten aus. Schneiden Sie den Halbstrauch im August nach der Blüte zurück. Er treibt dann wieder und geht gestärkt in den Winter.

Beliebte Minzen

Wer ein ganzes Sortiment Minzen *(Mentha)*, zum Beispiel Pfefferminze, Spearmint, Orangenminze, im Garten hat, der wird des Teetrinkens nie überdrüssig. Minzen bevorzugen einen durchlässigen, nahrhaften und feuchten Boden. Sie vertragen auch leichten Schatten, etwa unter Beerensträuchern oder Obstbäumen.

Sicher kann man von Minzen nie genug bekommen. Weil sie sich aber unterirdisch mithilfe von Wurzelausläufern ausbreiten, können sie doch leicht überhandnehmen. Jede einzelne Art oder Sorte sollte deshalb separat stehen, etwa am Sockel eines Gebäudes, dann breiten sie sich nicht in die Nachbarkulturen aus.

Die Aromatischen

Schon im Altertum schätzten die Menschen den Rosmarin *(Rosmarinus officinalis)* als Heilpflanze. Der Strauch ist in unserem Klima nicht sicher winterhart, deshalb kultiviert man ihn normalerweise in Töpfen oder Kübeln und holt die Pflanzen im Winter ins Haus. Einige Sorten, wie 'Arp' und 'Veitshöchheim', halten tiefen Frost bis etwa –20 °C aus und eignen sich deshalb für die ganzjährige Freilandkultur. Von dem aromareichen Strauch werden einzelne Blättchen, die sogenannten Nadeln, oder Triebe geerntet und frisch oder getrocknet zum Würzen von Fleisch oder für Würzmischungen verwendet.

Kräuterkundige schätzen den Garten-Salbei *(Salvia officinalis)* als »Königin der Heilpflanzen« – entsprechend vielfältig sind die Anwendungsgebiete der Blätter und Triebe. Schneiden Sie zu groß gewordene Exemplare, wenn nötig, im späten Frühjahr. Die hellvioletten Lippenblüten des Halbstrauchs locken Bienen und Hummeln an.

Der aromatische Garten-Thymian *(Thymus vulgaris)* wächst niedrig und etwas sparrig. Der Halbstrauch stammt aus dem Mittelmeerraum. Thymian gedeiht am besten an einem sonnigen Platz und auf durchlässigem Boden. In kalten Wintern mit Kahlfrost friert er oft zurück. Decken Sie ihn deshalb vor Frostphasen ab. Der fruchtig riechende Zitronenthymian *(Thymus citriodorus)* ist da etwas robuster.

Wie andere Lippenblütler auch ist der Ysop *(Hyssopus officinalis)* ein Mitbringsel der Mönche aus dem Mittelmeerraum. Vor allem die Imker schätzen ihn, weil er Honigbienen im Hochsommer und Herbst Nahrung gibt. Mit den Blättern werden Tomatengerichte gewürzt, das blühende Kraut eignet sich für Teeaufgüsse.

Auch die Zitronen-Melisse *(Melissa officinalis)* stammt aus dem Mittelmeerraum, fühlt sich hierzulande aber so wohl, dass sie durch Selbstaussaat verwildert. Die gelblich weißen Lippenblüten locken Bienen und Hummeln an. Nach dem Rückschnitt im Spätsommer treibt die Staude wieder kräftig frisches Blattwerk nach. Verwenden Sie das Kraut mit dem feinen Zitronenaroma für erfrischenden Tee und kalte Getränke. Das Trocknen lohnt sich nur, wenn man die Möglichkeit hat, die Blätter rasch und schonend in einem Dörrgerät zu trocknen.

LINKS: Wenigstens eine Zitronenmelisse sollte in jedem Garten stehen. Ernten Sie die Blätter und Triebe frisch für Teeaufgüsse.

Von Doldenblütlern und anderen Würzkräutern

Der Gewürzfenchel *(Foeniculum vulgare* subsp. *vulgare* var. *dulce)* bereichert den Garten mit aufrechten, bis über 2 Meter in die Höhe wachsenden Stängeln, ebenso der Bronzefenchel *(Foeniculum vulgare* 'Rubrum') mit rötlichem Laub. Vom Gewürzfenchel erntet man die halbreifen oder reifen Samenkörner für Tee oder zum Würzen. Mit ihren offenen Doldenblüten lockt die Staude besonders Schwebfliegen in den Garten. Die Larven dieser Nützlinge fressen Blattläuse und sorgen so für natürliche Schädlingsregulierung. Eine einzige Pflanze liefert Samen für viele Kannen Tee.

Der üppig wachsende Liebstöckel *(Levisticum officinale)*, der auch unter dem Namen »Maggikraut« bekannt ist, beansprucht ebenfalls etwa einen Quadratmeter Platz. Die Staude liebt feuchten, nährstoffreichen Boden und gedeiht auch noch im Halbschatten. Die Blätter geben Salatsoßen und Suppen eine feine Würze, die wie die Suppenwürze »Maggi« riecht und schmeckt. Die Blätter lassen sich für den Wintervorrat gut trocknen.

Knöterichgewächs Sauerampfer

Sauerampfer *(Rumex acetosa)* wächst wild auf der Wiese. Fürs Kräuterbeet gibt es großblättrige Züchtungen. Die Staude treibt sehr bald im Frühling. Schneiden Sie Sauerampfer nach der Blüte zurück; er treibt dann willig wieder aus, sodass Sie ab dem Spätsommer wieder gut ernten können. Sauerampferblätter werden nur frisch zum Würzen von Soßen, Suppen und Kräuterquark genommen, denn sowohl beim Trocknen als auch beim Einfrieren verlieren sie ihr Aroma.

Alliumgewächse – mehr als Schnittlauch

Neben Petersilie ist der Schnittlauch *(Allium schoenoprasum)* wohl das am häufigsten kultivierte Küchenkraut. Die Staude mag feuchten und nährstoffreichen Boden. Pflanzen Sie eine Reihe Schnittlauchstöcke immer an einer gut zugänglichen Stelle in Küchennähe.

Zu den alten wiederentdeckten Gemüsearten zählt mit Sicherheit die Winterheckenzwiebel *(Allium fistulosum)*, die wie ein großer Schnittlauchstock mit größeren Röhrchen und weißen Blütenköpfen aussieht. Mit dem Zwiebelgrün kann man Soßen und pikantes Gebäck würzen. Übrigens geben die enthaltenen Senföle den Lauchgewächsen die feine Schärfe.

Die »Pimpinelle«, die eigentlich »Kleiner Wiesenknopf« *(Sanguisorba minor)* heißt, gehört zum Standardrepertoire an Würzkräutern. Das früh im März austreibende Kraut ist neben Borretsch, Kerbel, Kresse, Petersilie, Sauerampfer und Schnittlauch eines der sieben Kräuter für die bekannte Frankfurter grüne Soße. Nach dem Rückschnitt im Sommer treibt die Staude junge Blätter nach.

Kräuter vermehren

Beim Kräuteranbau müssen Sie zwischen einjährigen, zweijährigen und ausdauernden Kräutern unterscheiden. Nach dieser Lebensform richtet sich die Vermehrungsmethode:

- **Einjährige:** Basilikum, Bohnenkraut, Borretsch, Dill, Kapuzinerkresse, Kerbel, (Blatt-) Koriander, Majoran, Ringelblume werden entweder mit Vorkultur im Haus kultiviert oder direkt aufs Beet gesät.
- **Zweijährige:** Petersiliensamen kommt am besten im August direkt ins Beet. Alternativ können auch einzelne Pflänzchen als Setzlinge gekauft werden.
- **Kräuterstauden und Halbsträucher:** Die meisten Arten können vegetativ durch Teilen, aus Stecklingen oder Absenkern vermehrt werden. Das gelingt gut bei Berg-Bohnenkraut, Wildem Majoran, Eberraute, Estragon, Garten-Salbei, Lavendel, Liebstöckel, Minzen, Pimpinelle, Rosmarin, Sauerampfer, Schnittlauch, Thymian, Winterheckenzwiebel, Ysop und Zitronenmelisse. Bärlauch, Gewürzfenchel und Süßdolde sät man besser direkt an Ort und Stelle.

Das Wichtigste zum Anbau der Kräuter

Auf Ihrer Mini-Farm wollen Sie eine möglichst große Menge Kräuter in sehr guter Qualität mit hohem Wirkstoffgehalt ernten. Um dieses Ziel zu erreichen, brauchen die Gewächse einen optimalen Standplatz und genügend Raum um sich herum, um sich voll entwickeln zu können. Dann bilden sich auch die wertvollen Inhaltsstoffe, wie beispielsweise die ätherischen Öle, gut aus.

Der passende Standort

Die meisten Kräuter mögen sonnige, warme Plätze. Im Schatten entwickeln sie sich nicht so gut, sie kümmern, blühen schlecht und bilden ihre Wirkstoffe nicht optimal aus. An leicht beschatteten Plätzen kommen allenfalls Zitronenmelisse, Minzen und Kapuzinerkresse zurecht. Sie passen zum Beispiel gut in den lichten Schatten unter Beerenobst-Hochstämmchen. Doch Ausnahmen bestätigen die Regel: Die von Teetrinkern und Hühnerhaltern geschätzte Brennnessel gedeiht fast überall.

Im Allgemeinen kommen Kräuter mit einem normalen humosen, nicht zu trockenen Boden gut zurecht. Thymian will allerdings einen leichten, durchlässigen Boden, während Minzen auf einem feuchten, nahrhaften Boden gut gedeihen. Kräuterpflanzen mit üppigem Blattwerk wie Zitronen-Melisse, Liebstöckel oder Sauerampfer brauchen nährstoffreichen, eher frischen Boden.

Auf genügend Abstand achten

Kräuterpflanzen mit ihren interessanten und oft ausladenden Wuchsformen kommen am besten zur Geltung, wenn sie genügend Platz um sich haben. Bei der Pflanzung müssen Sie deshalb daran denken, dass ausdauernde Kräuterstauden wie Gewürzfenchel oder Liebstöckel über zwei Meter hoch werden. Estragon braucht ebenfalls viel Platz. Kalkulieren Sie beim Pflanzen die spätere Ausbreitung mit ein; ein weiter Abstand von etwa einem Meter hat sich bewährt. Die groß erscheinenden Lücken zwischen den Setzlingen können anfangs mit Sommerblumen und ein- und zweijährigen Würzkräutern ausgefüllt werden, bis die ausdauernden Kräuter den Platz für sich in Anspruch nehmen.

LINKS: Kräuter wie dieser Salbei gedeihen auch gut im Topf. Sie sollten in eine passende nicht zu nährstoffhaltige Erde gepflanzt werden.

OBEN: Der sonnigste Platz ist gerade recht für Lavendel. Besonders gut wirkt eine ganze Reihe.

Bedenken Sie beim Einplanen der hohen Kräuterstauden, dass in ihrem Schatten andere Pflanzen nur schlecht gedeihen. Sie stehen deshalb eher im Hintergrund, auf der nach Norden zugewandten Seite der Rabatte oder des Staudenbeets. Die hoch wachsenden Kräuterstauden bleiben aufrecht stehen und knicken nicht bei jedem Windstoß um, sofern sie von allen Seiten genügend Licht bekommen.

Mittelhohe Kräuterpflanzen wie Berg-Bohnenkraut, Garten-Salbei, Lavendel, Ysop oder Zitronenmelisse lassen sich leichter ins Beet einplanen. Ein Pflanzabstand von etwa 50–60 Zentimetern verschafft den Kräutern genügend Platz zum Gedeihen.

Kräuter für Rabatte und Beet

Jeder Garten ist anders und verlangt eine andere Einteilung. Es ist ein Unterschied, ob Sie die Kräuter im Hausgarten anbauen oder auf einem Acker. Im Hausgarten sollten die Pflanzen so platziert werden, dass sie gut zugänglich sind, um bei jedem Wetter vom Weg aus Blätter ernten zu können. Im Planbeispiel Seite 159 stehen die Kräuter deshalb zur schnellen Ernte in der Nähe des Küchenausgangs zum Garten.
Die ausdauernden Würzkräuter wie Schnittlauch, Sauerampfer und Winterheckenzwiebel stehen am besten entlang des Gartenwegs oder am Rand der Gemüsebeete. Eine ganze Reihe Schnittlauch als Beet- oder Wegbegrenzung – das wirkt, besonders zur Blütezeit, wenn die Staude sich mit blauvioletten Blütenköpfen schmückt! Sogar die Kapuzinerkresse bietet sich für Umrandungen an. Für diesen Zweck eignen sich kompakt wachsende, nicht rankende Sorten, beispielsweise 'Whirlybird Mischung' oder 'Bunte Juwelen'.

Kräuter im Gemüsebeet

Die einjährigen Würz- und Heilkräuter Bohnenkraut, Borretsch, Dill, Kerbel und Ringelblumen sowie die zweijährige Petersilie sind perfekte Begleitpflanzen im Gemüsebeet. Ein Extrabeet muss für sie nicht angelegt werden. Dill kann zusammen mit Möhren oder Gurken in die Reihe kommen. Die Einjährigen versamen sich meistens selbst, wenn ihnen die Gegebenheiten zusagen.

Borretsch ist eine sehr gute Bienenweide. Wenn Sie speziell etwas für Bienen tun wollen, säen Sie doch einfach eine größere Fläche mit diesem Kraut ein – Ringelblumen und Dill dazu – so schaffen Sie neue Lebensräume in Wohnsiedlungen und in der Feldflur; Insekten und Schmetterling finden hier reichlich Nahrung. Im Planbeispiel Seite 151 finden Sie Anregungen dazu.

Kräuter auf dem Feld

Wenn Sie einen großen Bedarf an einer Kräuterart haben, ist es besser, diese auf einem flachen Beet für sich anzubauen, denn dann kann ohne großen Zeitaufwand geerntet werden. Wer gerne Pfefferminztee trinkt, sollte eine Anbaufläche von mindestens einem Quadratmeter einplanen. Sollen ätherische Öle selbst destilliert werden, eignen sich vor allem Lavendel, Zitronenmelisse und Bohnenkraut, die man auf einer größeren Fläche zusammen anpflanzt.
Teekräuter können Sie sowohl frisch als auch getrocknet nehmen, mit einer Ausnahme: Zitronen-Melisse schmeckt nur frisch, getrocknet dagegen nur nach Heu.

Kräuterterrasse und Kräuterspirale

Geländestufen und terrassierte Flächen lassen sich gut für den Kräuteranbau nutzen. Günstig für Sonne und Trockenheit liebende Kräuter wie den Garten-Salbei, Lavendel oder Thymian ist ein Platz hinter der Mauerkrone einer Trockenmauer. Hier kommen die Kräuter-Halbsträucher in den vollen Genuss der Sonne und sind zudem gut zum Ernten zugänglich. Und betrachten und beschnuppern lassen sie sich auch.
Die Kräuterspirale ist – genau betrachtet – die Sonderform einer Trockenmauer. Auf den Mini-Terrassen, die beim Bau der Kräuterspirale entstehen, herrschen je nach Höhe und Exposition unterschiedliche Standortbedingungen: Unten ist es feucht und leicht schattig. Da fühlen sich Minzen oder einjähriger Kerbel wohl. Je weiter man in den Windungen der Spirale nach oben kommt, desto sonniger und trockener wird der Standort. Die oberen Regionen und das Plateau der

RECHTS: Achten Sie beim Bepflanzen der Kräuterspirale darauf, dass die Kräuter genügend Platz zum Ausbreiten haben.

Spirale kommen den Ansprüchen der Trockenheit liebenden Lippenblütler Garten-Salbei, Lavendel, Rosmarin und Ysop entgegen.

Selbst gebaut

Wenn Sie sich die Mühe machen wollen, das Gebilde aus Natursteinen aufzuschichten, sollten Sie die Grundform großzügig mit einem Durchmesser von mindestens 2 Metern und eher flach anlegen. Gepflanzt wird wie auf dem Beet eher in weitem Abstand. Es sollten nicht zu viele und nicht zu üppig wachsende Pflanzen hinein, denn schnell haben die Kräuter den Platz erobert und machen sich gegenseitig Konkurrenz. Als Resultat wachsen nur die durchsetzungsfähigsten Pflanzen wirklich gut und meistens stellen sich auch noch Schädlinge und Krankheiten ein. Liebstöckel, Bergbohnenkraut und Zitronenmelisse würden innerhalb eines Jahres alles überwachsen und unterdrücken. Bei allem Enthusiasmus und aller Gartenarbeit müssen Sie immer auch an Ihren Rücken denken. Vor allem bevor Sie sich in das Vorhaben »Kräuterspirale bauen« stürzen. Die Kräuterpflanzen selbst begnügen sich auch mit einfacher gestalteten Pflanzplätzen. Ist die Kräuterspirale dann aber fertig, ist das Ernten rückenschonend.

Würziges aus dem Topf

Einige Kräuterarten sind in unserem Klima nicht sicher frosthart. Wer sie über den Winter bringen will, muss sie ins Haus holen. Aus diesem Grund werden Rosmarin, Lorbeer und Zitronenverbene im Topf kultiviert. Auch andere ausdauernde Kräuter gedeihen, zumindest vorübergehend, in Pflanzgefäßen. Ausgepflanzt in Gartenerde, entwickeln sich die Freilandkräuter auf Dauer jedoch besser.

R.B.T.

Der Obstgarten

Von allem etwas, so wünschen wir uns den Obstgarten. Das ganze Jahr über sollte Obst zum Naschen, für die frische Verwendung in der Küche und für die Vorratshaltung da sein. Suchen Sie sich Arten aus, die Ihnen gefallen und die sich ohne großen Aufwand kultivieren lassen.

Obstbäume für kleine Gärten

Bevor Sie Obstbäume kaufen und zum Spaten greifen, um sie einzugraben, sollten Sie sich überlegen, welche Obstarten in der Familie und auch von Freunden am liebsten verzehrt werden. Obstbäume sind schließlich eine Investition für einen längeren Zeitraum, oft für ein ganzes Leben und sogar noch für die nächsten Generationen. Sie können bei guter Pflege jahrzehntelang Ertrag bringen.

Für Obstbau-Einsteiger eignet sich die Quitte sehr gut. Sie wird nicht allzu groß und passt auch in kleinere Gärten. Pflaume und Zwetschge sind ebenfalls leicht anzubauen und brauchen kaum Schnitt. Apfel- und Birnbäume sind dagegen relativ anspruchsvoll, weil man diese regelmäßig schneiden muss. Auf keinen Fall darf das eine oder andere Beerenobst fehlen. Und wie wäre es mit einem Haselnussstrauch oder gar einem Walnussbaum? Nüsse sind lecker und sehr gesund!

Was passt in meinen Garten?

Die Auswahl sollte sich auch nach den klimatischen Bedingungen und den Gegebenheiten vor Ort richten. Die meisten Obstarten brauchen warme geschützte Lagen ohne Spätfröste. Die Bodenverhältnisse spielen ebenfalls eine Rolle. Birnbäume brauchen einen tiefgründigen Boden. Quitten und Weinreben bevorzugen kalkhaltige Böden.
Örtliche Baumschulen wissen am besten Bescheid, welche Arten und Sorten an den jeweiligen Standort passen. Sie beraten auch, welche Wuchsformen beziehungsweise Unterlagen für die jeweilige Gartensituation passen.

Wie die Ernte ausfällt

Der Ertrag setzt bei den Obstarten und -sorten unterschiedlich schnell ein. Manchmal muss man ein paar Jahre lang Geduld haben, bis die ersten Früchte reifen. Etwas größere Bäume liefern in guten Jahren reichlich Obst für den eigenen Bedarf und sogar noch zum Verschenken. Allerdings schwanken die Erträge von Jahr zu Jahr mitunter stark. In einem Jahr tragen Kirschen überreich, im darauffolgenden Jahr fast gar nichts. Das ist ein normales Phänomen im Obstbau. Es ist eben nicht alles planbar und vorhersehbar wie bei industrieller Produktion. Oft macht Frost während der Blütezeit oder starker Schädlingsbefall alle Hoffnungen auf eine gute Ernte zunichte und der Baum trägt gar nichts.

LINKS: Spindelbäume am Spalier ermöglichen die Obstkultur auf kleinstem Raum.

OBEN: Der Apfel ist das klassische Obst für unsere Gärten. Die Früchte schmecken gut und lassen sich sehr vielseitig verwenden.

Was passt am besten?

Die Obstgehölzarten wachsen von Natur aus verschieden hoch. Der Unterschied zwischen einem kleinen Sauerkirschbäumchen und einem ausgewachsenen Walnussbaum mit ausladender Krone ist schon sehr groß. Große Variationsbreiten innerhalb einer Art gibt es bei Apfel, Kirsche und Pflaume. Zudem gibt es noch die niedrigen Erziehungsformen.

Bei knapper Fläche müssen Sie sich entscheiden: wenige großwüchsige Hochstamm- oder Halbstamm-Obstbäume oder lieber mehrere kleinwüchsige Gehölzarten oder niedrig bleibende Erziehungsformen. In eng bebautem Gebiet und in Kleingartenanlagen sind zudem höher wachsende Obstgehölze wegen des möglichen Schattenwurfs auf die Nachbargärten nicht erwünscht oder laut Nachbarrecht verboten.

Obstwiesen-Charakter

Je nach Unterlage, auf der die Sorte veredelt ist, und je nach Sorte und Alter des Baums kann die Krone eines Obstbaums zwischen 2 und 50 Quadratmeter bedecken. Wer viel Platz hat, sollte unbedingt ein paar Hochstamm- oder Halbstamm-Obstbäume pflanzen, denn nur sie vermitteln den anheimelnden und natürlichen Charakter einer Obstwiese. Eine artenreiche Obstbaumwiese ist auch in einer Wohnumgebung erstrebenswert – wegen der Ästhetik und wegen des ökologischen Werts. Hier finden zahllose Insekten und Schmetterlinge einen Lebensraum. Honigbienen holen von den Blüten Nektar und Pollen und sorgen ganz nebenbei fürs Befruchten der Obstgehölze. Ein Nachteil von Hochstamm- und Halbstamm-Obstbäumen sei allerdings nicht verschwiegen: Zum Ernten müssen Sie in die Bäume klettern.

Es ist deshalb verständlich, dass viele Grundstücksbesitzer den kleinwüchsigen Obstgehölze den Vorzug geben. Sie können vom Boden aus geschnitten werden und auch die Ernte geht mühelos von der Hand, zumal die kleinen Bäume früher Früchte ansetzen.

Veredelungen und Erziehungen

Baumschulen bieten Obstgehölze mit verschiedenen Stammhöhen an: als Hochstämme mit einer Stammhöhe über 180 Zentimeter, als Halbstämme mit 100–120 Zentimetern oder als Buschbäume mit 40–60 Zentimeter Stammhöhe, wozu auch Spindelbüsche zählen. Im Handel angebotene Apfel- und Birnbäume sind immer veredelt. Das heißt, das Reis – ein einjähriger Trieb – einer bestimmten Sorte ist auf eine sogenannte Unterlage aufgepfropft. Das ist der Teil des Gehölzes, der im Boden sitzt. Die Unterlage eines Obstbaumes bestimmt die Größe und Wuchseigenschaft des ganzen Baumes. Das darauf veredelte Reis bringt die Früchte einer bestimmten Sorte. Die Obstgehölze sind also vegetativ und nicht generativ vermehrt.

Spindeln und Säulenobstbäume

Spindelbüsche sind, genau betrachtet, Kunstprodukte. Ihr Stamm ist so schwach, dass sie nicht von alleine stabil stehen können. Sie brauchen dauerhaft einen Pflock oder ein Stützgerüst, an das sie mit Kokosschnur oder Bindeband angebunden werden. Die Pfähle sollten so lang sein, dass sie nach dem Einschlagen bis in die Krone des Bäumchens reichen.

Ein regelmäßiger Schnitt und das Anleiten und Anbinden der Äste sind immer wiederkehrende Arbeiten bei der Erziehung zu bestimmten Wuchsformen. Spindeln und Säulenobstbäume bereiten schon ein wenig Mühe, doch das Ergebnis ist ästhetisch und platzsparend. Solchermaßen erzogene Obstgehölze beanspruchen eine Grundfläche von etwa 2–4 Quadratmetern. Die Spindeln können einzeln oder in einer Reihe an einem frei stehenden Spalier stehen. Spindelobstbäumchen pflanzt man im Abstand von etwa 2 Metern. Spalierobst für Wandspaliere beansprucht ebenfalls nur wenig Fläche. Spalierbirnen und -äpfeln reicht eine Grundfläche von 0,5 x 2–3 Meter.

LINKS: Kleinwüchsige Obstgehölze haben den Vorteil, dass man sie auf dem Boden stehend beschneiden und beernten kann.
RECHTS: Säulenobstbäumen genügt eine Grundfläche von einem Viertelquadratmeter und ein Pflanzabstand von 50 cm.

Säulenobst gibt es noch nicht lange. Diese Extremform einer schlanken Spindel wurde erst vor etwa 50 Jahren in Kanada entdeckt und seither züchterisch weiterbearbeitet. Säulenäpfel, Säulenbirnen und Säulenkirschen bestehen nur aus dem Stamm, an dem direkt die Blätter und das Fruchtholz sitzen. Diese dekorativen Neuzüchtungen sind zudem resistent gegen Pilzkrankheiten wie den Schorf.

Obstbäume pflanzen

Graben Sie für die Gehölze ein Pflanzloch aus, das doppelt so breit und etwa so tief wie der Wurzelballen ist. In das offene Pflanzloch wird nun ein Pflock geschlagen und anschließend der Grund des Pflanzlochs mit lockerer Erde aufgefüllt. Stellen Sie den Wurzelballen so ins Pflanzloch, dass die Veredelungsstelle 5–10 Zentimeter über der Bodenoberfläche liegt. Dann wird mit lockerer Muttererde aufgefüllt, die mit Pflanzerde oder gut verrottetem Kompost vermischt sein kann. Rütteln Sie den Baum am besten zu zweit etwas zurecht. Danach wird mit viel Wasser eingeschlämmt und noch etwas gerüttelt. Wenn die Erde dann leicht festgetreten ist, muss man nochmals gießen. Lassen Sie immer eine Gießmulde um den Stamm, denn der Baum muss im Pflanzjahr öfter gegossen werden.

Apfel

Beim Apfelbaum *(Malus domestica)* haben Sie die Qual der Wahl. Soll es eine moderne Züchtung sein oder eine alte Lokalsorte? Oder geht es Ihnen um spezielle Verwertungseigenschaften? Die Variationsbreite bei den Sorten mit ihren Wuchs- und Fruchteigenschaften ist sehr groß. Es gibt feine Tafelsorten zum frisch Essen und sogenannte Wirtschaftssorten, die sich eher zum Verwerten für Mus, zum Kuchenbacken oder zum Mosten eignen. 'Jakob Fischer' ist eine solche großfrüchtige Sorte mit mürbem, fruchtig-süßem Fruchtfleisch. Die Klimaverträglichkeit und die Widerstandsfähigkeit gegen Krankheiten wie Schorf und Feuerbrand sollten Sie bei der Auswahl der Sorte ebenfalls berücksichtigen. Aber zuallererst soll Ihnen die Apfelsorte schmecken. Auf vielen regionalen Märkten oder bei Sortenschauen kann man jede Menge Sorten verkosten; das lohnt sich.

Auf die Genussreife kommt es an

Je nach Standort und Sorte reifen Äpfel von August bis Oktober. Die früh reifenden Äpfel können Sie gleich genießen. Lagerobst müssen Sie zunächst noch einige Monate liegen lassen; frisch vom Baum sind deren Äpfel hart und sauer. Wenn Sie sich mit Äpfeln selbst versorgen wollen, sollten Sie mindestens drei verschiedene Sorten mit unterschiedlicher Genussreife und Lagerfähigkeit pflanzen. Auch wegen der Befruchtung und des besseren Fruchtansatzes ist es nötig, mehrere Sorten anzubauen. Nehmen Sie eine frühe Sorte, eine Herbstsorte und eine Lagersorte, die bis zum Frühjahr hält. Frühsorten wie 'Discovery', 'Jakob Fischer', 'James Grieve', 'Klarapfel', 'Piros' oder 'Summerred' muss man schnell verbrauchen. Herbstsorten wie 'Alkmene', 'Cox Orangenrenette', 'Elstar', 'Goldparmäne, 'Gravensteiner', 'Jonagold', 'Rubinette' oder 'Spartan' halten etwa bis Weihnachten. Und Wintersorten wie beispielsweise 'Brettacher', 'Gloster', 'Jonathan', 'Melrose', 'Pilot', 'Pinova', 'Roter Boskoop', 'Schöner von Boskoop', 'Winterglockenapfel' werden spät genussreif und sind bis zum Frühjahr lagerfähig.

Krankheiten und Schädlinge

In den ersten Standjahren lohnt es sich, Obstbäume im Sommer zu wässern und die Baumscheibe dünn zu mulchen. Aber trotz guter Pflege haben wir es beim Obst häufig mit Krankheiten und Schädlingen zu tun. Apfelschorf lässt sich vermeiden, wenn eine schorfresistente Sorte gewählt wird. Auf den Früchten zeigen sich schwarze oder grünlich braune Flecken, die zuweilen rissig werden und verkorken. Zur Vorbeugung vor der Pilzinfektion muss im Herbst das Falllaub, auf dem der Pilz überwintert, entfernt werden.
Grüne und Mehlige Apfelblattlaus treten an Apfelbäumen ebenfalls oft auf. Meistens finden sich rasch Nützlinge als Gegenspieler der Blattläuse ein, da muss man also nichts unternehmen. Florfliegenlarven und Marienkäfer fressen die Pflanzensauger auf. Der Apfelwickler, ein Schadschmetterling, richtet aber manchmal Schaden an. Genau genommen sind es die Raupen, die sogenannten Obstmaden, die im Inneren fressen. Zum Schutz vor dem Frostspanner, einem weiteren Schadschmetterling, können Sie Leimringe anlegen.

RECHTS: Zur Blütezeit bieten Apfelbäume mit ihren weißen oder rosafarbenen Blüten ein wunderschönes Bild.

Warum nicht!

Mit der Erziehung zum Wandspalier lässt sich die Vertikale gut nutzen.

Birne

Birnen schmecken einfach köstlich. Sie haben die Qual der Wahl zwischen 'Guter Luise', 'Gräfin von Paris', 'Williams Christ' und anderen zu unterschiedlichen Zeiten reifenden Sorten. Von den Favoriten gibt es sicher klein bleibende Buschbäume oder Spindelbäume, die jeweils auf schwach wachsenden Unterlagen veredelt wurden und sich bestens für die Mini-Farm eignen. Im Handel gibt es sogar Duo-Birnbäume oder Duettbäume, auf denen zwei Sorten veredelt sind. Und an einer warmen Südwand könnten Sie eine Spalierbirne pflanzen.
Birnen *(Pyrus communis)* sind anspruchsvoller als Äpfel. Sie brauchen einen tiefgründigen, lockeren Boden, damit ihre Pfahlwurzel gut ins Erdreich eindringen kann. Wenn Ihr Grundstück einen felsigen Untergrund hat, sollten Sie auf Birnbäume verzichten. Die Bäumchen würden nur kümmerlich wachsen und wenig Ertrag bringen. Allerdings sind Birnen nicht ganz so anfällig für Krankheiten wie Äpfel; gefährlich kann allerdings der Feuerbrand werden. Neue Züchtungen wie 'Harrow Sweet' sind aber widerstandsfähig gegen Feuerbrand.

Am meisten verunstaltet der Birnengitterrost die Blätter. Dabei bilden sich blattunterseits rostrote Pusteln und auf der Oberseite rundliche Verfärbungen. Die Früchte werden nicht befallen, es gibt also keinen Grund für Gegenmaßnahmen. Wie Apfelbäume muss man Birnbäume am Ende des Winters auslichten. Am Spalier müssen laufend Wasserschosse entfernt werden.

Verschiedene Sorten für eine lange Ernte

Je nach Standort und Sorte reifen Birnen von August bis Oktober. Wer bereits im August Birnen genießen will, sollte sich für 'Williams Christ' mit ihren goldgelben, leicht rotbackigen und sehr aromatischen Früchten entscheiden. Auch die gelblich grünen, süß-säuerlichen Früchte von 'Clapps Liebling' reifen sehr früh. Die grünlich gelbe, längliche geformte 'Conference' und die gelblich braune 'Gellerts Butterbirne' sind im September erntereif. Noch später reifen die Sorten 'Alexander Lucas' und 'Gräfin von Paris', deren Früchte sich allerdings einige Monate lang lagern lassen. Säulenbirnen sind besondere Züchtungen, bei denen sich die Früchte direkt am senkrecht in die Höhe strebenden 2,5–3 Meter hohen Stamm bilden. Eine gängige Handelssorte ist 'Concorde'. Einen Versuch wert sind auch Nashi-Birnen *(Pyrus pyrifolia)*. Bei dieser Züchtung haben die Früchte die Form eines Apfels.

Am besten schmecken Birnen frisch; sie sind – bis auf wenige Sorten – nur kurze Zeit lagerfähig, lassen sich jedoch sehr gut als Schnitze in Gläsern eindünsten und halten dann mindestens ein Jahr lang.

LINKS: Spalierbirnen sind ein schöner Fassadenschmuck und bringen zudem guten Ertrag an köstlichen Früchten.

Kirsche

Ein großer Süßkirschenbaum ist allein der überbordenden Blütenfülle wegen ein Traum. Und dann erst die Kirschen … In manchen alten eingewachsenen Gärten steht ein haushoch gewachsenes, über 10 Meter hohes Exemplar der Sorte 'Große Schwarze Knorpelkirsche', das alle paar Jahre überreich Früchte trägt. Der größte Teil lässt sich nicht ernten, weil die Früchte unerreichbar weit oben hängen. Aber das macht nichts: Amseln und Wespen bedienen sich an diesen Früchten.

Süßkirschen

Für kleine Gärten eignet sich ein auf einer schwachwüchsigen Unterlage veredelter Baum besser. Beispielsweise die mittelspät reifende 'Kordia' mit braunschwarzen Früchten oder die spät reifende 'Regina' mit rotbraunen Früchten. Die Sorte 'Sylvia' wächst säulenförmig.

Auf allen einigermaßen tiefgründigen und humosen Böden wachsen Süßkirschen *(Prunus avium)* und mit einer guten Befruchtersorte in der Nähe fällt die Ernte auch meistens gut aus. Es gibt zwar auch selbstfruchtbare Sorten wie 'Sunburst' oder 'Lapins', die aber mit einer Befruchtersorte in der Nähe trotzdem noch einen höheren Ertrag bringen. In schlechten Jahren mit Spätfrost während der Blütezeit gibt's dagegen kaum Kirschen. Hagelschlag oder Regen während der Reifezeit können die Ernte ebenfalls zunichtemachen.

Ein nicht gern gesehener Gast im Obstbau ist die Kirschfruchtfliege, deren Maden sich in die Früchte fressen und sie ungenießbar machen. Zur Vorbeugung können Sie Klebefallen in den Baum hängen. Je nach Sorte und Standort reifen Kirschen ab Ende Mai bis Mitte Juli. Pflücken Sie Kirschen möglichst mit Stiel. Die Früchte halten sich in einem kühlen Lagerraum oder im Kühlschrank etwa eine Woche lang.

RECHTS: Kirschen zählen zum Steinobst. Den harten Samen umschließt saftiges Fruchtfleisch.

Sauerkirschen

Wenn Sie Kirschkuchen oder Schwarzwälder Kirschtorte mögen, sollten Sie einen Sauerkirschbaum *(Prunus cerasus)* pflanzen. Baumschulen bieten zum Beispiel 'Morellenfeuer' oder 'Schattenmorelle' als veredelten höchstens 5 Meter hohen Baum mit verschiedenen Stammhöhen und als Spindelbaum an. Die Sauerkirsche ist nicht so anspruchsvoll an den Boden und an das Klima wie die Süßkirsche und bringt regelmäßig guten Ertrag. Allenfalls die Moniliakrankheit an Triebspitzen und Ästen bereitet Kummer. Bei Sauerkirschen bilden sich die Früchte am einjährigen Holz. Abgetragene Äste kann man deshalb nach der Ernte im Juni bis Anfang Juli ohne zu zögern abschneiden. Die Früchte lassen sich entsteint einfrieren oder mit Stein einkochen.

Pflaume, Zwetschge

Unter der Art *Prunus domestica* sind zahlreiche Obstgehölze zusammengefasst: Mirabelle, Pflaume, Reneklode und Zwetschge. Alle, die auf Vorratshaltung und Selbstversorgung Wert legen, sollten zumindest einen Zwetschgenbaum im Garten haben. Pflaumen und Zwetschgen werden als Spindel, Halb- und Hochstamm angeboten. Manche Sorten wie die 'Große grüne Reneklode' mit den grünlich gelben, saftigen Früchten wachsen hoch und in die Breite. Für kleine Gärten ist das nichts. Spät reifende Säulenformen wie die Sorte 'Geisenheimer Top' sind da besser geeignet.

Baumpflege

Bei älteren Bäumen bilden sich oft reichlich Wurzelausläufer, die in angrenzende Beete und in den Rasen wachsen und laufend entfernt werden müssen. Auffällig sind auch die sogenannten Narrentaschen. Das sind missgestaltete Früchte, die am besten im Müll entsorgt werden, damit es nicht zu einer Neuinfektion kommt.

In manchen Jahren sind die Früchte »wurmig«. Dann ist der Schadschmetterling Pflaumenwickler aktiv. Seine Larven fressen sich in die Frucht und machen sie ungenießbar. Früchte, die frühzeitig herunterfallen, sind fast alle vom Pflaumenwickler befallen. Um den Entwicklungszyklus des Schädlings zu unterbrechen, werden die Früchte aufgesammelt und in den Hausmüll geworfen.

Zwetschgenbäume brauchen wenig Schnitt. Schneiden Sie bei älteren Bäumen zu dicht stehende und verkahlte Äste ab, immer bis auf einen Ast, der nach außen weist. Triebe lassen sich auf nach außen stehende Knospen einkürzen.

Ernte und Verarbeitung

In guten Jahren hängen die Zweige der Zwetschgenbäume so voll, dass sie abzubrechen drohen. Dann müssen Sie Früchte ausdünnen oder Äste abstützen. Die Zwetschgen reifen je nach Sorte von Ende Juli bis Anfang September. Bei vollreifen Früchten lösen sich die Stiele leicht von den Ästen. Und wer Mus oder Schnaps zubereiten möchte, braucht den Baum nur zu schütteln und die Früchte aufzulesen.

Und dann geht es ans Verwerten: Pflaumen eignen sich zum frisch Essen, für Marmelade, für Kompott, zum Eindünsten und Entsaften. Die goldgelbe, saftige 'Mirabelle von Nancy' ist eine gute Einmachfrucht. Zwetschgen lösen sich – anders als Pflaumen – gut vom Stein. Die zuckersüßen 'Hauszwetschgen' eignen sich hervorragend zum Dörren und für Mus, das man dick und ganz ohne Zucker einkochen kann. Und für Zwetschgenkuchen einfrieren kann man sie auch. Dazu werden die Früchte entsteint und halbiert. Empfehlenswert ist auch das Einlegen in Schnaps, entweder für sich oder zusammen mit anderen Früchten als »Rumtopf« und zum Schnapsbrennen.

LINKS: Selbstversorger legen wegen ihrer vielseitigen Verarbeitungsmöglichkeiten großen Wert auf Pflaumen und Zwetschgen.

Quitte

Quittenbäume *(Cydonia oblonga)* passen auch in kleine Gärten. Sie blühen nicht nur wunderschön, sondern lassen sich auch problemlos kultivieren. Das Rezept heißt: einfach wachsen lassen! Sie brauchen keinen Schnitt, allenfalls wenn sie nach vielen Standjahren zu groß werden. Man braucht sich also nicht mit Schnittmethoden wie bei Apfel oder Birne zu befassen. Und selbstfruchtbar sind sie zudem. Sie gedeihen am besten auf kalkhaltigem, nährstoffreichem, lehmigem Boden.

Bei den Sorten wird nach der Form zwischen Apfelquitten, zum Beispiel die Sorte 'Konstantinopeler', und Birnenquitten, wie 'Bereczki' oder 'Portugiesische', unterschieden.
Lassen Sie die Quittenfrüchte am Baum ausreifen, erst dann können sie einzeln vom Baum gepflückt werden. Ihr Stiel muss sich dabei leicht vom Ast lösen. Das ist im September oder Oktober der Fall. Sie können trocken geerntete Quittenfrüchte einige Wochen lang kühl lagern und nach und nach verarbeiten. Auf den Boden gefallene Früchte muss man schnell verbrauchen und die beim Herunterfallen entstandenen Druckstellen herausschneiden. Quittenfrüchte vertragen zwar leichten Frost, aber bevor es richtig frostig wird, muss die Ernte abgeschlossen sein. Ein ausgewachsener Quittenbaum liefert in guten Jahren mehrere Obstkisten voller Früchte, bis zu etwa 50 Kilogramm.

Köstliche Früchte verwerten

Harte Quittenfrüchte sind roh nicht genießbar, allenfalls als Dörrobst. Interessanterweise bleibt der Inhaltsstoff Vitamin C auch bei der Verarbeitung erhalten.
Die einfachste Möglichkeit, Quitten zu verarbeiten, ist das Entsaften. Waschen Sie dazu die Früchte und reiben Sie sie gut ab. Anschließend werden die Quitten grob zerkleinert und in den Korb des Dampfentsafters gegeben. Schneiden Sie beim Vorbereiten der Früchte fürs Entsaften auch das Kerngehäuse heraus, dann sparen Sie sich das Durchpassieren des zurückgebliebenen Fruchtmuses.
Der Saft lässt sich dann beispielsweise weiter zu Gelee verarbeiten. Beim Aufschneiden färbt sich das Fruchtfleisch übrigens schnell braun. Durch Überträufeln mit Zitronensaft lässt sich das verhindern. Gehen Sie beim Aufschneiden und Herausschneiden des Kerngehäuses vorsichtig zu Werk: Nur allzu leicht gleitet das Messer ab und kann eine Verletzung verursachen.

Das Fruchtfleisch, das im Dampftopf zurückbleibt, ergibt ein Mus, das Sie zusammen mit Zucker und Gewürzen, zum Beispiel einer Zimtstange und Gewürznelken, zu einem leckeren Brotaufstrich aufbereiten oder zu Quittenbrot verarbeiten können. Probieren Sie auch einmal aus, Quitten zu dörren. Dazu werden die Früchte in ganz dünne Scheiben geschnitten und rasch im Dörrapparat getrocknet.

RECHTS: Vollreife Quittenfrüchte lösen sich leicht vom Ast. Ernten Sie diese vorsichtig einzeln vom Baum, bevor sie herunterfallen.

Haselnuss

Nutzen Sie die Chance, mit wenig Aufwand Nahrhaftes zu ernten. Die Haselnuss *(Corylus avellana)* ist ein einheimisches Wildgehölz, das es verdient, in unseren Gärten kultiviert zu werden – allein schon wegen der leckeren Nüsse, aber auch sonst lässt sich die Haselnuss vielfältig verwerten. Man unterscheidet zwischen zwei Nussformen, den rundlicheren Zellernüssen mit zweiblättriger, kurzer Hülle und den Lambertsnüsse mit röhrenförmiger, langer Nusshülle.

Haselnusssträucher liefern Holz für den Kaminofen; Haselnussstecken eignen sich für Flechtzäune und Reisig als Rankhilfe für Erbsen. Zudem sind die Sträucher sehr gute Nist- und Nährgehölze für Vögel und vor allem für Haselmäuse und Eichhörnchen. Züchtungen bringen größere Nüsse, beispielsweise die Sorten 'Webb's Preisnuss' oder 'Halle'sche Riesennuss'.

Platz muss sein

Haselnusssträucher brauchen viel Platz. Wilde Haselnusssträucher werden etwa 5 Meter hoch, die Sorten bleiben mit einer Wuchshöhe von 2,5–3 Metern kleiner. Pflanzen Sie Haselnusssträucher so, dass sie andere Obstgehölze und Gemüsebeete möglichst während des ganzen Tageslaufs nicht beschatten. Sie sind deshalb etwas für größere Gärten oder für Heckenstreifen auf der Nord- und Ostseite eines Grundstücks. Gepflanzt wird im Abstand von 3–4 Metern, ansonsten werden Sie nicht viel ernten. Sollen die Sträucher nur Sichtschutz sein, können sie nur 2 Meter voneinander entfernt stehen.

Alle paar Jahre werden die Sträucher »auf Stock gesetzt«, also bis auf den Boden abgesägt, um sie zu verjüngen oder um Holz zu gewinnen. Von unten her treiben sie dann wieder kräftig aus.

Reiche Ernte im September

Haselnüsse reifen im September und fallen von selbst vom Strauch, wenn sie vollreif sind. In guten Haselnussjahren prasseln die Nüsse bei schönem, trockenem Herbstwetter nur so zu Boden. Durch Schütteln können Sie dem Herabfallen etwas nachhelfen. Legen Sie dann ein großes Tuch unter. Einmal täglich wird dann aufgesammelt. Zum Trocknen kommen die Nüsse auf flache Horden oder Tabletts.

Nüsse, die noch eine Hülle tragen, braucht man gar nicht erst aufzulesen. Sie sind nicht brauchbar, entweder weil sie taub oder vom Haselnussbohrer befallen sind.
In guten Haselnussjahren können Sie sich aus eigener Ernte einen Wintervorrat an fettreichen Nüssen zulegen. Ein Strauch kann bis zu etwa 6 Kilogramm liefern. Der Ertrag ist jedoch nicht sicher. In manchen Jahren, wenn Fröste die Blüten zerstört haben, hängen nur wenige Nüsse am Strauch.

LINKS: Eichhörnchen fressen gerne Haselnüsse. Sie öffnen die Nüsse mit ihren kräftigen unteren Schneidezähnen.

Walnuss

Wenn Sie über ein großes Grundstück verfügen, sollten Sie unbedingt einen Walnussbaum pflanzen. Er wächst zu einem präsentablen Hausbaum mit schöner Krone heran. Zudem liefert er die wertvollen fettreichen Nüsse, die für Landbewohner früherer Generationen notwendig zum Überleben im Winter waren.
Walnussbäume *(Juglans regia)* sind recht anspruchsvoll. Mildes Klima ohne Spätfröste im Frühjahr und tiefgründige Böden sind ideal für sie. Die Blüten reagieren empfindlich, wenn sie Temperaturen unter 0 °C ausgesetzt sind.

Idealerweise pflanzt man Walnussbäume im Frühjahr. Bei Sämlingsexemplaren müssen Sie einen Abstand von 8 x 10 bis 10 x 10 Metern einkalkulieren, also bei einem Kronendurchmesser von 10 Metern eine Grundfläche von 100 Quadratmetern. Profis lichten die Bäume im Frühjahr regelmäßig aus, um junges Fruchtholz zu bekommen. Aber auch ohne jeglichen Schnitt kann eine gute Ernte erwartet werden.

Sämling oder Klon?

Walnüsse lassen sich leicht selbst vermehren. Dazu müssen lediglich Nüsse in den Boden oder in Töpfe gesteckt werden. Wenn Sie guten und schnellen Ertrag haben wollen, sollten Sie jedoch keine Sämlinge nehmen, sondern veredelte Exemplare. Sämlingsexemplare brauchen lange, etwa zehn Jahre, bis sie tragen. Außerdem weiß man bei Sämlingen nie, wie die Fruchtqualität sein wird; ob sie klein, schwer zu knacken oder schwer aus der Nuss zu lösen sind. Veredelte Exemplare tragen bereits nach fünf Jahren. Züchtungen (Klone) bleiben kleiner und tragen früher als ältere Sorten. Empfehlenswert ist zum Beispiel 'Weinsberg 1' mit relativ kleiner Krone, großer bis sehr großer Nuss mit dünner Schale und gutem Ertrag oder der Klon Nr. 26, schwach wachsend, mit spätem Austrieb, sodass Frost den Blüten kaum schadet.

RECHTS: Walnüsse fallen von selbst vom Baum. Man muss sie einmal täglich auflesen.

Walnüsse auf Horden trocknen

Wenn die Nüsse Mitte September bis Anfang Oktober reif sind, öffnen sich die Hüllen und die Nüsse fallen zu Boden. Dann werden sie mindestens einmal täglich aufgesammelt und sofort zum Trocknen auf Horden ausgelegt. Bei nassem Wetter und wenn noch Teile der Hülle an der Nuss kleben, kann man sie auch kurz unter Wasser abbürsten. Bewegen und wenden Sie die Nüsse mehrmals am Tag mit den Händen. Feuchte Nüsse fangen an zu schimmeln und müssen weggeworfen werden. Auf ihnen kann sich das hochtoxische Aflatoxin bilden. Bewahren Sie die Nüsse nach dem Trocknen ebenfalls trocken und kühl in luftdurchlässigen Säcken auf. Bei großen Bäumen in vollem Ertrag können Sie mit einer Ernte von 30–50 Kilogramm rechnen. Bei ganz jungen Nüssen lässt sich die dünne, hellbraune Haut abziehen. Die enthäuteten Nusskörper schmecken köstlich cremig-mild. Beim Trocknen verfärbt sich die Haut braun.

Unkompliziertes Beerenobst

Beerenobststräucher finden in jedem noch so kleinen Garten Platz. Schon mit wenigen Erdbeerpflanzen, Johannisbeer- und Himbeersträuchern können Sie sich leicht selbst versorgen und mit der Ernte je nach Gusto einen Wintervorrat an Marmelade, Gelee und Eingefrorenem für Kuchen und Desserts schaffen. Und Honigbienen profitieren vom Beerenobst ebenfalls.

Beerensträucher sind aus verschiedenen Gründen sehr beliebt. Sie bringen schon im Pflanzjahr eine kleine Ernte. Und da sie nicht so viel Platz brauchen wie Obstbäume, sind sie ideal für kleine Grundstücke. Himbeeren und Stachelbeeren gedeihen sogar noch in leichtem Schatten. Johannisbeer- und Stachelbeersträucher sind zugleich wichtige Gestaltungselemente. Sie passen an den Rand des Gemüsegartens, als Übergang zum Obstgarten oder in die Nähe des Kompostplatzes. Sie bieten Sichtschutz und kaschieren unschöne Ecken.

Was darf es sein?

Sie haben die Wahl zwischen buschig wachsenden Beerensträuchern, Halbstämmchen und Hochstämmchen und neuerdings sogar Säulenformen. Hochstämmchen gliedern den Gartenraum, ohne eine Barriere zu bilden wie eine Hecke. Da sie selbst nicht viel Schatten werfen, lässt sich der Platz darunter noch gut für etwas anderes nutzen, beispielsweise für Kräuter wie Minzen oder Kapuzinerkresse.

Binden Sie das Hochstämmchen an einen stabilen Pflock an oder bauen Sie ein Holzgestell mit drei oder vier Pflöcken und oben angenagelten Holzlatten, auf dem die Äste aufliegen können, damit das Bäumchen unter der Last der Früchte nicht zusammenbricht. Wie andere Obstgehölze lassen sich manche Beerensträucher als Wandspalier erziehen. Insbesondere Rote und Weiße Johannisbeeren eignen sich dafür.

LINKS: Beerenobst-Hochstämmchen sind ideal für kleine Gärten, weil sich der Platz darunter für Kräuteranbau nutzen lässt.

OBEN: Aus Schwarzen Johannisbeeren lassen sich köstliche Marmelade und Cassis-Likör mit dem unvergleichlichen Aroma bereiten.

Mulchschicht wie im Wald

Himbeeren und Brombeeren sind ursprünglich Waldpflanzen, die auf offenen Waldschlägen von selbst wachsen. Wie im Wald wollen sie auch im Garten einen beschatteten Fuß. Den bekommen sie durch Bepflanzen mit Kräutern oder Blumen oder durch eine Bedeckung mit Stroh oder halb verrottetem Kompost. Unter der Mulchschicht bleibt der Boden lange ausgeglichen feucht und die Sträucher können sich hier mit der nötigen Feuchtigkeit versorgen, die sie für die Fruchtausbildung brauchen.

Alle Beerensträucher sind dankbar für eine gute Versorgung mit Kompost. Nur dann blühen sie reich und setzen gut Früchte an.

Brombeere

Wild wachsende Brombeeren sind im Garten wegen ihres »wilden«, weit ausladenden Wuchses oft nicht erwünscht. Triebe, die dem Boden aufliegen, wurzeln nämlich schnell, und so breitet sich das Gehölz in alle Richtungen aus und bildet undurchdringliche Dickichte.

Auf die Brombeere, die so wohlschmeckende Früchte hervorbringt, sollte man dennoch nicht verzichten. Auf kleinen Grundstücken kommt man mit einer stachellose Sorte wie beispielsweise 'Black Satin', 'Loch Ness', 'Jumbo' ,Navaho' oder 'Thornless Evergreen' gut zurecht. Äußerst aromatische Früchte trägt die stark rankende ältere Sorte 'Theodor Reimers' – sie zählt noch immer zu den beliebtesten Sorten.
Die robusten Brombeersträucher *(Rubus fruticosus)* entwickeln sich am besten an einem sonnigen, geschützten Platz. Sie werden am besten in weitem Abstand zu Nachbargehölzen und auch zu Nachbargrundstücken gepflanzt. Von Pflanze zu Pflanze sollte der Abstand 2–4 Meter betragen. Ein Strauch genügt normalerweise für den Bedarf einer Familie als Naschfrucht. Wenn Sie viel Marmelade zubereiten wollen, darf es auch eine ganze Hecke sein.

Pflanzen Sie Brombeersträucher am besten an ein frei stehendes Gerüst. Dann haben Sie von allen Seiten guten Zugang zum Ernten oder für den Schnitt. Ein Wandspalier an der Südseite eines Gebäudes oder vor einer Mauer ist ebenfalls ideal. Kürzen Sie während des Wachstums die Achseltriebe mehrmals ein. Der eigentliche Rückschnitt der langen Triebe erfolgt nach der Ernte.

Vielseitig verwendbar

Je nach Sorte reifen Brombeeren von Juli bis November. Sie werden immer vollreif geerntet, wenn die Früchte sich beim Anfassen etwas weich anfühlen und tiefschwarz sind; nur dann entwickeln sie ihr typisches Aroma. Pro Strauch können Sie mit einem Ertrag von 8 Kilogramm rechnen.
Die Früchte sollten möglichst sofort verbraucht oder verarbeitet werden. Sie lassen sich sehr gut einfrieren, entsaften und zu Marmelade zubereiten. Wer Zeit und Muße hat, kann feinen Likör und Wein daraus herstellen.

Wahrscheinlich haben Sie schon beobachtet, dass manchmal einzelne Früchte rot bleiben oder stellenweise rot gefärbt sind. Schuld an diesem Phänomen ist die Brombeergallmilbe. Von ihr befallene Früchte sind ungenießbar.
Echte Selbstversorger nutzen auch die jungen Blätter der Brombeere für Teeaufgüsse. Mit ihrem Cocktail an Gerbstoffen, Flavonoiden und organischen Säuren erinnert der Geschmack des Aufgusses ein wenig an schwarzen Tee. Die Blätter lassen sich leicht für den Wintervorrat sammeln und trocknen.

Eine Brombeerhecke der etwas anderen Art können Sie mit verwandten Rubus-Arten anlegen: Mit der schön blühenden Japanischen Weinbeere *(Rubus phoenicolasius)* oder mit der großfrüchtigen Taybeere, einer Kreuzung aus Himbeere und Brombeere. Beide Arten sind nur fein bestachelt und deshalb verträgliche Gartenpflanzen.

LINKS: Bei der Brombeere kommt es auf guten Schnitt und sorgfältiges Anbinden an, sodass sich viele Fruchttriebe ausbilden.

Garten-Erdbeere

Ein Garten ohne Erdbeeren – gibt es das? Es gibt kaum jemanden, der Erdbeeren nicht mag, und am liebsten werden sie frisch vom Stock gemascht. Mit den richtigen Sorten, die früh, mittelfrüh und spät reifen – 'Senga-Sengana', 'Mieze Schindler' bzw. 'Thubella' –, können Sie sich über lange Zeit mit frischen Früchten von der eigenen Farm versorgen, zumindest von Mitte Juni bis September.

Die Garten-Erdbeere entstand um 1750 in Holland durch die Kreuzung einer südamerikanischen Erdbeerart *(Fragaria chiloensis)* mit einer nordamerikanischen Art *(Fragaria virginiana)*. Eine Besonderheit ist die Erdbeerwiese, eine Kreuzung aus der Wald-Erdbeere *(Fragaria vesca* var. *vesca)*, mit der Garten-Erdbeere. Ihre vielen Ausläufer bilden eine dichte Decke. Die Erdbeerwiese kann im Gegensatz zur Garten-Erdbeere acht Jahre und länger auf dem Beet stehen bleiben. Beliebtes Naschobst ist die Monatserdbeere *(Fragaria vesca* var. *hortensis)*. Und für Töpfe und Ampeln gibt es Hänge- oder Kletter-Erdbeeren.

Gute Pflege

Erdbeeren brauchen den ganzen Tag über Sonne. Pflanzen Sie selbst gezogene Pflanzen im Juli und August, getopfte Pflanzen auch später. Bei Frühjahrspflanzung bringen die Stöcke keinen vollen Ertrag. Zwischen den Pflanzen sollten in der Reihe 25–35 Zentimeter Platz gelassen werden, von Reihe zu Reihe müssen es etwa 60–90 Zentimeter sein. Die Kultur der Garten-Erdbeeren läuft mit dem Gemüse in der Fruchtfolge mit – entweder beetweise oder in Reihen. Zwei bis höchstens drei Jahre bleiben die Pflanzen stehen. Wenn jährlich neu gesetzt wird, stehen immer frisch gepflanzte sowie ein- und zweijährige Erdbeeren zur Verfügung. Erst nach vier Jahren dürfen Erdbeeren wieder an die gleiche Stelle kommen.

Erdbeeren brauchen während der Blütezeit und für die Ausbildung der Früchte viel Wasser. Eine Mulchdecke aus Stroh oder ein Mulchvlies sorgt für einen ausgeglichenen Feuchtigkeitshaushalt im Boden. Legen Sie einige Zeit vor dem Beginn der Ernte Stroh oder Holzwolle unter die Pflanzen, um die Früchte vor hochspritzender Erde zu schützen und so dem Befall mit Grauschimmel vorzubeugen.

Ernte und Vermehrung

Je nach Sorte reifen Erdbeeren von Ende Mai bis September. Die Haupternte ist im Juni. Neuere Sorten bringen sage und schreibe einen Ertrag von bis zu einem Pfund pro Pflanze! Pflücken Sie die Erdbeerfrüchte immer mit dem Kelch, dann halten sie sich besser. Im Kühlschrank lassen sie sich nur kurze Zeit lagern, besser ist es, die Früchte durch Einfrieren oder Kochen zu Marmelade zu konservieren.

Erdbeeren lassen sich gut selbst vermehren. Die Pflanzen bilden oberirdisch Ausläufer, die sich bewurzeln, wenn sie dem Boden aufliegen. Diejenigen, die am nächsten an der Mutterpflanze erscheinen, nimmt man als Jungpflanzen, schneidet sie ab und topft sie.

RECHTS: Erdbeerpflanzen gedeihen auch gut in Töpfen. Suchen Sie einen sonnigen Platz aus.

Himbeere

Zum Grundbestand an Beerensträuchern sollte auch die Himbeere *(Rubus idaeus)* gehören, besonders wenn Sie großen Bedarf an Obst zum Naschen und für Marmelade haben. Zuchtsorten wie 'Glen Ample' oder 'Tulameen' tragen viel größere und aromatischere Früchte als die einheimische Wildform. Neuere Züchtungen wie beispielsweise 'Niniane' sind außerdem widerstandsfähig gegen Wurzel- und Rutenkrankheiten. Spezielle Herbst-Himbeersorten wie 'Aroma-Queen', 'Autumn Bliss' oder 'Himbo-Top' mit Riesenfrüchten tragen vom Sommer bis zum Herbst.

Waldpflanze Himbeere

Die Himbeere ist eine Dauerkultur, die am Rand des Gartens stehen kann und auch leichten Schatten verträgt, so wie auf Waldschlägen, ihrem Naturstandort.

Pflanzen Sie Himbeeren frei stehend in Reihen mit einem Abstand von 40 Zentimetern in der Reihe und 2–2,5 Metern zwischen den Reihen. Der besseren Ernte wegen und damit die Pflanzen sich nicht zu stark ausbreiten, wird ein Stützgerüst benötigt – entweder aus weitmaschigem Drahtgeflecht oder aus Holzpflöcken mit waagerecht gespannten Drähten oder einem Bandgewebe.

Vor allem brauchen Himbeeren während der Blütezeit und der Fruchtausbildung viel Wasser. Deshalb sollten Sie in Trockenzeiten im Sommer wässern und den Boden mulchen, damit sich die Feuchtigkeit gut hält. Bei der ursprünglichen Waldpflanze Himbeere ist eine Mulchdecke aus Rasenschnitt, Laub, Stroh oder halb verrottetem Kompost besonders wichtig.
Achten Sie während des ganzen Jahres darauf, dass Sie den Boden unter den Sträuchern nur flach bearbeiten, denn die feinen Wurzeln, die direkt unter der Bodenoberfläche streichen, werden sonst leicht beschädigt.

Gute Pflege – gute Ernte

Für einen hohen Fruchtertrag müssen Sie Himbeersträucher richtig schneiden. Zu lange Ruten kürzt man ein, sehr schwache Ruten schneidet man während der Vegetationszeit ab. Die üblichen Himbeersorten werden nach der Ernte kräftig ausgelichtet, und zwar so, dass noch etwa zehn Ruten pro laufendem Meter stehen bleiben. Herbst-Himbeeren werden allesamt nach der Ernte bis auf den Boden zurückgeschnitten. Sie treiben im nächsten Jahr wieder aus. Die üblichen Kultursorten reifen ab Ende Juni, Herbst-Himbeeren ab August, manche Herbstsorten tragen sogar noch bis zum Frosteintritt. Sie können mit einem Ertrag von 0,8 Kilogramm pro Pflanze rechnen. Ernten Sie die Früchte, solange sie noch fest sind, bei Überreife verlieren sie an Aroma. Himbeeren schimmeln schnell: Verbrauchen Sie die Früchte deshalb frisch, frieren Sie sie ein oder kochen Sie Marmelade daraus.

LINKS: Himbeerfrüchte mit ihrer feinen Süße laden zum Naschen ein. Was übrig bleibt, wird eingefroren oder zu Marmelade verarbeitet.

Johannisbeere

Kultur-Johannisbeeren sind aus wild wachsenden Arten gezüchtet worden. Es gibt Rote und Weiße Johannisbeeren, die zur selben Pflanzenart *(Ribes rubrum* var. *domesticum)* gehören, während Schwarze Johannisbeeren eine eigene Art darstellen *(Ribes nigrum)*.

Bei der Pflanzung müssen Sie auf einen Abstand von mindestens einem, besser 1,5 Metern zwischen den Johannisbeeren achten. Hochstämmchen brauchen als Stütze einen stabilen, fest eingeschlagenen Pfahl, der bis in die Krone reicht. Schneiden Sie ältere, abgetragene und schwache Triebe im Spätwinter bodennah ab, sodass der Strauch 8–12 starke Äste hat. Auch schon nach der Ernte kann ausgelichtet werden; dann haben Sie noch den Überblick darüber, an welchen Ästen der Strauch getragen hat.

Rote Johannisbeeren sind ab Mitte Juni erntereif, je nach Sorte mit gestaffelter Reifezeit. Schwarze Johannisbeeren reifen im Juli und August. Da nicht alle Beeren gleichzeitig reifen, ist es günstig, wenn Sie mehrmals durchpflücken. Sie können bei voll ausgewachsenen Johannisbeersträuchern mit einem Ertrag von bis zu 2–4 Kilogramm rechnen.

Die säuerlichen Beeren der Roten Johannisbeeren eignen sich hervorragend zum Kuchenbacken und für Marmelade, sind gut zum Einfrieren und Entsaften, für Saft und Gelee. Die etwas herben, würzigen und voll ausgereift süßen Beeren der Schwarzen Johannisbeere schmecken frisch, als Kuchenbelag, für Marmelade, für Wein und den bekannten Likör Cassis.

Jostabeere

Die Jostabeere *(Ribes × nidigrolaria)* ist eine stachellose Kreuzung aus Schwarzer Johannisbeere, Kultur-Stachelbeere und Oregon-Stachelbeere. Die Sträucher wachsen mehr in die Breite als in die Höhe und brauchen mehr Platz und einen größeren Pflanzabstand als andere Johannisbeersträucher. Für einen Haushalt genügt ein Strauch, der Sie im Juli mit etwa 4 Kilogramm herb-säuerlichen Beeren versorgt. Da die großen schwarzen Beeren nicht gleichzeitig reifen, ist mehrmaliges Durchpflücken nötig.

Stachelbeere

Unsere Kultursorten stammen von der einheimischen Wildart *(Ribes uva-crispa)* ab. Wählen Sie eine Sorte, die widerstandsfähig gegen den Amerikanischen Stachelbeermehltau ist, beispielsweise die gelbfrüchtige 'Invicta'. Ab Mitte Juni bis Juli können die vollreifen Früchte geerntet werden. Jeder Strauch liefert etwa 2–3 Kilogramm. Bei der Stachelbeere kommt es auf den richtigen Schnitt an. Lichten Sie im Spätwinter gut behandschuht den Strauch kräftig aus, damit Licht und Luft in die Krone kommt, und schneiden Sie alle Triebspitzen ab, weil hier der Stachelbeermehltau überwintert.

RECHTS: Rote Johannisbeeren oder »Träuble«, wie sie in Süddeutschland heißen, sind für viele die wichtigsten Beerensträucher.

Stachelbeerkiwi

Wer die Stachelbeerkiwi *(Actinidia arguta)* einmal probiert hat, wird sie unbedingt im Garten haben wollen. Ihr Vorzug ist neben dem guten Geschmack ihre Frosthärte. Sie verträgt – anders als die aus dem Handel bekannte großfrüchtige Kiwi *(Actinidia deliciosa)* – Frost bis etwa –20 °C. Glattschalig, stachelbeergroß, walzenförmig oder rundlich, mit grünlicher bis bräunlicher und auch roter Schale, hängt sie am Strauch.

Die Zweihäusigkeit

Stachelbeerkiwi pflanzt man im Herbst oder Frühjahr im Abstand von 2–3 Metern an ein frei stehendes Spalier oder als Wandspalier an die Ost- oder Südostseite beziehungsweise an die Westseite eines Gebäudes oder an eine Mauer. Sie brauchen eine weibliche und eine männliche Pflanze, um Früchte zu ernten, da die Kiwipflanze zweihäusig ist. Neuere Züchtungen wie 'Issai' gelten aber als selbstfruchtbar. Ab dem 2. oder 3. Standjahr kann man mit den ersten Früchten rechnen. Vollen Ertrag, also etwa 6 Kilogramm an einer weiblichen Pflanze, bringt die Kletterpflanze ab dem 5. Standjahr. Die Stachelbeerkiwi ist eine Rankpflanze, die sich an der Kletterunterlage selbst nach oben schlingt. Sehr raschwüchsig ist die Sorte 'Weiki', die auch als »Bayern-Kiwi« bekannt ist.

Stachelbeerkiwis reifen je nach Sorte im Oktober und November. Sie halten sich bei kühler Lagerung monatelang frisch. Die Früchte werden mit der Schale gegessen. Verwerten Sie diese wie Stachelbeeren für köstliche Kuchen, Marmelade und zum Einfrieren.

Weinrebe

Der beste Platz für den Weinstock *(Vitis vinifera)* ist vor einer windgeschützten Südwand eines Gebäudes oder einer Mauer. Es ist auch möglich, Weinstöcke abgerückt vom Haus an einem Spalier oder an Pflöcken zu ziehen. Mit wüchsigen Sorten wie 'Nero', 'Phoenix' oder 'Regent' lassen sich Gartenlauben und Laubengänge begrünen.

Durch geschickte Sortenwahl, zum Beispiel der bereits im August reifenden 'Bianca' (weiß), 'Lilla' (weiß), 'Boskoops Glorie' (blau) oder 'Muscat Bleu' (blau) und später reifenden Sorten wie 'Regent' (blau) oder 'Phoenix' (weiß) zieht sich die Traubenernte etwa ein Vierteljahr hin. Mit dem Ertrag von 2–3 Rebstöcken kann sich eine Familie gut selbst mit frischen Weintrauben versorgen. Zum Frischessen sind kernlose Trauben wie die blaue 'Boscoops Glorie', die weiße 'Lakemont' oder die roséfarbene Sorte 'Suffolk Red' ideal.
Empfehlenswerte Hausreben sind kernlose interspezifische Sorten, die resistent gegen die gefährlichen Pilzkrankheiten Echter Mehltau *(Odium)* und Falscher Mehltau *(Peronospora)* sind.

LINKS: Die Stachelbeerkiwi ist in unseren Breiten frosthart. Ihre glattschaligen Früchte brauchen nicht geschält zu werden.

Resistenzen gibt es auch gegen Grauschimmel *(Botrytis)*, gegen Reblaus und Nematoden. Diese Eigenschaften der Neuzüchtungen kommen Biogärtnern entgegen, die keine Spritzmittel einsetzen wollen. Gegen Vögel, die an den Beeren picken, oder Wespen, die über die süßen Beeren herfallen, sind jedoch auch Biogärtner nicht gefeit.

Reben pflanzen und erziehen

Weinreben brauchen einen warmen, kalkhaltigen, durchlässigen Boden. Heben Sie ein tiefes Pflanzloch aus und lockern Sie den Boden noch mehr in die Tiefe und zu den Seiten hin. Die Jungpflanze soll möglichst außerhalb einer Dachtraufe stehen und leicht schräg gepflanzt werden. Nach dem Auffüllen des Pflanzlochs sollte die Veredelungsstelle etwa handbreit über der Bodenoberfläche liegen. Nun wird mit lockerer Gartenerde aufgefüllt und bei kalkarmem Boden etwas Düngekalk dazugegeben. Das Bedecken der Pflanzscheibe mit Kompost im Herbst verhilft dem Rebstock zu einem guten Start.

Bei veredelten Reben bleibt ein sichtbares Auge am Edelreistrieb. Unveredelte Reben werden beim Pflanzen auf zwei Augen zurückgeschnitten. Von den beiden Trieben, die im Pflanzjahr austreiben, nimmt man den stärkeren und leitet ihn durch Anbinden senkrecht nach oben. Dieser Trieb ergibt später den Stamm. Er wird zu Beginn des zweiten Standjahres noch einmal zurückgeschnitten. Einer der neu erscheinenden Triebe wird dann weiter nach oben geleitet. Aber auch andere Erziehungsformen wie das Kordon sind möglich.

Ertragsschnitt am Ende des Winters

Wenn die Grundform des Weinspaliers einmal steht, hat man eigentlich nur noch wenig Arbeit. Man muss lediglich wissen, dass die Rebe an Sommertrieben fruchtet, die aus einjährigem Holz hervorgehen. Bei den Hausreben ist beim Tragholz der Schnitt auf Zapfen üblich, bei dem zwei Augen stehen bleiben. Der richtige Zeitpunkt für den Schnitt ist am Ende des Winters, im Februar oder März. Schneiden Sie nicht direkt oberhalb des Auges, sondern 2–3 Zentimeter darüber, trocknet das Auge nicht aus. Wenn Sie mit dem Schnitt etwas zu spät dran sind, kann es passieren, dass der mit dem Saftstrom aufsteigende Saft aus den Schnittstellen herausspritzt. Man sagt dann, dass die Reben »bluten«.

Laubarbeiten im Sommer

Im Laufe des Sommers müssen Sie ein paar Mal das Laub entfernen. Das fängt mit dem Ausbrechen von Geiztrieben, die aus den Blattachseln treiben, an. Auch Wasserschosse werden entfernt. Spätestens zur Blütezeit ist Zeit für das Entspitzen der Triebe. Ab Mitte August sollten Sie aber keine Triebspitzen und Geize mehr kappen, da die jüngsten Blätter für die Zuckerbildung in den Früchten wichtig sind.

RECHTS: Für jedes Grundstück mindestens ein Weinstock – zur Selbstversorgung mit süßen Trauben, aber auch als Gestaltungselement.

Das Minifeld

Zu richtigen Selbstversorgern werden wir erst, wenn wir für uns und unsere Tiere auch Getreide und Feldfrüchte anbauen und stärke- und eiweißhaltige Körner, Knollen und Rüben ernten. Auf Feldern im Kleinformat lässt sich dieser Wunsch leicht erfüllen.

Frisch gebacken: das tägliche Brot

Eine vollständige Selbstversorgung mit Getreide ist auf einer kleinen Gartenfläche kaum möglich. Da müsste das Getreidefeld schon mindestens 100 Quadratmeter groß sein, je nachdem, wie viele Personen zu versorgen sind. Wenige Quadratmeter mit Getreide angebaut, liefern aber immerhin mehrere Kilogramm Körner fürs Müsli, für Brei, für Keimlinge und zum Brotbacken. Und für die Hühner fallen auch noch ein paar Körner ab.

Getreidearten zum Backen

Die Liste der Getreidearten ist übersichtlich: Dinkel *(Triticum spelta)*, Emmer *(Triticum monococcum)*, Saat-Gerste *(Hordeum vulgare)*, Saat-Hafer *(Avena sativa)*, Saat-Roggen (*Secale cereale*) und Saat-Weizen *(Triticum aestivum)*. Und dazu noch der Mais *(Zea mays)*, ebenfalls eine Grasart, obwohl er sich im Anbau doch von den anderen unterscheidet. Vor dem Anbau sollten Sie sich folgende Frage stellen: Wofür wird das Getreide verwendet? Wollen Sie selbst Brot backen? Sollen die Körner an Hühner oder an Pferde verfüttert werden?

Getreidearten mit Spelzen um die Ährchen – das sind Dinkel, Gerste, Saat-Hafer – müssen Sie in der Mühle entspelzen lassen, wenn Sie sich selbst davon ernähren wollen. Bei kleinen Mengen lohnt sich dieser Aufwand nicht. Weizen oder Roggen muss nicht entspelzt werden und ist als Brotgetreide gut geeignet. Das gedroschene Spelzgetreide kann dagegen den Tieren verfüttert werden, die es gerne fressen.
Neben der sorgfältigen Auswahl der Getreidearten muss der richtige Standort für den Anbau gefunden werden. Anders als Gemüse kommt Getreide mit weniger guten Bodenverhältnissen aus. Es darf jedoch kein Schatten von Gehölzen oder Gebäuden auf die Feldfrucht fallen, denn sonst reifen die Körner nicht richtig aus und es kommt möglicherweise eher zu einem Befall mit Krankheiten.

LINKS: Brot backen mit Getreide aus eigener Ernte ist der Wunschtraum konsequenter Selbstversorger.

OBEN: Für den Anbau auf einem kleinen Grundstück eignet sich Zucker-Mais besonders gut. Geerntet werden die Kolben in der Milchreife.

Mais für die Mini-Farm

Beim Mais müssen Sie sich entscheiden, ob Sie Silomais, Körnermais oder Zucker-Mais anbauen wollen. Landwirte hierzulande bauen fast nur Silomais an, der frisch oder siliert ans Vieh verfüttert wird und neuerdings die Gärbehälter der Biogasanlagen füllt. Für die Mini-Farm ist Silomais allerdings kaum nützlich. Kolben vom süßen Zucker-Mais bereichern dagegen den herbstlichen Speiseplan zur Freude von Jung und Alt, und Körnermais kann vermahlen oder als Mastfutter für Hühner verwendet werden. Körner-Mais braucht allerdings sehr viel Sonne, um sich gut zu entwickeln, und ist daher eher für warme Klimaregionen.

Sommer- und Wintergetreide

Von den Getreidearten gibt es jeweils Sorten für den Sommer- und für den Winteranbau. Wintergetreide, auch als Winterung bekannt, wird im Herbst gesät und bestockt sich über Winter. Im Frühjahr schosst und reift es schneller als Sommergetreide, auch als Sommerung bekannt. Geerntet wird im Juli oder August. Es bringt einen besseren Ertrag als Sommergetreide. Sommergetreide baut man in Regionen mit langem, hartem Winter und kurzem Sommer an. Der Aussaattermin liegt normalerweise im März oder April. Mais wird dagegen erst Ende April gesät, da er mindestens 8 °C zum Keimen braucht. Optimal ist eine Keimtemperatur von 12–15 °C.

Die Stellung von Getreide in der Fruchtfolge richtet sich danach, ob Winterung oder Sommerung angebaut wird. Eine gute Vorfrucht sind Hackfrüchte, wie Rüben oder Kartoffeln. Getreide ist nicht selbstverträglich; eine Art darf deshalb nicht nach sich selbst stehen. Am besten legt man auf der Mini-Farm vier Felder an. Die Kulturen wandern dann einfach reihum. Eine gute Abfolge ist beispielsweise: 1. Jahr Kartoffeln, nach der Ernte Winterweizen säen; 2. Jahr Winterweizen, danach Gründüngung; 3. Jahr Mais; 4. Jahr Sommergerste.

Aussaat und Wachstum

In alten Kinderbüchern gibt es noch Abbildungen von Bauern, die mit der Hand das Getreide auf dem Feld aussäen. Heutzutage hat die Landwirtschaft zwar exakte Sämaschinen, die auf kleinen Flächen aber kaum eingesetzt werden können. Deshalb müssen Sie das Getreide wie in alten Zeiten per Hand aussäen. Das kann breitwürfig geschehen oder etwas exakter in 2–3 Zentimeter tiefe Saatrillen.

Wintergetreide geht grün über den Winter. Es ist früher erntereif als im Frühjahr gesätes Sommergetreide.

Für einen Quadratmeter Fläche brauchen Sie etwa 300 Getreidekörner. Das entspricht bei einem Tausendkorngewicht von 40–50 Gramm etwa 20–25 Gramm Saatgetreide. Die Rillen sollten einen Abstand von etwa 15 Zentimetern zueinander haben, also so weit auseinanderliegen, dass zwischen den Reihen problemlos gehackt werden kann, bis der Bestand schließt. Nach der Aussaat werden die Körner mit dem Rechenrücken festgeklopft und die Reihen dann mit dem Rechen mit Erde zugezogen. Bei breitwürfiger Saat tritt man das Saatbett einfach mit den Füßen leicht fest. Getreide ist übrigens hart im Nehmen; das Saatbett braucht nicht besonders fein zu sein. Es reicht, wenn Sie grobe Schollen zerkleinern und mit dem Rechen einebnen.

Mais wird nach Getreide erst Ende April in eine 8 Zentimeter tiefe Aussaatrille gesät, mit einem Abstand von 60–80 Zentimetern zwischen den Reihen und in der Reihe von etwa 20 Zentimetern. 8–12 Pflanzen entwickeln sich auf einem Quadratmeter optimal. Auf einem Feldmodul mit 10 Quadratmetern finden also 80–120 Maispflanzen Platz.

Saatgut beschaffen

Als Saatgut können Sie abgepacktes Vollkorngetreide aus dem Handel nehmen. Landwirte kaufen ihr Saatgetreide in großen Gebinden im Landhandel. Fragen Sie doch einfach bei Landwirten in der näheren Umgebung nach einer kleinen Menge Saatgut. Nach der ersten eigenen Ernte können Sie dann immer etwas Saatgut für die nächste Aussaat zurücklegen.

Die interessanten alten Getreide-Landsorten sind nicht im Handel erhältlich; die bekommt man in kleinen Mengen bei Sortenschutz-Organisationen wie Arche Noah, Pro Specie Rara, VEN oder VERN.

Gedüngt wird vor der Aussaat, während des Wachstums ist keine zusätzliche Düngung nötig. Ansonsten braucht Getreide, in kleinem Maßstab angebaut, nicht viel Pflege. Nach dem Keimen, das die Landwirte als »Auflaufen« bezeichnen, muss man allerdings zwischen den Reihen hacken, um das reichlich sprießende Unkraut zu beseitigen.

Das gilt übrigens auch für Mais, der in der Anfangsphase ebenfalls von Unkraut freigehalten werden muss. Ab Juli unterdrückt das dichte Blätterdach dann wirkungsvoll das Unkraut.

Wachstum und Gedeihen unterliegen im Weiteren den atmosphärischen Einflüssen und es bleibt zu hoffen, dass es genügend, aber nicht zu viel regnet, dass die Sonne kräftig scheint und der Wind nicht zu kräftig bläst. Dann dürfte einer guten Ernte nichts im Wege stehen.

Bei der Ernte fällt nicht nur Korn an, sondern auch Stroh, das als Einstreu im Hühnerstall oder bei anderen Tieren gute Dienste leistet und zum Mulchen bei Erdbeeren und unter Beerensträuchern eingesetzt werden kann.

LINKS: Getreidearten haben die Eigenschaft, sich zu bestocken. Das heißt, dass aus einem Korn mehrere Halme entspringen.

Stabile Getreidehalme

- Bei Weizen, Roggen und Gerste sind die Blüten- und Fruchtstände in Form einer Ähre am Ende der Halme ausgebildet, beim Hafer ist es eine Rispe.
- Beim zweigeschlechtlichen Mais sitzen nur die männlichen Blüten an der Spitze, die weiblichen Blütenährchen in den Blattachseln im mittleren Teil des Stängels. Aus dem weiblichen Blütenstand bildet sich beim Abreifen ein von Lieschblättern umschlossener Kolben mit Maiskörnern aus.
- Getreidehalme tragen schwere Ähren mit bis zu 50 Körnern. Die kopflastigen Halme knicken nicht um, denn sie sind untergliedert in hohle Zwischenglieder und Halm-knoten mit durchgehendem Gewebe.
- Die Getreidearten haben unterschiedlich lange Halme: Roggen bis 2 Meter, Weizen bis 1,2 Meter, Gerste bis 1 Meter.
- Maisstängel stehen erstaunlich stabil, weil kräftige Wurzeln am unteren Stängelknoten sie in der Erde verankern.

Getreideernte

Der spannende Moment naht. Ein erfahrener Bauer sieht und erspürt den richtigen Reifegrad der Totreife mit den Fingern oder durch Draufbeißen auf die Körner, die hart und spröde sein müssen. Ab etwa Mitte Juli beginnt bei trockenem Wetter die Ernte mit dem Dreschen der Winter-Gerste.

Und dann machen Sie sich mit Sichel oder Sense ans Werk. Die Getreidehalme werden mit einem Halmbündel zu Büscheln, sogenannten Garben, zusammengebunden und zum Trocknen noch etwas stehen gelassen, bevor sie unter Dach gedroschen werden.

Körnermais, der pro Pflanze 1–2 Kolben ausbildet, lässt man bis Oktober oder November auf dem Feld ausreifen. Die Kolben sind durch die papierartig trockenen Lieschblätter vor leichtem Frost geschützt. Nach der Ernte stehen zunächst noch Feldarbeiten an. Die Getreidestoppeln müssen mit einem Handgrubber untergearbeitet und Gründüngung eingesät werden. Nach der Getreideernte im August passt vom zeitlichen Ablauf her am besten Gelbsenf oder Büschelschön für die Bienen. Nach später Maisernte können Sie noch Wintergetreide einsäen.

Dreschen wie in alten Zeiten

Wenn die Garben sicher untergebracht sind, können Sie sich mit dem Dreschen zunächst einmal Zeit lassen. Dafür ist im Winter noch Gelegenheit genug. Bis vor nicht allzu langer Zeit, bevor Dreschmaschinen und Mähdrescher Einzug auf den Bauernhöfen hielten, droschen die Bauern und ihr Gesinde mit dem Dreschflegel, um die Körner aus den Ähren zu lösen und Spelzen vom einzelnen Korn zu entfernen. Das Dreschen mit dem Dreschflegel ist allerdings nicht ganz ungefährlich. Nicht umsonst haben die Bauern in früheren Zeiten ihre Dreschflegel auch als Waffe eingesetzt. Bei sehr kleinen Erntemengen legt man die Ähren in einen Jutesack und schlägt sie über einem Geländer oder einer Stuhllehne aus.

Die Spreu vom Weizen trennen

Mit dem Dreschen allein ist es aber noch nicht ganz getan. Anschließend muss noch die Spreu vom Weizen getrennt werden. Das geschieht durch Worfeln im Freien bei leichtem Wind. Sie legen das Gedroschene in einen flachen, weiten Korb – früher gab es zu diesem Zweck spezielle Worfelkörbe – und werfen das Körner-Spreu-Gemenge mit Schwung in die Luft. Der Wind nimmt die leichten Bestandteile mit fort. Die schweren Körner fallen in den Behälter zurück. Beim Worfeln werden auch leichte Unkrautsamen fortgeweht. Die Spreu mit Spelzen, Grannen und Stängelrückständen eignet sich gut als Einstreu im Hühnerstall. Früher diente die Spreu in Wohnhäusern auch als Dämmmaterial.

LINKS: Bei der Getreideernte kommt es auf den richtigen Reifegrad an: Weizen und Roggen müssen »totreif« sein.

Getreide lagern

So aufbereitet, kommt das Getreide in luftdurchlässige Säcke, die an einem kühlen, trockenen Ort gelagert werden. Insgesamt können Sie mit einer Ernte von etwa 500 Gramm Getreide von einem Quadratmeter Anbaufläche rechnen. Ein stolzes Ergebnis, wenn auch nicht so viel, wie die Profis mit moderner Technik einbringen.
Getreidekörner können jahrelang und sogar jahrzehntelang aufbewahrt werden, vorausgesetzt, sie sind trocken und die Lagerbedingungen stimmen. Wenn Korn häufig entnommen wird, dann ist in dem Getreidesack immer Bewegung, und das mag Ungeziefer, zum Beispiel Mehlmotten und Kornkäfer, gar nicht. Wenn erst einmal Vorratsschädlinge Einzug gehalten haben, dann ist es mühsam, sie wieder loszuwerden.

Nahrhafte Körner für Brei und Brot

Das Korn selbst besteht aus Schale, Mehlkörper und Keim und ist von Spelzen umgeben. Der Mehlkörper besteht zu 78–84 Prozent aus Stärke und zu 8–14 Prozent aus Eiweiß. Jede Getreideart hat ihre spezielle Qualität. Weizen enthält beispielsweise Klebereiweiß, der ihm seine hervorragende Backeigenschaft verleiht. Gerste und Hafer fehlt der Kleber. Deswegen kann man mit diesen Getreidearten allein nicht backen, wohl aber in Mischung mit Weizen. Aus Gerste lässt sich Malz zum Bierbrauen bereiten. Braugerste darf nur wenig Eiweiß enthalten, maximal 12 Prozent.

Grünkern ist bei gesundheitsbewussten Menschen sehr begehrt. Es handelt sich um Dinkel, der in der Teigreife, also wenn die Körner noch weich sind, geerntet wird. In diesem Zustand ist die Stärke noch nicht voll ausgebildet. Die Körner werden nach der Ernte gedarrt, um sie hart und mahlfähig zu machen. Früher verwendete man dazu durchlöcherte Eisenpfannen, die auf dem Feuer standen. Bei dem Prozess des Darrens werden die Körner dann grünlich und entwickeln das ausgeprägt nussige Aroma. Entstanden ist die Methode des Dörrens eigentlich aus der Not heraus, wenn in feuchten Sommern das Korn noch nass geerntet werden musste.

Gedünstete Maiskolben mit Butter und Zitronenpfeffer sind ein beliebtes Essen und die milchreifen Körner bereichern Salate und mexikanische Gerichte. Aus Maiskörnern und dem daraus gemahlenen Mehl lässt sich noch mehr zubereiten. Das Mehl kann zu Fladen, Tortillas oder Polenta verarbeitet werden.

Ganze Getreidekörner können Sie mit einer ausreichenden Feuchtigkeitsversorgung zum Keimen aufstellen oder kochen und ausquellen lassen. Zum Brotbacken werden sie mit einer Handmühle oder einer elektrischen Haushaltsmühle vermahlen.

RECHTS: Weizen eignet sich wegen seines hohen Gehalts an Klebereiweiß hervorragend zum Verbacken.

Vom Feld auf den Tisch

Kartoffeln und Rüben sind klassische Feldkulturen. In der Landwirtschaft werden sie als Hackfrüchte bezeichnet, weil die Kulturen häufig gehackt werden müssen. Das ist nötig, um Unkräuter zu beseitigen, aber auch, um den Boden zu belüften. Nach Hackfrüchten ist der Boden locker und gut zu bearbeiten, was nachfolgenden Kulturen zugutekommt.

Kürbisse

Die großen Speise- oder Riesen-Kürbisse *(Cucurbita maxima)* und Moschus-Kürbisse *(Cucurbita moschata)* haben den traditionellen Feldfrüchten mancherorts den Rang abgelaufen. Speise-Kürbisse sind die größte Kürbisgruppe mit Sorten, die Zentner auf die Waage bringen. Die Kultur auf freiem Feld oder zumindest auf einem großen Beet ist sinnvoll, weil Kürbisse stark ranken und viel Platz zum Ausbreiten brauchen.

Häufig kultivierte Sorten sind der Hokkaidokürbis 'Uchiki Kuri', der Riesen-Kürbis 'Rouge vif d'Etampes' mit einem Gewicht von 8–30 Kilogramm oder die turbanähnliche 'Bischofsmütze', die mit von 3–5 Kilogramm recht handlich ist. 'Atlantic Giant' bringt dagegen mehr als 100 Kilogramm auf die Waage und braucht etwa 5 Quadratmeter Platz. Der 5–25 Kilogramm schwere Moschus-Kürbis 'Muscat de Provence' reift spät, er braucht von der Aussaat bis zur Ernte 135 Tagen. Dafür lässt er sich 4–8 Monate lagern.

Kürbisse ausreifen lassen

Pflanzen Sie die ab Ende April im Haus vorkultivierten Kürbisse nach den Eisheiligen Mitte Mai aufs Feld. Sie brauchen nicht viel Pflege, außer dass man die Pflanzen am Anfang vor Schneckenfraß schützen und das Unkraut bekämpfen muss. Die Kürbisse sollten voll ausreifen; erst ab September sind die Riesenfrüchte reif. Je nach Sorte haben sie eine Kulturdauer von 95 bis 135 Tagen. Laub und Stängel werden zum Ende der Wachstumsperiode hin braun und dürr. Das sieht nicht schön aus, ist aber völlig normal. Ernten Sie die Kürbisse vor dem ersten Frost und lassen Sie diese an einem warmen, sonnigen Platz noch 2–4 Wochen nachreifen. Dabei verhärten sich die Schale und der Stielrest. Die Kürbisse sind so ideal vor Austrocknen geschützt und werden gut lagerfähig. Bei einer Temperatur von 10–15 °C und bei trockener Luft halten die meisten Sorten monatelang bis zum Frühjahr. Legen Sie die Früchte auf keinen Fall in den feuchten Keller zu den Kartoffeln, sondern eher in kühle Dachzimmer.

OBEN: Riesen-Kürbisse brauchen viel Platz auf dem Acker. Sie sollten gut ausreifen und halten sich im Haus monatelang.

LINKS: Kartoffelanbau gelingt immer, nur schwanken die Erträge an den stärkereichen Knollen von Jahr zu Jahr.

Rüben

Wenn von Rüben die Rede ist, muss man wissen, welche Varietät gemeint ist. Es kann sich um die Futter-Rübe oder Runkel-Rübe *(Beta vulgaris* subsp. *vulgaris* var. *rapacea)* handeln, um die Zucker-Rübe *(Beta vulgaris* subsp. *vulgaris* var. *altissima)* oder um Rote Bete *(Beta vulgaris* subsp. *vulgaris* var. *vulgaris).* Die Zucker-Rübe gibt es noch gar nicht so lange. Erst Mitte des 18. Jahrhunderts stieß man darauf, dass die weiße Form der Runkel-Rübe relativ viel Zucker enthält. Durch Züchtung konnte der Zuckergehalt bis heute auf über 20 Prozent gesteigert werden.

Den Unterschied zwischen Futter-Rübe und Zucker-Rübe erkennt man schon von Weitem. Die meist walzenförmige Futter-Rübe ragt mit ihrem orangefarbenen Rübenkörper zur Hälfte oder zu einem Drittel aus dem Boden heraus. Die weiße Zucker-Rübe steckt tiefer im Boden und zeigt nur ihr oberstes Viertel. Die Blätter der Rüben sind grün oder rötlich überlaufen und sehen wie diejenigen des verwandten Mangolds aus. Für die Verwertung auf der Mini-Farm als Tierfutter, aber auch zur menschlichen Ernährung sind vor allem Futter-Rüben die richtige Varietät.

Von der Aussaat bis zur Ernte

Beta-Rüben brauchen zum Einlagern in ihren Rübenkörper viel Wasser. Sie gedeihen deshalb besonders in kühlen, gemäßigten Klimaregionen gut. Futter-Rüben werden Ende März bis Mitte April mit einem Reihenabstand von 45–50 Zentimetern und 1–2 Zentimeter tief gesät. Sie keimen schon bei einer Temperatur über 4 °C, Jungpflanzen ertragen auch niedrigere Temperaturen um den Gefrierpunkt. Saatgut bekommen Sie im Landhandel und in kleinen Gebinden sogar bei Saatgut-Versendern. Aus einem knäueligen Samen keimen mehrere Pflanzen. Sie müssen später auf 12–18 Zentimeter in der Reihe vereinzeln.

Rüben bilden nur wenig Wurzelwerk aus. Sie sind deshalb auf gute Nährstoff- und Wasserversorgung angewiesen. Vor der Aussaat wird der Boden deshalb mit reichlich Kompost versorgt. Bei Rüben ist häufiges Hacken zur Unkrautbekämpfung nötig, sobald Keimpflanzen erscheinen. Sie müssen mehrfach mit der Schlaghacke durch die Reihen gehen und zwischen den Reihen und in der Reihe hacken. Hacken setzt zudem Nährstoffe frei und hilft Wasser zu sparen, weil beim Hacken die feinen Bodenkapillaren, die das Wasser an die Bodenoberfläche befördern, unterbrochen werden.

Lassen Sie die Rüben möglichst lange draußen, bis die Blattschöpfe nahezu abgestorben sind. Futter-Rüben und Rote Bete sollten jedoch keinen Frost abbekommen, auch wenn sie Temperaturen nahe dem Gefrierpunkt gut vertragen. Dann werden die Rüben gerodet, also aus der Erde genommen, und geköpft. Rüben lassen sich für den Wintervorrat gut lagern, entweder in einer frost- und mäusesicheren Erdmiete im Freien oder in einem Keller. Bei Rüben sollten Sie die Fruchtfolge einhalten. Sie dürfen erst nach 4–6 Jahren wieder auf das gleiche Feld kommen, um mögliche Fruchtfolgeschäden durch Nematoden zu vermeiden.

Rüben als Tierfutter

Die Einführung der Futter-Rübe im 18. Jahrhundert revolutionierte die Tierhaltung. Erst mit dieser Futtergrundlage konnten die Bauern Tiere auch im Winter halten. Vorher mussten sie Rinder schlachten, weil sie im Winter kein Futter für sie hatten. Heute sind Rübenschnitzel auch als Pferdefutter begehrt. Hühner mögen sie ebenfalls. Wenn Sie Kaninchen Rüben vorlegen, sollten Sie diese halbieren oder grob zerkleinern.

Rüben sind nicht nur Tierfutter, sondern auch für den Menschen durchaus essbar. Bevor die Bevölkerung mit Industriezucker versorgt wurde, waren die Menschen begierig nach süßen Feldfrüchten. Die süß schmeckenden Rüben und insbesondere die Zucker-Rüben waren da hoch willkommen. Die Hausfrauen bereiteten aus ihnen dunklen Zuckerrübensirup zu. Warum nicht einfach ausprobieren!

RECHTS: Rüben sind energiereiches und schmackhaftes Winterfutter für Rinder und Schafe. Die Blätter werden mit verfüttert.

Beim Rübenanbau
ist viel Handarbeit nötig.
Deswegen heißt die Kultur Hackfrucht.

Kartoffeln

Ein sandiger, lockerer Boden ist für Kartoffeln *(Solanum tuberosum)* genau richtig; nass und klumpig sollte er dagegen nicht sein. Für eine optimale Ernte wird der Boden im Jahr vor dem geplanten Kartoffelanbau mit einer Gründüngung vorbereitet. Gründüngungspflanzen wie Lupinen, Büschelschön oder Gelbsenf schließen den Boden auf und lockern ihn.

Sobald der Boden sich im Frühjahr auf etwa 10 °C erwärmt hat, können Sie Kartoffeln pflanzen oder legen, wie es unter Praktikern heißt. In warmen Gegenden beginnt die Pflanzzeit für Frühkartoffeln schon Ende März, in höher gelegenen Regionen womöglich erst im Mai. Gehen Sie vorsichtig mit den Knollen um, damit die Keime nicht abbrechen und die Knollenseite mit den meisten Keimen nach oben gerichtet ist. Als Vorbereitung vor dem Legen sollten Sie das Beet im Frühjahr durchhacken und einebnen. Der Boden muss bei der Bodenbearbeitung im Frühjahr gut abgetrocknet sein, deshalb heißt es bei einer langen Feuchtephase Ruhe bewahren, bis der Boden betreten werden kann. Legen Sie Kartoffeln im Reihenabstand von 50–75 Zentimetern und in der Reihe mit einem Abstand von 30–40 Zentimetern in vorbereitete Pflanzlöcher. Die Oberkante der Knolle soll dabei mit den Augen beziehungsweise den Keimen in einer Ebene mit der Erdoberfläche liegen.

Hacken und Anhäufeln

Nach dem Legen wird mit der Hacke etwa 5 Zentimeter hoch Erde angehäufelt, sodass ein niedriger, flacher Damm entsteht. Sobald die grünen Triebe 8–10 Zentimeter hoch sind, wird erneut gehackt und angehäufelt, gerade so, dass die Triebe noch knapp aus dem Boden schauen.

Und noch ein weiteres Mal wird angehäufelt, wenn die Triebe 15–20 Zentimeter hoch sind. Beim Hacken sollten Sie darauf achten, dass Sie das Laub nicht beschädigen. Das Anhäufeln hat den Effekt, dass der Boden gut durchlüftet wird. Außerdem dringt die Wärme besser in die Dämme ein. Und ganz nebenbei bekämpfen Sie mit dem Durchhacken die lästigen Wildkräuter. Sobald das Blätterdach die gesamte Fläche des Beetes bedeckt, ist keine weitere Bearbeitung nötig und auch gar nicht möglich.

Nährstoffe und Wasser

Für einen guten Ertrag braucht die Kartoffel stickstoff- und kaliumhaltige Dünger. Kompostgaben oder organischer Handelsdünger in Kombination mit Gründüngung ist ideal für Kartoffeln. Geben Sie aber nicht zu viel Stickstoff, denn dadurch schießen die Kartoffeln ins Kraut und werden so viel anfälliger für die Kraut- und Braunfäule. Am meisten Nährstoffe braucht die Kartoffel ab dem Zeitpunkt kurz vor der Blüte, bei späten Sorten bis zum Spätsommer. Während der Blütezeit braucht sie übrigens auch am meisten Wasser. Die ganz junge Kartoffelpflanze versorgt sich noch aus der Mutterknolle, die dann abstirbt und zusammenschrumpelt.

Sind alle Bedingungen für eine gute Pflanzenentwicklung erfüllt, kann man nur hoffen, dass die gefürchtete Kraut- und Braunfäule keinen allzu großen Schaden an Laub und Knollen anrichtet und keine Kartoffelkäfer einfallen und die Blätter abfressen. Die Pilzkrankheit lässt sich mit für den Bioanbau zugelassenen Fungiziden eindämmen. Den Kartoffelkäfer lesen Sie am besten von Hand ab.

Ernte mit der Grabegabel

Kartoffeln erntet man 2–3 Wochen nach dem Absterben des Laubes. Man sagt dazu, dass die Kartoffeln »abgestanden« sein müssen. Zu dem Zeitpunkt ist die Stoffeinlagerung abgeschlossen. Dann lösen sich die Knollen leicht von den Stolonen und die Schale ist fest, was gut für die Lagerfähigkeit ist. Warten Sie zur Ernte trockenes Wetter ab. Auch der Boden sollte ziemlich abgetrocknet sein. Das beste Hilfsmittel zur Ernte ist die Grabegabel. Behandeln Sie die Knollen beim Einfassen in Körbe schonend und schütten Sie diese vorsichtig um, damit sie keine blauen Flecken bekommen. Achten Sie auch darauf, dass die Knollen nie zu lange dem Licht ausgesetzt sind, sonst vergrünen sie und dürfen dann nicht mehr verzehrt werden. Beim Zwischenlagern im Freien sollten die Kartoffeln immer mit einer Plane abgedeckt werden.

Und dann kommt es nur noch darauf an, die Kartoffeln gut zu lagern. Optimal ist ein dunkler, luftiger und kühler Kartoffelkeller, in dem eine hohe relative Luftfeuchtigkeit von 85–90 Prozent herrscht. Lagern Sie Kartoffeln bei 3–6 °C, nie bei niedrigeren Temperaturen, weil sie sonst süß werden.

LINKS: Zur Blütezeit könnte man die Kartoffel mit den typischen Blüten eines Nachtschattengewächses für eine Zierpflanze halten.

Sortenvielfalt neu entdeckt

Ambitionierte Anbauer entdecken derzeit die Kartoffel mit ihrer ganzen Vielfalt neu. Sie legen Wert auf geschmackliche Feinheiten, auf Farben und Formen der Knollen und möchten beobachten, wie die Kulturen im Garten gedeihen. Mini-Farmer haben die Wahl unter vielen Sorten mit unterschiedlichen Wuchseigenschaften und äußeren und inneren Qualitäten der Knollen. Achten Sie dabei auch auf die Kocheigenschaften – festkochend, vorwiegend festkochend, mehlig – der Sorten. Mehlige Kartoffeln sind auch gutes Weichfutter für Hühner.

Starten Sie Ihre Kultur mit Pflanzkartoffeln aus dem Landhandel. Profis dürfen nur offiziell zugelassene Sorten anbauen, die auf einer Sortenliste stehen. Für die Mini-Farm können Sie auch aus dem größeren Sortiment der Speisekartoffeln wählen. Raritäten wie 'Blauer Schwede' oder 'Vitelotte noire' bekommen Sie bei speziellen Anbietern unter der Bezeichnung »Gourmet-Kartoffeln«.

Kleinvieh macht auch Mist

Sie gackern und schnattern, sie scharren und kratzen, sie flattern und hoppeln, sie picken und mümmeln. Hühner, Gänse und Enten, Kaninchen und Bienen bringen Leben auf die Farm.

Der Hühnerhof – so geht's!

Jeden Tag ein Ei. Das erwarten wir von unseren Hühnern. In der Tat legt ein gutes Legehuhn pro Jahr etwa 220 Eier. Nur wenige Hühner versorgen eine vierköpfige Familie mit ausreichend Eiern fürs Frühstück und zum Backen. Die Hühner auf der Farm sind aber nicht nur Nutztiere, sondern auch Haustiere. Ans Schlachten für den Suppentopf mag man bei den originellen Wesen deshalb gar nicht denken.

Beginn und Grundstock für die Hühnerhaltung sollten wenige Hennen oder eine Hühnerfamilie mit 4–6 Hennen und einem Hahn sein. Der Hahn ist für die Hühnerhaltung nicht unbedingt nötig, er hält jedoch die Hühnerschar zusammen und sorgt für Ruhe, und das ist durchaus von Vorteil. Die jungen Hühner werden am besten vor der Legeperiode eingekauft. Achten Sie beim Kauf auf die Farbe des Fußrings. Dieser wechselt europaweit von Jahr zu Jahr und zeigt so genau an, wie alt das Huhn ist.

Der Stall für die Hühner

Damit die Hühner gut legen und gesund sind, brauchen sie einen ihnen gemäßen Lebensraum mit Auslauf, Scharrzone und festem, kleinem Stall. Der Stall kann ein stationäres Gebäude sein, es gibt aber auch sehr praktische mobile Hühnerhäuser.
Pro Huhn wird eine Stallfläche von – je nach Rasse – ca. 0,2 bis 0,3 Quadratmetern gerechnet. Das ist nicht viel, aber die Tiere verbringen ja auch die meiste Zeit im Freien. Nur zum Schlafen und Eierlegen gehen Hühner in den Stall. Vor dem Bau eines Hühnerstalls sollten Sie sich nach örtlichen Bauordnungen erkundigen, ob und in welcher Größe ein Hühnerstall genehmigt wird. Oder Sie entscheiden sich gleich für ein mobiles Hühnerhaus, das mit einer Grundfläche von 1 Quadratmeter für vier Hühner auskommt – mit allem Zubehör und zusätzlicher Fläche für den angebauten Auslauf.

LINKS: Ein Hahn hält auf dem Hühnerhof die Hennen zusammen und sorgt dafür, dass es kein Gezänk gibt.

OBEN: Jeden Tag ein Ei. Hennen ziehen sich zum Eierlegen in ein Legenest zurück.

Schutz vor Fuchs und Marder

Der Stall sollte trocken und warm sein. Die Hühner legen bei 13–18 °C am besten. Das Mini-Bauwerk braucht also eine gute Isolierung und eine Heizmöglichkeit für den Winter. Wichtig ist auch eine genügend große Fensterfläche. Durch den Lichteinfall gibt es einen gewissen Schutz vor Ungeziefer. Das Schlupfloch für die Hühner sollte 25 Zentimeter breit und 30 Zentimeter hoch sein. Es braucht eine zusätzliche Klappe, damit Füchse und Marder nicht in den Stall eindringen können.

Das Legenest für die Hennen sollte etwa 25 Zentimeter breit, 30 Zentimeter hoch und 35 Zentimeter tief sein. Vier Hennen können es sich teilen. Es wird mit Stroh, Spreu oder Hobelspänen ausgelegt.

Als Einstreu im Stall nehmen Sie im Winter am besten Stroh. Den Sommer über genügt Sand, vermischt mit Holzasche und grobem Kalk. Verwenden Sie aber keinen Futterkalk.
Hühner brauchen in ihrem Häuschen unbedingt Sitzstangen. Sie sollten oben abgerundet und unten gerade sein und in etwa 1 Meter Höhe angebracht werden. Jedes Huhn beansprucht 25 Zentimeter Länge. Bringen Sie unter der Sitzstange ein Kotbrett an. Der Kot wird mit Sand überstreut und kann dann leicht eingesammelt werden.

Hühnerkot als Dünger

Reiner Hühnerkot ist ein hoch konzentrierter Dünger, zu scharf für die meisten Kulturpflanzen. Mit pflanzlichen Abfällen und Steinmehl vermischt, lässt er sich aber gut kompostieren und ist dann ideal zum Düngen im Gemüsegarten. Sie können Hühnerkot auch der Brennnesseljauche zugeben. Beim Kompostieren werden zudem viele Krankheitserreger abgetötet, vorausgesetzt das Material erhitzt sich genügend auf über 60 Grad. Eine solcherart angereicherte Jauche, die selbstverständlich verdünnt werden muss, versorgt stark zehrende Gemüse im Sommer mit einer Extraportion Nährstoffe.

Auslauf und Scharrzone

Schließlich brauchen Hühner für ihr Wohlbefinden ein Sandbad, denn die feinen Sandkörnchen benutzen die Tiere zur Pflege des Gefieders und zur Reinigung. Eine mit Sand aufgefüllte Kuhle, die unter dem Dachüberstand des Stalls angelegt wird, ist genau richtig.
Unmittelbar vor dem Hühnerhaus ist der geeignete Ort für die Fütterung. Stellen Sie hier die Futtertröge und die Tränke auf. Eine mittelgroße Henne braucht am Tag bis etwa 0,25 Liter frisches Trinkwasser, das im Winter angewärmt sein sollte. Am besten eignet sich eine sogenannte Stulptränke, während ausgediente Töpfe oder Schüsseln nicht genommen werden sollten.
An den Auslauf grenzt die Scharrzone an, wo die Hühner nach ihrer Art scharren und picken können. Schütten Sie hier Gemüseabfälle aus dem Garten oder Haus hin, auch Abgeschnittenes von Stauden und Unkräuter von den Gartenbeeten.
Vor allem auf Vogelmiere – das lästige Unkraut aus dem Garten – stürzen sich die Hühner. Es sollte immer reichlich organisches Material in der Scharrzone liegen, das langsam kompostiert. In dem Flächenkompost siedeln sich dann bald Regenwürmer beziehungsweise Kompostwürmer an und vermehren sich. Auf diese Weise ziehen Sie das Futter für die Hühner selbst heran.
Zäunen Sie den Hühnerauslauf mit 1,3–1,5 Meter hohem Maschendrahtzaun ein, um die Hühner am Wegfliegen zu hindern. Allerdings ist die Gefahr, dass Hühner über den Zaun

LINKS: Hühner brauchen Auslauf. Mit einer einfachen Treppe kommen sie bequem aus dem Hühnerstall.

flattern, meistens nicht so groß, da viele Rassen kaum noch fliegen können und lieber auf Futtersuche am Boden gehen.

Eine Wiese als Auslauf

Die Hühner sollten im Auslauf an heißen Sommertagen unter Sträuchern und Bäumen Schatten finden können. Ansonsten holen sie sich auf einem genügend großen Auslauf alles, was sie brauchen. Sie stürzen sich auf eiweißreiches Grünfutter, picken Insekten und Würmer aus der Grasnarbe.
Rechnen Sie pro Huhn mit einer Grünfläche von mindestens 10 Quadratmetern. Günstig ist es, wenn Sie den Auslauf unterteilen und die Hühner mal in der einen, mal in der anderen Hälfte laufen lassen. Dann kann sich die Grasnarbe auf der unbeweideten Hälfte in der Zwischenzeit erholen. Zudem verringert sich auf diese Weise die Gefahr, dass sich Krankheitserreger und Parasiten vermehren. Ein größeres Wiesengelände mit vielfältig zusammengesetzter Flora muss nicht unterteilt werden. Hier finden die Hühner alles, was sie brauchen.

Die tägliche Futterration

Mit dem im Auslauf vorhandenen Futter haben die Hühner bereits eine gute Grundversorgung. Damit sie gesund bleiben und viele Eier legen, brauchen sie jedoch vor allem im Winter eiweißreiches Zusatzfutter und Vitamine. Pro Legehuhn rechnet man mit etwa 120 Gramm Trockenfutter, zusammengesetzt aus etwa 80–100 Gramm Getreide und 25–30 Gramm eiweißhaltigem Futter. Zumindest einen Teil des Trockenfutters können Sie auf der Mini-Farm selbst erzeugen, indem Sie Getreide, Körnermais und Körnerleguminosen anbauen. Jeder Hühnerhalter füttert anders. Manche mischen ihr Futter aus einzelnen zugekauften Komponenten selbst, andere kaufen Fertigmischungen in Form von Mehl, Schrot oder Pellets. Legemehl enthält neben Getreide auch eiweißreiche Futtererbsen oder Ackerbohnen.
Nachfolgend ein Beispiel für eine tägliche Futterration:

- **Morgens:** Eine Handvoll Getreidekörner auf den Vorplatz vor den Stall.
- **Morgens oder mittags:** Weichfutter, zum Beispiel gekochte Kartoffeln oder Topinambur, vermischt mit Wasser, Magermilch oder Molke, Weizenkleie und gekochte Rüben.
- **Abends:** 50–70 Gramm ganze Getreidekörner, hauptsächlich Weizen, auch Gerste und Maisschrot.

Im Winter mögen die Hühner zusätzlich grob geriebene Möhren und Rote Bete. Auch getrocknete Brennnesseln und Heu vom Rasen oder von der Wiese schmeckt dem Geflügel. Hühner brauchen unbedingt Kalk in Form von Futterkalk, Muschelkalk oder Muschelgrit als Ergänzungsfutter, sonst legen die Hühner Eier mit dünner zerbrechlicher Schale. Geben Sie zudem den Hühnern die Schalen ihrer Eier zurück. Die in der Küche anfallenden Schalen werden grob zerbröckelt und den Hühnern in den Trog gelegt.

Feinde, Parasiten und Krankheiten

Füchse sind eine ständige Bedrohung für die Hühner. Die Räuber finden immer einen Weg in die Hühnerställe, wenn Sie ihnen den Zugang nicht so schwer wie möglich machen. Deshalb muss der Hühnerauslauf unbedingt eingezäunt und der Zaun ständig kontrolliert werden. Sie dürfen keine Türen offen stehen lassen.
Und schützen Sie das Gehege auch von oben, sodass keine Greifvögel einfallen können. Ratten und Marder haben es ebenfalls auf Hühner beziehungsweise deren Eier abgesehen. Die Tiere dringen in die Ställe ein, wenn diese nicht genügend gesichert sind. Manchmal richten Marder ein richtiges Blutbad an; sie beißen Hühnern die Köpfe ab.
Und dann müssen Sie auch noch an Parasitenbefall denken. Milben, die sich im Stall und ins Gefieder der Hühner einnisten, sind immer eine Gefahr bei der Hühnerhaltung. Ein sauberer Stall, der regelmäßig gereinigt wird, ist die beste Vorbeugung. Säubern und desinfizieren Sie vor allem die Unterseite der Sitzstangen. Außerdem brauchen die Tiere ein Sandbad, damit sie sich putzen können.

Hühnerrassen von leicht bis schwer

Landläufig unterscheidet man Zwerghühner, leichte, mittelschwere und schwere Hühnerrassen. Im Europäischen Rassegeflügelstandard werden 180 Rassen in jeweils vielen Farbschlägen geführt. Für die kleine Hühnerhaltung auf der Mini-Farm sind besonders alte Landrassen, Zwiehühner und Zwerghühner interessant und weniger die Zuchtrassen.
Wenn Sie auf die Legeleistung großen Wert legen, liegen Sie mit dem weißen Leghorn richtig. Braune New Hampshire, weiße Sussex und Wyandotten legen ebenfalls gut, sind aber auch gut für den Suppentopf geeignet.

Weiße oder braune Hühner

Die weiße Rasse Leghorn hat eine hohe Legeleistung bei geringem Futterbedarf und ist unempfindlich in der Aufzucht. Schon im ersten Jahr sollen die Tiere 240 Eier legen. Der Name rührt übrigens vom Herkunftsort Livorno in Italien her. Amerikaner verstanden den Ortsnamen falsch und gaben der Rasse den Namen Leghorn. Leghorn-Hühner sind leicht und beweglich, der Hahn wiegt 2,5 Kilogramm, die Henne 2 Kilogramm. Die Hennen legen schon mit 4–5 Monaten große weißschalige Eier.

Eine alte Landrasse sind die New Hampshire, die im gleichnamigen Bundesstaat der USA auf Grundlage der Rhodeländer gezüchtet wurden. Es ist eine wetterharte, frohwüchsige Rasse, die im ersten Legejahr bis zu 220 gelb- bis braunschalige Eier legt. Im zweiten Jahr sind es dann etwa 160 Eier. Der Hahn wiegt 3–3,5 Kilogramm, die Henne 2–2,25 Kilogramm. Die Hennen sind rotbraun gefiedert; die Hähne tragen in schöner Dreifarbigkeit ein dunkelrotbraunes Schmuckgefieder und schwarzes Schwanzgefieder. Braunschalige Eier kommen übrigens dadurch zustande, dass das Huhn kurz vor der Eiablage aus einer Drüse einen braunen Farbstoff ausscheidet. Besonders auffällig ist die lindgrüne Färbung der Araucana-Hühner, die auf der Mini-Farm ebenfalls gut gehalten werden können. Eine weitere mittelschwere Rasse ist Sussex, die ursprünglich in Südengland gezüchtet wurde. Es ist eine weiße Rasse mit rotem Gesicht und roten bis rotgelben Augen. Der Hahn wiegt 3,5–4 Kilogramm, die Henne 2,5–3 Kilogramm. Halsbehang und Schwanz sind schwarz. Sussexhühner legen etwa 120 gelbliche Eier.

Das Ei und seine Qualität

Hühner legen je nach Rasse etwa zwischen 100 und 250 Eier pro Jahr mit unterschiedlicher Größe und unterschiedlichem Gewicht etwa zwischen 45 und 70 Gramm. Das Hühnerei liefert uns biologisch hochwertiges Eiweiß. Es ergänzt sich gut mit dem Eiweiß von Kartoffel und Weizen. Vegetariern kommt die wohlausgewogene Mischung an Protein und Vitaminen zugute, insbesondere der Gehalt an Vitamin B_{12}.

Lagern Sie die Eier kühl bei 8–10 °C. In einem kühlen Keller oder im Kühlschrank halten sie sich etwa drei Wochen lang. Verschmutzte Eier sollten Sie nicht abwaschen, weil dabei die schützende Oberhaut entfernt wird und dann durch die poröse Eischale Bakterien ins Innere eindringen können.

Hühnerzucht

Hühner werden hauptsächlich der Eier wegen gehalten, es ist jedoch auch möglich, in die Zucht einzusteigen und Hühner selbst brüten zu lassen. Dabei sind die Rassen unterschiedlich brutwillig. Wer Hühner züchten will, wird um einen Brutschrank nicht herumkommen. Und die Küken brauchen einen speziellen Stall mit Wärmglucke oder Wärmelampen.
Das Hühnerleben endet normalerweise im Suppentopf. Damit das Fleisch nicht zu zäh ist, sollten die Hühner nach der zweiten Legeperiode geschlachtet werden. Ihnen das Gnadenbrot zu geben ist zwar tierfreundlich gemeint, wirkt sich aber gegenteilig aus. Ältere Hühner bringen Unruhe in den Bestand; sie sind zudem anfälliger für Ungeziefer. Für Hühnerhalter ist die Schlachtung gängige Praxis. Sie müssen nur jemand finden, der dies übernimmt.

RECHTS: Die Hühnerrassen haben eine unterschiedliche Legeleistung: Spezielle Legerassen legen bis zu etwa 250 Eier im Jahr.

Alles für ein glückliches Hühnerleben: Dann legen die Hühner gut.

Gänse und Enten halten

Mit Gänsen und Enten belebt sich die Mini-Farm. Sie haben die Wahl: Wollen Sie Geflügel als Nutztiere halten? Oder betrachten Sie die Tiere eher als Haus- und Hofgenossen? Dann lassen Sie das intelligente Federvieh einfach frei und seiner Art gemäß herumspazieren. Einen gewissen Nutzen in Form von Eiern bringen die Gänse und Enten sowieso.

Gänse übernehmen auf Grundstücken die Aufgabe des Hofhunds. Sie bewachen das Gelände und vertreiben Eindringlinge durch ihr Schnattern. Sie bewegen sich frei, können ein weites Gebiet überblicken und achten auch auf Vorgänge in der Ferne. Deshalb sind sie wohl auch als die »Gänse des Kapitols« in die Geschichte eingegangen. Gegenüber Objekten in der Nähe sind sie verhältnismäßig gleichgültig. Futter wächst ihnen auf der Weide ohnehin reichlich zu.

Gänse sind intelligente Tiere. Wer mag da schon ans Schlachten denken. Die Individualisten, die meist einen eigenen Namen tragen, können einem richtig ans Herz wachsen.

Schnatterndes Federvieh

Ein Gänsepaar kann eine Familie viele Jahre lang begleiten und natürlich auch selbst Jungtiere, die sogenannten Gössel, nachziehen. Gans und Ganter paaren sich auf Lebenszeit. Der eigentliche Paarungsakt vollzieht sich, wenn möglich, ihrer natürlichen Verhaltensweise entsprechend im Wasser. Die Gans legt im Februar oder März ihre Eier und kann etwa ein Dutzend Eier selbst ausbrüten. Der Ganter bewacht die brütende Gans während der 30-tägigen Brutdauer und später die Gänsefamilie, die zusammenbleibt. Wenn eines der Tiere stirbt oder wenn der Fuchs es holt, trauert das andere Tier. Menschen können Gänseküken auf sich prägen, das hat bereits Konrad Lorenz gezeigt. Nach dem Schlüpfen nehmen die Tiere einen Menschen als Bezugsperson an.

LINKS: Gänse brauchen eine große Weidefläche und Zugang zum Wasser, um sich richtig wohlzufühlen.

OBEN: Gänseküken nehmen innerhalb von 72 Stunden nach dem Schlüpfen einen Menschen als Bezugsperson an.

Lebensraum Weide und Wasser

Gänse fühlen sich nur dann wohl, wenn sie auf einer Weide herumwandern können. Ein Gänsepaar braucht mindestens 400–500 Quadratmeter Fläche. Am besten wird die Gänseweide mit einem Elektro-Knotengitter eingezäunt, das immer wieder versetzt werden kann. So können die Tiere nach und nach eine größere Fläche abweiden.
Gänse und Enten brauchen Wasser. Bei Gänsen genügt eine mit Wasser gefüllte Badewanne; Enten sollten einen Teich und am besten fließendes Wasser zur Verfügung haben.

Gänse sind im Federkleid widerstandsfähig gegen Regen und Kälte. Sie können – wenn kein Raubwild in der Nähe ist – über Nacht draußen bleiben und benötigen nur etwas Schutz vor Wind. Dort, wo Füchse unterwegs sind, sollten die Tiere die Nacht aber im Stall verbringen.
Gänseküken sind allerdings sehr empfindlich und brauchen während der Aufzuchtphase, bis das Federkleid da ist, Wärme und Trockenheit. Es dauert bis zu sechs Wochen, bis alle Federn voll entwickelt sind, die sie vor Kälte und Nässe schützen. Zusätzliche Wärme ist in dieser Entwicklungsphase sehr wichtig. Streuen Sie den Kükenstall immer mit frischem Stroh ein und installieren Sie eine Infrarotlampe. Auch häufiges Misten ist wichtig, und hilft den Stall trocken zu halten.

Küken bekommen fünfmal am Tag spezielles Aufzuchtfutter. Das kann ein Kükenfertigfutter sein oder besser ein selbst zubereitetes Futter aus klein geschnittenen Brennnesseln, feinem, ausgesiebtem Haferschrot, Kartoffelbrei und Futterkalk.

Die Gans als Nutztier

Wenn Sie Gänse zum Schlachten mästen wollen, bekommen die Tiere zusätzliche Futterrationen: morgens Weichfutter aus Schrot, gemischt mit Futterkalk und etwas Eiweißfutter, abends ganze Haferkörner. Gänse ziehen Hafer den anderen Getreidearten Weizen, Gerste, Roggen und Mais vor. Wenn es auf den Schlachttermin zugeht, dürfen sie sich frei am Zusatzfutter bedienen, damit sie noch etwas mehr auf die Waage bringen.

Gänse liefern Fleisch, Eier, Daunen und Federn. Bis zum Schlachttermin zu Martini oder im Dezember bringt ein Ganter bis zu 8 Kilogramm auf die Waage. Weibliche Tiere wiegen 4–6 Kilogramm. Während der Legeperiode von Februar bis Juni produzieren sie im Jahr 80–100 Eier.
Mastgänse können einige Male von Hand gerupft werden. Das erste Mal Ende Juli, dann alle sieben Wochen bis zum

Schlachttermin. Die weichen Brust- und Bauchfedern müssen gut gelüftet werden, bis sie richtig trocken sind und verwendet werden können.

Indische Laufenten halten

Auf großen Grundstücken teilen sich Gänse und Enten das Gelände. Wer einen Garten hat und Schnecken im Überfluss, der sollte es mit Indischen Laufenten probieren, denn diese Rasse ist als Schneckenjäger bekannt geworden. Die aufrechten Tiere watscheln flink umher und stöbern mit ihren Schnäbeln Nacktschnecken, Würmer und Insekten auf. Sie durchsuchen auch Mulchdecken, unter denen sich die Kriechtiere gerne aufhalten. Wenn Sie es geschickt anstellen, brauchen Sie sich um die Schneckenregulierung auf den Gemüse- und Kräuterbeeten nicht mehr zu kümmern. Die Laufenten putzen alle Nacktschnecken weg und verschonen zunächst das Gemüse. Zusammen mit Wasser werden die schleimigen Delikatessen einfach den Schlund hinuntergespült und manchmal kommt es vor, dass die Tiere an Schnecken, die ihnen im Hals stecken bleiben, zu ersticken drohen.

Erst wenn es zum Sommer hin trockener wird, gehen die Enten auch an Salate und anderes Gemüse. Dann müssen Sie entweder das Gemüse mit einem niedrigen Zaun umgeben oder die Laufenten wegsperren. Geben Sie dem Federvieh genügend Fläche zum Auslauf, eine Wiese oder eine Hoffläche. Ein Pärchen sollte mindestens 300 Quadratmeter zur Verfügung haben. Mit ein paar Dutzend bis 100 Eiern von einer Ente dürfen Sie rechnen.

Was Laufenten zum Leben brauchen

Außer von Schnecken und Würmern ernähren sich Laufenten von Getreide, gequollen oder geschrotet. Das kann Weichweizen, Gerste oder Hafer sein, auch Maisschrot. Ansonsten fressen sie gerne eingeweichte Brötchen, Kartoffelschalen, Obstschalen, Abfälle vom Gemüseputzen. Enten brauchen zur Verdauung immer etwas Sand und Steine im Magen, die sie im Garten aufnehmen.

LINKS: Schon von klein auf suchen die Gänseküken das Wasser. Eine Gänsehaltung ohne Zugang zum Wasser ist nicht möglich.
RECHTS: Indische Laufenten sind als Schneckenjäger bekannt geworden. Sie stöbern die Kriechtiere in allen Gartenteilen auf.

Indische Laufenten sind äußerst robuste Tiere. Frost und Schnee machen ihnen nichts aus. Einen festen Stall als Schutz und zum Schlafen brauchen die Tiere trotzdem. Der braucht nicht groß zu sein, etwa 1–2 Quadratmeter für einen Stamm Laufenten mit drei Enten und einem Erpel.

Und sie brauchen eine Badestelle. Das kann ein kleiner Folienteich sein oder eine Duschwanne, die im Boden eingelassen ist. Die Badestellen sollten zweimal in der Woche gereinigt werden. Zudem sollten Trinkwasserschüsseln oder Tränken bereitstehen, aus denen sich die Tiere zu jeder Zeit mit frischem Wasser ganz nach Bedarf selbst versorgen können.

Kaninchen züchten und halten

Früher waren Kaninchen Nutztiere, die Fleisch und Felle lieferten. Heute werden die Tiere zum Vergnügen gehalten; für Kinder sind sie anschmiegsame, lustige Spielgefährten. Landläufig heißen Kaninchen auch »Stallhasen«. Diese Bezeichnung führt jedoch auf die falsche Fährte, denn Hauskaninchen stammen vom Wildkaninchen ab und nicht vom Feldhasen.

In Mitteleuropa werden Kaninchen noch gar nicht so lange gehalten. Erst im Zuge der Industrialisierung im 19. Jahrhundert begann die Rassezüchtung. Die Arbeiter in den Industrierevieren hielten Kaninchen als Haustiere. Sie gaben ihnen die Abfälle aus der Küche zu fressen und schlachteten sie, wenn sie genügend gemästet waren. Auch das Fell war wertvoll und wurde zu Jacken und Mänteln verarbeitet.

Kaninchen züchten

Wegen ihrer hohen Vermehrungsrate sind Kaninchen gute Züchtungsobjekte. Die Tragdauer der Häsinnen beträgt nur 30–31 Tage, oft werfen sie ein Dutzend Tiere, von denen aber immer einige verenden. In den Tagen nach der Geburt sollte das Nest deshalb regelmäßig kontrolliert und verendete Tiere herausgenommen werden. Lassen Sie der Häsin nur so viele Jungtiere, wie sie säugen kann. Das sind in der Regel acht Tiere.
Die Jungtiere ernähren sich bis zu acht Wochen von der Muttermilch. Sie knabbern aber bereits bei den ersten Nestausflügen an Heu und Stroh herum. In den ersten Lebenswochen können die kleinen Häschen als Nahrungsergänzung auch Futterhaferflocken bekommen.

Um gezielt züchten zu können, muss man die Tiere einzeln halten, allenfalls zu zweit. Während Geschwistertiere sich gut vertragen, streiten sich Kaninchen verschiedener Herkunft häufig und verletzen sich dabei oft.

LINKS: Die possierlichen Kaninchen sind ideale Spielgenossen für Kinder.

OBEN: Ein weibliches Kaninchen kann bis zu acht Junge säugen. Die jungen Kaninchen knabbern bald am Heu.

In Deutschland haben Kaninchenhalter die Wahl zwischen über 60 Rassen, die in Groß-, Mittel- und Kleinrassen aufgeteilt sind. Der Deutsche Riese gilt als die größte Rasse, bei den Kleinrassen ist das Farbenzwergkaninchen mit 1,3 Kilogramm Gewicht das kleinste.

Die Gruppen sind wiederum in Sparten aufgeteilt mit Normalhaar, Kurzhaar und Langhaar. Zu den Kurzhaarrassen mit einer Haarlänge von 17–20 Millimetern gehören die Rex-Kaninchen in verschiedenen Rassen und Farbschlägen. Eine bekannte Langhaarrasse mit einer Haarlänge von 4–6 Zentimetern ist das Angorakaninchen, aus dessen Fell die weiche, wärmende Angorawolle ausgekämmt wird.

Die beste Unterkunft

Um den Ansprüchen der Tiere nach Bewegung entgegenzukommen, sollten sie regelmäßig in einem großzügigen Areal mit verschiedenen Bereichen Auslauf haben, in dem sie auch buddeln und sich verstecken können. Auf dem Lande war es früher üblich, Kaninchen in selbst aus Holz und Drahtgitter gebauten Einzelbuchten zu halten. Bei großen Rassen wie den Deutschen Riesen sollte ein Tier mindestens eine Grundfläche von 110 x 80 Zentimetern zur Verfügung haben; für mittelgroße Rassen wurde eine Grundfläche von mindestens 85 x 80 Zentimetern und für Zwergrassen von 65 x 70 Zentimetern kalkuliert, bei einer Höhe der Bucht von mindestens 60 Zentimetern. Die Einzelhaltung gilt nach derzeitigen Erkenntnissen jedoch als nicht artgerecht; empfohlen wird Gruppenhaltung mit einer Stallfläche von etwa 2 Quadratmetern pro Tier. Die »Stallhasen« sollten immer Heu in Raufen und Frischwasser in Tränken zur freien Verfügung haben.
Kaninchenställe und Kaninchenschutzhütten sind in vielen Varianten im Handel, auch für die artgerechte Gruppenhaltung. Die doppelstöckigen Konstruktionen sehen aus wie kleine Häuser. Auf jeden Fall müssen die Ställe und Gehege gut verschließbar und sicher sein …
Stellen Sie die Ställe so auf, dass ihre Öffnung nach Südosten oder Osten weist. Die Kaninchen sollen vor starkem Wind, vor Zugluft und starker Sonneneinstrahlung geschützt sein. Eine Hecke kann für Windschutz sorgen.

Kaninchen im Auslauf

Kaninchen brauchen nicht die ganze Zeit im Stall zu verbringen. Sie müssen sich bewegen, graben und nagen und auf einer Wiese herumhoppeln können. Auf der Wiese versorgen sie sich auch selbst mit Grasfutter. Lassen Sie die Tiere jedoch nicht völlig frei laufen, sonst verstecken sie sich auf dem Grundstück, graben Gänge oder hauen durch Schlupflöcher ab. Dann müssen Sie die Tiere in der Nachbarschaft suchen. Ideal ist ein großes Gehege mit verschiedenen Berei-

chen und Versteckmöglichkeiten, das sie allerdings so sichern müssen, dass die Kaninchen sich keine Gänge nach außen graben können. Bei einem stationären Freigehege sollte der Maschendrahtzaun 30 cm tief ins Erdreich eingelassen sein. Am besten wird die gesamte Fläche des Freigeheges nach unten mit einem engmaschigen Drahtgeflecht gesichert, das etwa 20 Zentimeter unter der Oberfläche liegt.
Wenn Kaninchen im Freigehege gehalten werden, kann die Gruppe aus einem Rammler und 2–3 Häsinnen bestehen.

Kaninchen füttern

Beste Voraussetzungen haben Kaninchenhalter, wenn das Futter für die Tiere auf dem eigenen Gartengrundstück heranwächst. Da Kaninchen reine Pflanzenfresser sind, ist das durchaus möglich. Vor allem Blattwerk fressen sie gern. Frisches Grünfutter von der Wiese oder dem nicht allzu kurz geschorenen Rasen ist ideal. Und natürlich das typische »Hasenfutter«: Blätter von Bärenklau, Brennnessel und Löwenzahn. »Wilde Ecken« und richtige Wiesen sind gut für Kaninchen. Hier können Sie Grünfutter frisch ernten oder für den Wintervorrat trocknen.
Zwischendurch bekommen die Kaninchen Futtermöhren, trockenes Brot, auch Mais und Küchenabfälle, wie Kartoffelschalen, Kohlreste oder Salatabfälle. Kaninchen knabbern gerne an trockenem Brot; das kommt ihrem Nagebedürfnis entgegen.

Im Winter und zeitigen Frühjahr ist frisches Futter knapp. Da ist es gut, wenn Sie den Tieren halbierte Futterrüben aus eigenem Anbau vorlegen können. Futterrüben bestehen zu 90 Prozent aus Wasser, sodass nicht unbedingt Wasser bereitgestellt werden muss. Allerdings darf die Rübe nicht gefroren sein.

Zu allen Jahreszeiten fressen Kaninchen Heu. Das kann zugekauft werden oder aus der eigenen Produktion stammen. Bei Heufütterung muss den Tieren unbedingt Wasser zur freien Verfügung gegeben werden, da die Kaninchen sonst zu wenig Flüssigkeit bekommen.

LINKS: Mutter und Jungtier der Kaninchenrasse 'Farbenzwerg Havannah Loh' sitzen auf der Wiese.
MITTE: Das Markenzeichen der Widderkaninchen sind ihre Hängeohren. Außerdem haben sie einen typisch geformten Kopf.
RECHTS: Hauskaninchen sind gesellige Tiere und sollten nicht einzeln gehalten werden.

Krankheiten und Parasiten

Kaninchenhalter fürchten die gefährlichen, nicht heilbaren Viruserkrankungen Myxomatose und Chinaseuche/RHD, die durch Stechmücken und Flöhe übertragen werden. Die beste Vorbeugung dagegen ist die jährliche Impfung. Kokzidiose von Darm und Leber sind weitere Erkrankungen, mit denen Kaninchen zu kämpfen haben. Durchfall und Blähungen, Schnupfen und Augenerkrankungen sind ebenfalls häufig. Generell gilt, dass Kaninchenhalter durch gute Haltungsbedingungen und gute Fütterung sehr viel zur Vorbeugung vor Krankheiten tun können.

Honig aus dem eigenen Bienenstock

Mit der eigenen Bienenhaltung kommen Sie einem Leben wie im Schlaraffenland sehr nahe: Im Land, wo Milch und Honig fließen! Bienen kann man fast überall halten – auf dem Land genauso wie mitten in der Stadt. Sie brauchen keine festen Gebäude speziell für die Bienenhaltung, lediglich transportable Bienenkästen. Das Revier der Bienen ist der Luftraum weit über das eigene Grundstück hinaus.

OBEN: Die Einfluglöcher der Bienenkästen sollen nach Südosten weisen, damit die Mittagshitze nicht so sehr darauf prallt.

Bienenwohnungen

Bienen werden in Kästen oder sogenannten Beuten gehalten. Für jedes Volk eine Beute. Meistens handelt es sich um Holz-Magazinbeuten mit quadratischem oder viereckigem Grundriss. Die heute üblichen Oberbehandlungsbeuten sind einfach zu handhaben. Sie bestehen aus 2 oder 3 übereinandergesetzten Kästen, den so genannten Zargen, in die die Rahmen eingesetzt werden. Die unteren Zargen dienen als Brutraum. Hier setzt die Königin Eier in die Waben und die Larven wachsen heran. Die obere Zarge ist der Honigraum, in dem die Bienen Honig und Pollen in die Waben einlagern. Die beiden Zargen mit dem Brutraum sind durch ein Gitter, das so engmaschig ist, dass die Königin nicht hindurchschlüpfen kann, vom Honigraum getrennt. Der Kasten sollte eine regensichere Abdeckung aus verzinktem Blech haben und etwas erhöht auf einem niedrigen Podest stehen. Im unteren Teil des Kastens befindet sich das Einflugloch. Es sollte nach Südosten ausgerichtet sein, dann fällt die pralle Mittagssonne nicht darauf.

In den Kästen stehen Holzrähmchen senkrecht mit einem Abstand von 35–38 Millimeter zueinander. Die Rähmchen sind mit einer Mittelwand aus Wachs mit einem vorgeprägten Relief aus Sechsecken versehen. Die Bienen bauen auf dem vorgegebenen Muster beidseitig Waben aus von ihnen ausgeschiedenen Wachsplättchen auf.

LINKS: Honigbienen tragen Pollen und Nektar von den Blüten ein. Sie fliegen immer nur Blüten einer Pflanzenart an.

Gute Standplätze für Bienenkästen

Bienenkästen können überall stehen, auch mitten in der Stadt, wenn es dort Bäume und Pflanzenbewuchs gibt und sich die Nachbarn nicht an den Bienen stören. Wohngebiete mit artenreichen Gärten, vielen Obstbäumen, Blütenpflanzen und Wiesenflächen sind ideal.

Stellen Sie die Kästen an einem sonnigen, warmen und geschützten Platz auf, der in der Mittagszeit etwas vor der Sonne geschützt ist. Ideal ist es, wenn eine natürliche Wasserquelle, ein Bach oder Teich, in der Nähe ist. Ersatzweise können Sie Wasserbecken aufstellen.

Imker mit ihren Bienen sind auch auf Kleingartengelände mit Pachtgärten willkommen. Bienen tragen erstaunlicherweise in Großstädten wie in Berlin viel mehr Honig ein als in ländlichen Regionen. Der Berliner Hobbyimker Joachim Krüger schleudert pro Volk und Jahr etwa 50 Kilogramm Honig. Seine zehn Völker stehen im Pachtgarten im großen Kleingartengelände am Spandauer Damm in Berlin-Charlottenburg. In ländlichen Regionen schleudern die Imker oft nur 20–30 Kilogramm Honig pro Volk. Zudem kann der Honig hier durch Pflanzenschutzmittelrückstände aus der Landwirtschaft belastet sein.

Bienen als Obstbaumbefruchter

Obstbau und Bienenhaltung gehen Hand in Hand. Alle Obstbaumbesitzer wissen um den hohen Wert der Honigbiene bei der Befruchtung von Apfel und Birne, von Sauerkirsche und Pflaume sowie von vielen Beerenobstarten. Bei den Arbeiterbienen gibt es spezialisierte Nektar- oder Pollensammlerinnen. Pollensammlerinnen erkennt man an den gelb, orangegelb oder rot gefärbten Pollenhöschen. Bei ihren Blütenbesuchen nehmen alle Bienen mit ihrem Körper Pollen von den männlichen Staubbeuteln mit. Den Pollen übertragen sie auf die Narben von Blüten anderer Sorten derselben Obstbaumart. Sie sorgen so für die nötige Fremdbefruchtung, die wesentlich dazu beiträgt, dass die Obstgehölze mehr und besser geformte Früchte tragen.

Wenn die Bienen wegen schlechten Wetters, wegen Kälte oder Regen nicht fliegen können, fallen auch die Blütenbesuche und die Befruchtung der Obstbäume nahezu aus. In solchen Jahren gibt es kaum oder nur kleine Äpfel und Birnen. Obstbau ohne Honigbienen ist nahezu unmöglich.

Imkern will gelernt sein

Wenn Sie in die Imkerei einsteigen wollen, sollten Sie im Frühjahr oder Sommer damit beginnen. Wer keine Möglichkeit hat, Bienenvölker zu übernehmen, kauft Jungvölker. Anfangs reichen 3–4 Völker, um sich alle Fertigkeiten anzueignen und mit den Abläufen vertraut zu werden. Steht ein mindestens 300 Quadratmeter großer Garten mit vielen Bienenweidepflanzen zur Verfügung, sind das beste Voraussetzungen. Zur Anfangsausrüstung gehört ein Schlupfschleier, der Kopf und Hals vor Stichen schützt. Übrigens dürfen die Völker nicht allzu oft gestört werden, auch wenn Sie neugierig sind, was sich im Stock so tut.

Hauptflugzeit der Bienen ist vom Frühjahr bis zum Sommer. In diesem Zeitraum holen sie den Honig ein, der dann auch geschleudert werden kann. Ab Mitte bis Ende Juli bereiten die Bienen sich auf den Winter vor. Ende Juli geht das Bienenjahr zu Ende. Lassen Sie den Bienen den Honig, den sie danach noch eintragen, damit sie sich selbst über den Winter davon ernähren können. Spät blühende Bienenweidepflanzen wie Phacelia, Herbstastern oder Efeu geben den Winterbienen Nahrung in der kalten Jahreszeit. Wenn die Temperatur unter 10 °C sinkt, können die Bienen keine Nahrung mehr aufnehmen. Der Vorrat, den sie sich angelegt haben, reicht zum Überwintern nicht aus. Imker müssen also mit Industriezucker zufüttern. Während des Winters können sich die Bienen jedoch aus ihrem selbst eingelagerten Vorrat an Pollen mit Eiweiß und Mineralstoffen versorgen.

Die Bienen ziehen sich über Winter in den Brutraum zurück. Hier sorgen sogenannte Heizerbienen punktuell durch Zitterbewegungen für Wärme.

Pflege des Bienenstocks

Bienenvölker sind erstaunliche Staatenwesen. Das Volk ist auf das Zusammenwirken aller Tiere angewiesen: auf Arbeitsbienen, Drohnen und die Königin. Ein Bienenvolk kann zwar weitgehend autark existieren. Imker müssen sich jedoch um ihre Völker kümmern, wenn sie Honig ernten wollen. Vor allem ist eine regelmäßige Kontrolle, ob Varroamilben da sind, wichtig.

Gefahr: Varroamilbe

Die Varroamilbe ist ein schlimmer Feind der Honigbiene. Die mit bloßem Auge erkennbaren dunkelbraunen Milben entwickeln sich an der heranwachsenden Brut und leben dann an der Biene weiter. Varroamilben-Befall mindert die Leistungsfähigkeit der Bienen unter Umständen so stark, dass das Volk eingeht. Imker, die auf naturgemäße Bienenhaltung Wert legen, setzen bei einem Befall organische Säuren, also Milchsäure, Ameisensäure oder Oxalsäure, ein, die nach der Honigernte im Kasten ausgebracht werden.

LINKS: In der modernen Imkerei werden fast ausschließlich Oberbehandlungsbeuten, die leicht zu kontrollieren sind, verwendet.

Trachtpflanzen für Bienen

Honigbienen sollten während des ganzen Jahres Trachtpflanzen in der Umgebung des Bienenstocks haben. Bienen fliegen in einem Radius von etwa 2 Kilometer um den Bienenstock. Imker stellen ihre Völker deshalb in der Nähe von Trachtpflanzen auf, in Obstbaugebieten, neben Rapsfeldern oder neben Lindenbäumen. Wenn Sie den Bienen auf Ihrem Grundstück gute Tracht geben wollen, lohnt es sich, beetweise Büschelschön auszusäen.

Weitere gute Bienenweidepflanzen sind:

- **Wildpflanzen:** Efeu, Löwenzahn, Wiesenblumen
- **Bäume:** Robinien (Akazien), Linden, Tanne, Fichte
- **Landwirtschaftliche Nutzpflanzen:** Ackerbohne, Kleearten; Mais, Raps, Rübsen, Ölrettich
- **Obstgehölze:** Stachelbeere, Johannisbeere, Erdbeere, Himbeere, Brombeere, Apfel, Wildrosen
- **Zierpflanzen:** Krokusse, Schneeglöckchen, Herbstastern, Cotoneaster, Schneeheide, Heidekraut

Wie Honig zustande kommt

Honig ist ein Meisterwerk der Natur. Für ein Kilogramm muss ein Bienenvolk eine Flugstrecke wie die von der Erde zum Mond zurücklegen. Für ein Pfund Honig sind mehrere 100 000 Blütenbesuche nötig. Dabei verhält sich eine Arbeiterin »blütenstet«, das heißt, sie besucht auf einem Flug nur eine Pflanzenart. Die Bienen wandeln Nektar von Blütenpflanzen oder Honigtau in Honig um. Der Honigtau stammt von Bäumen, genauer gesagt von Blattläusen und Schildläusen, die an den Bäumen sitzen, Pflanzensaft von Bäumen saugen und diesen ausscheiden. Die süßen Stoffe, die die Honigbienen von den Honigtauausscheidern aufnehmen, durchlaufen ihren Verdauungstrakt und werden hier mit weiteren Stoffen angereichert. Die Bienen lagern den süßen Saft dann in Waben ein. Dort reift er und verliert beim Reifen Wasser. So entsteht aus Nektar und Honigtau Honig. Wenn der Honig in den Waben reif ist, decken die Tiere ihn mit einer Wachsschicht ab.

Honig schleudern

Zum Gewinnen von Honig brauchen Sie eine Honigschleuder. Diese können Sie entweder gebraucht besorgen oder sich mit anderen Imkern teilen. Das Gerät aus rostfreiem Edelstahl sieht wie ein hoher Topf auf Stelzen aus. In den Wabenkorb der Schleuder, die von Hand oder elektrisch betrieben wird, werden die Rahmen mit den honiggefüllten Waben senkrecht eingestellt. Zuvor müssen Sie die Waben entdeckeln, das heißt das Wachs entfernen, das die Bienen über die Vorratswaben gezogen haben. Zum Entdeckeln gibt es spezielle Entdeckelungsmesser oder feinzinkige Gabeln.

Der Honig wird durch die Fliehkraft aus den Waben herausgeschleudert, spritzt an die Außenwand und fließt an ihr herab. Er sammelt sich unten in der Schleuder, wird abgelassen und läuft durch ein Doppelsieb, das feinste Wachsteile zurückhält, in den Abfüllbehälter. Nach dem Schleudern lässt man den Honig zur Klärung im Abfüllbehälter stehen. Dabei steigen

Luftbläschen und ebenso Wachsteilchen nach oben, die man dann abschöpfen kann. Durch das Ablassventil des Behälters kann man den Honig dosiert in saubere Gläser abfüllen. Vermerken Sie auf Etiketten Schleuderdatum und Trachtpflanze. Was geschieht mit den Rähmchen mit den leeren Honigwaben? Das Wachs lässt sich wiederverwerten. Die aus den Rähmchen genommenen Waben werden eingeschmolzen und das Wachs gereinigt. Mithilfe einer Form werden neue Mittelwände aus dem Wachs gegossen. Das macht der Imker entweder selbst oder er bezieht neue Mittelwände im Tausch gegen Wachs beim Imkerfachhandel.

Für Ihre Bienenhaltung sollten Sie sich einen kleinen Arbeitsraum auf dem Gartengrundstück beziehungsweise im Haus oder in der Wohnung einrichten, wo Sie den Honig schleudern und abfüllen können.

LINKS: Durch den Auslass in der Honigschleuder wird der flüssige Honig in den Vorratsbehälter gefüllt.

MITTE: Die Wohnungen der Bienen werden Beuten genannt. Der Imker muss sie regelmäßig auf den Befall mit Varroamilben kontrollieren.

RECHTS: Honigbienen sammeln bei vielen tausend Flügen fleißig Nektar oder Pollen von Blüten ein wie hier vom Lavendel.

Qualität des Honigs

Honig hat je nach Trachtpflanzen eine unterschiedliche Farbe, unterschiedlichen Geschmack und unterschiedliche Konsistenz. Blütenhonige von Wiesenblumen oder Raps sind hell und eher dünnflüssig. Akazienhonig und Lindenblütenhonig haben eine eigene Geschmacksnote. Wald- oder Tannenhonig, dessen Ausgangssubstanz Honigtau ist, ist dunkel und aromatisch. Mit der Zeit kristallisiert Honig aus, was ganz natürlich ist. Durch Erhitzen bei maximal 40 °C können Sie den Honig aber wieder in einen flüssigen Zustand bringen. Wird das »flüssige Gold« kühl und dunkel gelagert, hält es sehr lange.

Gesundheitlicher Wert von Honig

Honig ist nicht mit Haushaltszucker zu vergleichen, der nur aus Rohrzucker besteht. Das Produkt der fleißigen Bienen ist eine Mischung aus Trauben-, Frucht- und Mehrfachzucker, Wasser, Inhibinen, Enzymen, Vitaminen, Mineralien, Hormonen, Duftstoffen und Säuren. Das Trauben-Fruchtzucker-Gemisch wird sofort vom Blut aufgenommen, was Sportler und schwer körperlich arbeitende Menschen schätzen. Honig gilt ebenfalls als Nervennahrung und als Mittel gegen Alltagsstress. Bei Schlaflosigkeit helfen 1–2 Esslöffel in Milch aufgelöster Honig. Honig sollte als Hausmittel bei Husten und Erkältungskrankheiten immer zur Hand sein. Die im Honig enthaltenen Inhibine haben eine entzündungshemmende Wirkung, weshalb er auch zur Wundheilung verwendet wird.

Bei der Bienenhaltung fallen zusätzlich Wachs und das Kittharz Propolis an, die Sie ebenfalls im Haushalt und in der Gesundheitsvorsorge nutzen können. Die Bienen dichten mit der dunklen, harzartigen Substanz Öffnungen und Ritzen ab. Das aus heilsamen Stoffen zusammengesetzte Propolisharz hält den Bienenstock zudem frei von Pilzen, Bakterien und Viren.

Meine Mini-Farm

Ob Grundstück am Haus oder Pachtgarten, ob zwischen Häusern oder in freiem Gelände – auf jeder gut belichteten Fläche können Sie Nutzpflanzen anbauen oder Tiere halten.

Die Module kombinieren

Jeder Garten, jedes Grundstück ist anders. Ob Sie nur über eine 100-Quadratmeter-Parzelle oder über mehrere tausend Quadratmeter verfügen – für jedes Grundstück, für jede Lebenssituation gibt es individuelle Lösungen. In diesem Kapitel finden Sie beliebig abwandelbare Vorschläge, wie Sie Ihr Land in eine Mini-Farm mit einer Vielfalt an Kulturpflanzen und kleinen Nutztieren umwandeln können.

Sie brauchen am Anfang, wenn Sie das Land in Besitz nehmen, nicht gleich alle Pläne in die Tat umzusetzen, sondern besser nach und nach in den Folgejahren oder wenn Sie die Zeit dafür erübrigen können. Umgekehrt können Sie manche Kulturflächen wieder aufgeben, wenn Sie diese nicht mehr benötigen, und wieder in eine Wiese oder einen Rasen umwandeln oder zeitweise mit Gründüngung einsäen.

Flexible Erweiterungsmöglichkeiten

Gemüsebeete und Feldflächen lassen sich flexibler handhaben als Obstkulturen, die für Jahrzehnte angelegt sind. Mögliche Erweiterungsflächen können Sie im zweiten Jahr oder wenn es in Ihre Planung passt in Kultur nehmen; in der Grundplanung müssen sie bereits berücksichtigt sein. Es kann auch nötig sein, mehr Flächen zu bestellen, um die Fruchtfolge zu erweitern.

Auf Ihrer Mini-Farm möchten Sie möglichst viel ernten, so wie es die Profis in Gartenbau und Landwirtschaft anstreben. Achten Sie also besonders darauf, dass die angebauten Obst- und Gemüsearten und die Feldfrüchte oberirdisch und unterirdisch optimale Wachstumsbedingungen haben und vor allem genügend Licht bekommen. Beachten Sie bei der Planung unbedingt, wie das Sonnenlicht im Tages- und Jahreslauf auf das Grundstück fällt. Im Schatten wachsen fast alle Pflanzen schlecht und bringen nur einen geringen oder gar keinen Ertrag. Leicht beschattete oder völlig schattige Ecken können Sie anderweitig nutzen, beispielsweise für den Kompostplatz, oder Sie lassen hier die natürliche Vegetation zu.

Die folgenden Pläne zeigen Beispiele für Grundstücksgrößen von etwa 100 bis etwa 700 Quadratmeter, und decken so das übliche Spektrum von Haus- und Kleingartengrundstücken ab. Für die Zeichnungen wurde eine schematisierte Darstellungsform mit Modul-Bausteinen gewählt. (Bei den Gemüsemodulen stehen die Symbole stellvertretend für Zwiebelgewächse, Wurzelgemüse, Blattgemüse, Kohlgewächse, Leguminosen und Fruchtgemüse.) Diese Module können Sie in Gedanken oder auf dem Papier auf Ihrem eigenen Grundriss hin und her schieben, bis Sie eine ideale Lösung gefunden haben.

OBEN: Für Liebhaber von Federvieh ist eine Gänseherde genau das Richtige. Die Tiere brauchen allerdings eine Menge Platz.

LINKS: Eine Mini-Farm kann ganz nach den Bedürfnissen ihrer Besitzer aus verschiedenen Modulen zusammengesetzt sein.

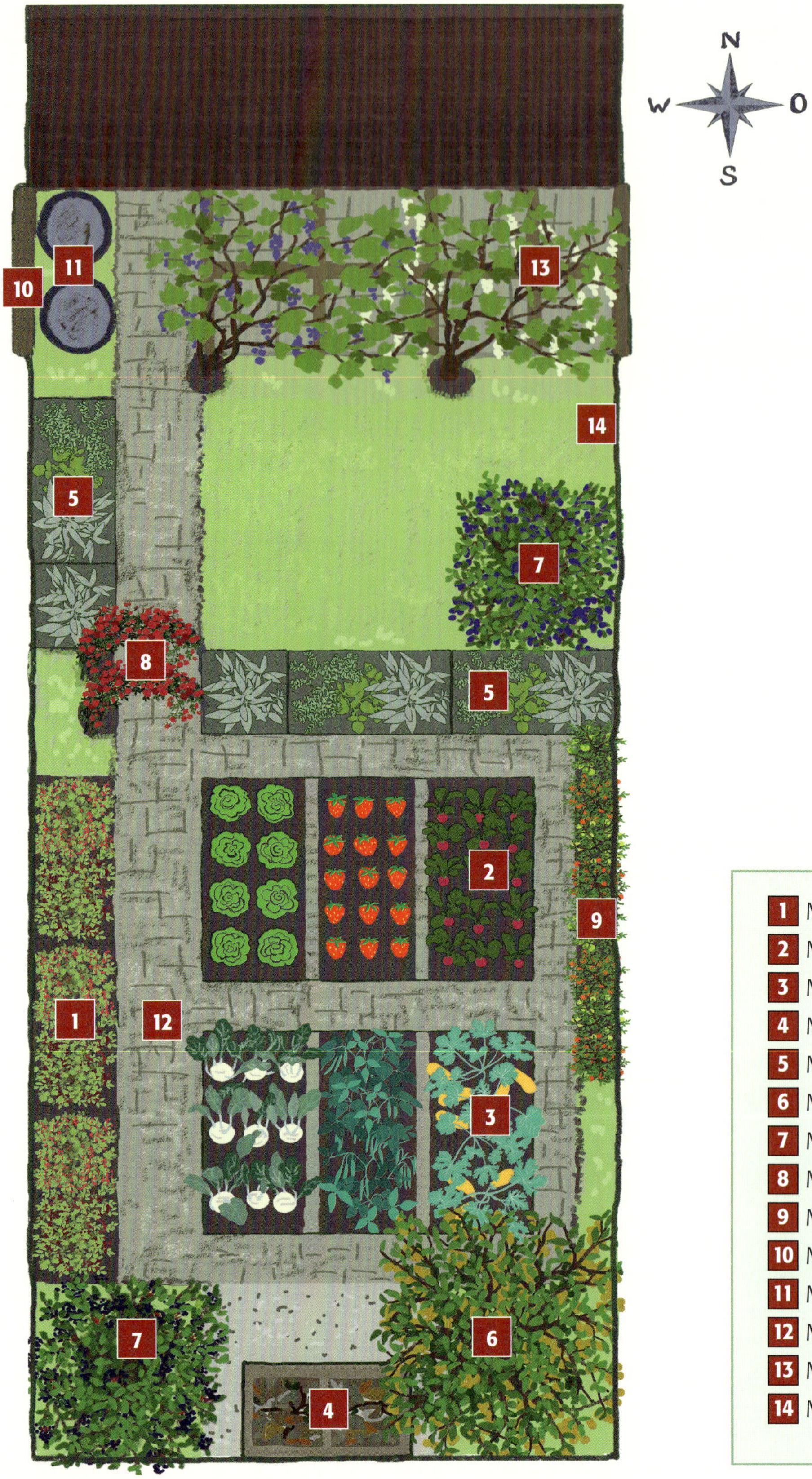

- **1** Modul Beerenobst
- **2** Modul Gemüse + Erdbeeren
- **3** Modul Gemüse
- **4** Modul Kompost
- **5** Modul Kräuter
- **6** Modul Obstbaum (groß)
- **7** Modul Obstbaum (klein)
- **8** Modul Rosenbogen
- **9** Modul Säulenobst
- **10** Modul Sichtschutz
- **11** Modul Wasserbehälter
- **12** Modul Wegefläche
- **13** Modul Weinpergola
- **14** Modul Wiese/Rasen

Reihenhausgarten mit Weinpergola ca. 7 x 15 m = 105 m²

Auf einer kleinen Fläche müssen Sie sich genau überlegen, welche Kulturpflanzen Sie anbauen wollen. Hier geht es besonders darum, die Fläche optimal zu nutzen. Schmale Erziehungsformen von Obst, vor allem Spalierobst und Säulenobst, die die Vertikale nutzen, bieten sich hier an.

Obst und Gemüse mit Zierwert

Eine praktikable Lösung ist eine mit Weinstöcken bepflanzte Pergola, die die Terrasse überspannt. Hier wachsen die Trauben tatsächlich direkt in den Mund. Nehmen Sie eine blaue und eine weiße Rebsorte oder zu unterschiedlichen Zeiten reifende Sorten. So können Sie sich bis zu drei Monate lang selbst mit Weintrauben versorgen.

■ **Obst:** Auf der kleinen Grundfläche müssen Sie sich auf wenige kleinwüchsige Obstgehölze beschränken, die beim Blick aus dem Haus einen hohen Zierwert haben sollen. Ein Quittenbaum ist besonders schön. Er ziert im Frühjahr mit seinen großen, weit geöffneten hellrosafarbenen Blüten und im Herbst mit seinem gelben Fruchtschmuck. Sogar im Winter wirkt er mit der glattschaligen grauen Rinde. Platz findet auch noch ein kleiner Zwetschgen- oder Pflaumenbaum, der ebenfalls schön blüht und vielseitig zu verwertende Steinfrüchte liefert. Die Vertikale können Sie zudem mit Säulenobstbäumchen und mit Beerenobst-Hochstämmchen nutzen. Zu deren Füßen wachsen Sommerblumen und Kräuter. Besonders Kapuzinerkresse, Ringelblumen und Minzen gedeihen hier gut.

■ **Gemüse:** Die beiden Gemüsebeete können Sie durchgehend in Reihenmischkultur bebauen. Übersichtlicher ist es jedoch, wenn Sie ein Gemüsemodul in drei 1,20 Meter breite Beete unterteilen, mit zwei schmalen Trittwegen dazwischen. Nutzen Sie die knapp bemessene Beetfläche für Erdbeeren und feines Gemüse, zum Beispiel für Salate, Rettich und Radies, Kohlrabi, Brokkoli, Buschbohnen und Zucchini.

■ **Kräuter:** Einjährige Würzkräuter wie Bohnenkraut, Dill, Kerbel, Ringelblumen wachsen auf den Gemüsebeeten mit. Ein oder zwei Petersilienpflanzen passen noch an den Rand des Tomatenbeets. Für die wichtigsten Küchen- und Teekräuter sollten Sie wenigstens ein paar gut besonnte Quadratmeter reservieren. Schnittlauch und Sauerampfer für die Salatsoße, Thymian und Ysop für pikante Zubereitungen und Salbei und Lavendel für den Tee gehören zum Grundbestand des Kräuterbeetes, in dem ein paar Sommerblumen und Rosenstöcke Platz finden sollten.

MODUL OBST		
	Min.	**Max.**
1 Quitte, Halbstamm	20 kg	40 kg
1 Zwetschge, Busch	10 kg	20 kg
1 Holunder	4 kg	8 kg
4 Apfel, Säule	12 kg	20 kg
2 Birne, Säule	6 kg	10 kg
2 Süßkirsche, Säule	6 kg	10 kg

MODUL BEERENOBST		
	Min.	**Max.**
4 Johannisbeere, Hochstämmchen	8 kg	16 kg
2 Stachelbeere, Hochstämmchen	3 kg	6 kg
2 Weinreben	20 kg	40 kg

MODUL GEMÜSE + ERDBEEREN		
	Min.	**Max.**
3 m² Blattgemüse		bis 6 kg
3 m² Wurzelgemüse	12 kg	24 kg
3 m² Kohlgemüse	6 kg	9 kg
3 m² Leguminosen	1,5 kg	9 kg
3 m² Fruchtgemüse	30 St.	90 St. (Zucchini)
3 m² Erdbeeren	4 kg	8 kg

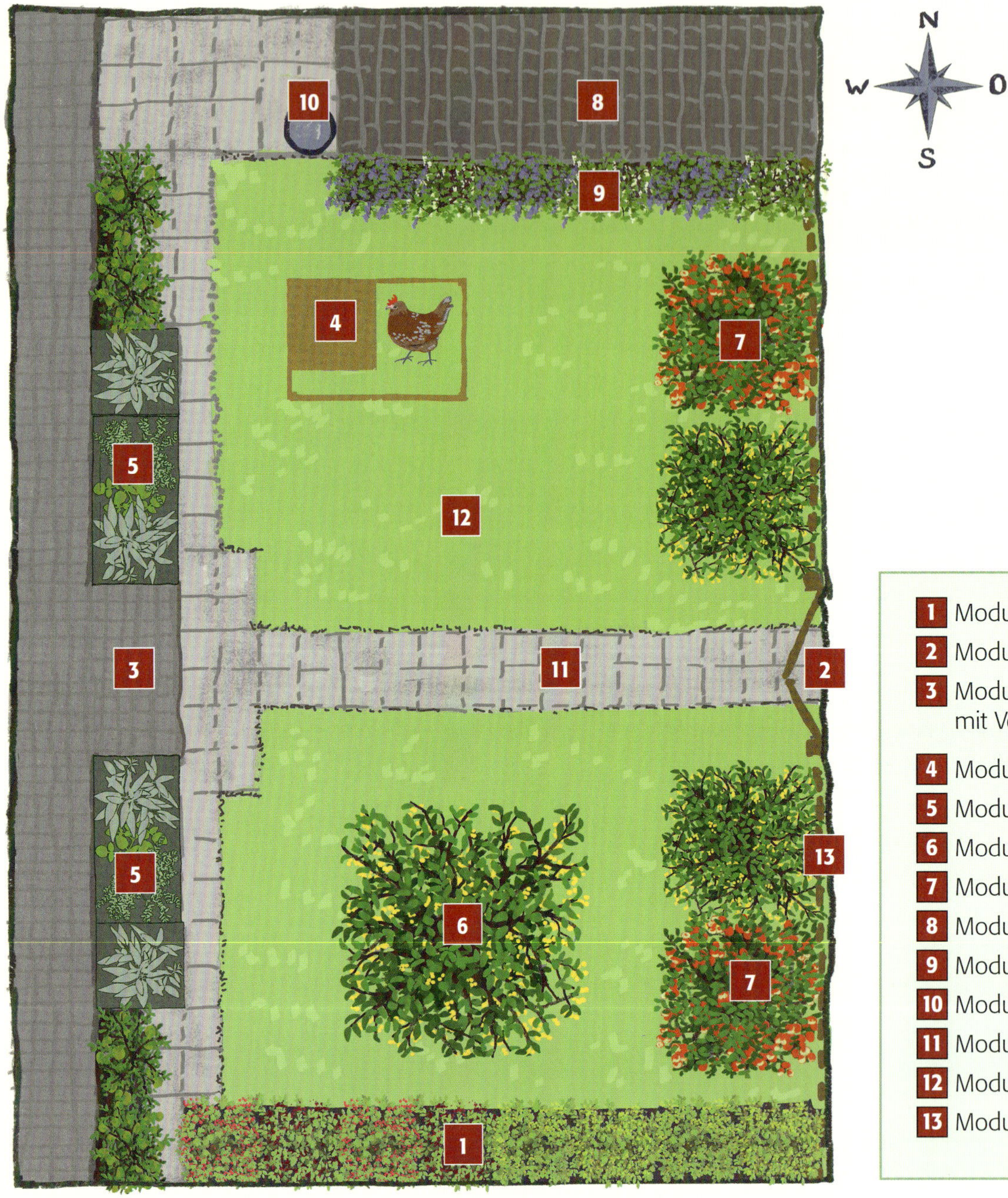

- **1** Modul Beerenobst
- **2** Modul Gartentor
- **3** Modul Hauseingang mit Vordach
- **4** Modul Geflügelhaltung
- **5** Modul Kräuter
- **6** Modul Obstbaum (groß)
- **7** Modul Obstbaum (klein)
- **8** Modul Schuppen
- **9** Modul Spalierobst
- **10** Modul Wasserbehälter
- **11** Modul Wegefläche
- **12** Modul Wiese/Rasen
- **13** Modul Zaun

Vorgarten mit Obst und Zwerghühnern 9 x 12 m = 108 m²

In manchen Grundstückssituationen eignet sich die dem Straßenraum zugewandte Fläche vor dem Haus besser für den Nutzgartenteil als der Wohngarten auf der Rückseite. Der Gartenteil ist oft besser belichtet und damit besser für Pflanzenbau geeignet als die geschützte und von Gehölzen beschattete Rückseite. Warum nicht anders als üblich vorgehen und die Schokoladenseite des Hauses mit Nutzpflanzen gestalten?

Hohe Erträge auf kleinstem Raum

An nach Süden exponierten Fassaden können Weinreben oder Spalierbirnen nützlich und schön zugleich sein, ohne viel Platz zu gebrauchen. An der in diesem Beispiel nach Osten gerichteten Hausfassade gedeihen Stachelbeerkiwis (siehe S. 104) hervorragend. Im Gegensatz zu den großfrüchtigen Kiwis halten sie Winterfröste problemlos aus.

- **Obst:** Bei knapper Fläche sind Obstgehölze auf schwach wachsender Unterlage und mit kleinwüchsiger Erziehungsform die beste Wahl. Spindelbüsche von Apfel und Birne sowie Säulenäpfel und -pflaumen liefern eine große Ernte auf kleiner Fläche. Erfahrungsgemäß schwanken die Erträge beim Obst stark. In den unten stehenden Modulen sind die Minimal- und Maximalerträge eingetragen, in extremen Jahren kann es aber auch zu einem Totalausfall kommen. In manchen Jahren erfrieren durch Spätfröste viele Blüten, sodass es nur wenig oder gar kein Obst gibt. In guten Jahren ernten Sie zum Ausgleich überdurchschnittlich viel.
- **Beerenobst:** Auf der zur Straße zugewandten Gartenseite soll es repräsentativ aussehen. Da sind Hochstämmchen von Johannisbeeren und Stachelbeeren eine gute Wahl. Die können es an Zierwert mit Rosenhochstämmchen aufnehmen. Johannisbeersträucher tragen zudem schönes Blattwerk, das sich im Herbst gelb und rot verfärbt und lange haften bleibt.
- **Hühner:** Warum nicht Hühner im Vorgarten auf der Wiese spazieren lassen? So freuen sich nicht nur die Hausbewohner an Hennen und Hahn, sondern auch die Zaungäste. Zwerghühner brauchen weniger Grundfläche als die größeren Wirtschaftsrassen. Sie brauchen auch keinen festen Stall. Ihnen genügt ein mobiles Hühnerhaus, in dem sie alles Lebensnotwendige finden: Legenester, Sitzstange, Tränke und Futterquelle. Ein angebautes Gehege hält die kleine Hühnerschar zusammen. Das Hühnerhaus auf Rädern brauchen Sie nur in kurzem Turnus an eine andere Stelle auf der Wiese zu rollen, damit die Grasnarbe sich an der Stelle, an der die Hühner gepickt und gescharrt haben, wieder regenerieren kann.
- **Kräuter:** Etliche Heil- und Würzkräuter können es an Zierwert mit Rosen und Zierstauden aufnehmen und passen auch in einen repräsentativen Vorgarten. Die aromatischen Lippenblütler Garten-Salbei und Lavendel sehen besonders dekorativ aus. Dost und Ysop blühen spät.

MODUL TIERE
Pro Zwerghuhn bis ca. 150 Eier

MODUL OBST	Min.	Max.
2 Apfel, Spindelbüsche	40 kg	60 kg
2 Birne, Spindelbüsche	20 kg	30 kg
1 Reneklode, Halbstamm	25 kg	50 kg

MODUL BEERENOBST	Min.	Max.
4 Johannisbeere, Hochstämmchen	8 kg	16 kg
2 Stachelbeere, Hochstämmchen	4 kg	8 kg
2 Kiwis am Spalier	6 kg	12 kg
2 Weinrebe	20 kg	40 kg

1 Modul Blumen
2 Modul Feld
3 Modul Gemüse
4 Modul Wegefläche

Ackerparzelle 10 x 12 m = 120 m²

Am Rand der großen Städte bieten Landwirte und Gärtner Ackerparzellen in Pacht an. Auf dem Land gibt es eine solche Form der Landnutzung in Form der so genannten Krautgärten schon lange. Greifen Sie zu, wenn sich die Möglichkeit bietet, eine solche Parzelle zu pachten, denn auf freiem Feld wachsen viele Gemüsearten und Feldkulturen besser als auf geschützt liegenden Gartengrundstücken.

Parzelle zur zeitweisen Nutzung

Der kleine Acker ist nicht eingezäunt. Die Fläche wird jedes Jahr nach der Ernte umgepflügt oder umgegraben und im Frühjahr neu abgesteckt, eingeebnet und bestellt.

Sie können auf der ganzen Fläche arbeitssparend und rationell Kartoffeln anbauen. Aber viel interessanter ist es, verschiedene Feldfrüchte anzubauen und sich mit diesen weitgehend selbst zu versorgen.

Stecken Sie die Beetflächen für die einzelnen Module ab; schmale Trittwege als Abstandsflächen müssen auch eingeplant werden. Die Trittwege entstehen in jedem Jahr wieder neu. Nach dem Modulsystem haben sechs je 10 Quadratmeter große Beete auf der Fläche Platz.

- **Feldfrüchte:** Ein Feld sollten Sie für Sommergetreide vorsehen. Fürs Brotbacken eignen sich am besten Winter-Weizen und Winter-Roggen. Nach der Ernte im Juli oder August ist noch Zeit für eine Gründüngungssaat. Für die Aussaat im Spätsommer und Herbst eignen sich am besten Phacelia oder Gelbsenf. Diese schnell keimenden Gründüngungssaaten decken den Boden gut ab. Im Winter sterben sie ab. Die dürren Pflanzenreste werden bei der Bodenbearbeitung im Frühjahr untergearbeitet. Ein weiteres Feld können Sie für Mais reservieren. Nehmen Sie entweder Körner-Mais zum Verfüttern an Kleintiere oder Zucker-Mais zum Eigenverbrauch. Pro Quadratmeter können Sie mit 8–12 Maisstängeln rechnen, die jeweils 1–2 Kolben tragen.
- Ein oder zwei Felder können mit **Kartoffeln** bestellt werden. Probieren Sie verschiedene Sorten aus: eine festkochende Salatkartoffel, eine vorwiegend festkochende und eine mehlige Sorte oder was Sie eben im Haushalt brauchen.
- **Kürbispflanzen** brauchen viel Platz, deshalb sind sie auf dem Acker gut aufgehoben. Hier können sie sich in alle Richtungen ausbreiten und es stört nicht, wenn sie die Trittwege überwachsen. Rechnen Sie für 10 Quadratmeter mit 5–7 Pflanzen Hokkaido-Kürbis. Andere Kürbissorten nehmen mehr oder weniger Platz für sich in Anspruch.
- **Gemüse:** Ein weiteres Feld sollten Sie mit robusten Gemüsearten bestellen. Möhren, Zwiebeln und Kopfkohlarten wachsen auf freiem Feld besser als im Garten, weil hier ständiger Luftzug herrscht, der Schädlinge vertreibt.
- **Blumen:** Zur Abgrenzung des Mini-Ackers bietet es sich an, schmale Streifen am Rand mit Blumen einzusäen. Dafür eignen sich solche Arten, die man direkt in die Erde säen kann. Das sind beispielsweise Ringelblume, Sonnenblume, Phacelia, Borretsch und Dill. Deren Blüten locken in der Feldflur Insekten und Schmetterlinge an. Die Blumen bereichern so das Ökosystem Feld. Ganz nebenbei sorgen Sie für eine natürliche Schädlingsregulierung.

MODUL FELDFRÜCHTE

	Min.	Max.
10 m² Winter-Weizen oder Winter-Roggen	5 Kg	10 kg
10 m² Körner-mais	10 kg	20 kg
10 m² Kartoffeln	20 kg	40 kg
10 m² Hokkaido-Kürbis 'Uchiki Kuri'	30 kg	45 kg
10 m² Phacelia		

MODUL GEMÜSE

	Min.	Max.
3 m² Kopfkohl	12 kg	24 kg
3 m² Zwiebeln	9 kg	15 kg
3 m² Möhren	9 kg	15 kg

- 1 Modul Beerenobst
- 2 Modul Garage
- 3 Modul Gemüse + Feld
- 4 Modul Gemüse + Erdbeeren
- 5 Modul Gewächshaus
- 6 Modul Haus
- 7 Modul Hecke
- 8 Modul Kompost
- 9 Modul Kräuter
- 10 Modul Obstbaum (groß)
- 11 Modul Obstbaum (klein)
- 12 Modul Rhabarber
- 13 Modul Terrasse
- 14 Modul Wasserbehälter
- 15 Modul Wegefläche
- 16 Modul Wiese/Rasen
- 17 Modul Zaun

Garten an Doppelhaushälfte 15 x 15 m = 225 m²

Die Bewohner des Doppelhauses wollen sich weitgehend selbst mit Gemüse und Kartoffeln versorgen, auch mit Beerenobst. Der Schwerpunkt liegt auf Naschobst, da die Hausbewohner weder Zeit noch Neigung für Obstbaumschnitt und -pflege haben. Beim Bau des Hauses wurde bereits eine Regenwasser-Zisterne im Boden versenkt, sodass Wasser kostenlos zur Verfügung steht. Aus der Zisterne unter der Terrasse wird das Wasser nach Bedarf in einige Schöpfbecken, die an günstigen Stellen auf dem Gelände aufgestellt sind, gepumpt.

Obst, das wenig Arbeit macht

Kirschbaum, Zwetschgen- und Pflaumenbaum liefern gerade so viel Obst, dass es zum Frischessen und zum Kuchenbacken reicht. In guten Erntejahren, die es bei älteren Bäumen alle paar Jahre gibt, fallen reichlich Früchte an, sodass für den Winter Vorräte angelegt werden können.

- **Beerenobst:** Rote, Weiße und Schwarze Johannisbeeren sowie Stachelbeeren decken den Eigenbedarf zum Frischessen und für die Konservierung. Ein ausladender Jostabeerenstrauch (2 x 2 Meter Standfläche) liefert reichlich Früchte für die Marmeladebereitung.
- **Gewächshaus:** Bei der kleinen Gartenfläche bietet es sich an, ein Gewächshaus aufzustellen, in dem die Erträge höher als im Freiland ausfallen. Unter Glas und Folie verlängert sich die Gemüseanbausaison. Außerdem gedeihen hier die wärmeliebenden Fruchtgemüse Tomaten, Paprika und Schlangengurken besser als im Freiland. Das Gewächshaus können Sie zudem für die Anzucht von Gemüse- und Kräuter-Jungpflanzen nutzen.
- **Gemüse und Feld:** Die Gartenfläche bietet Platz für bis zu sechs Feld- und Gemüse-/Erdbeer-Module von 2,5 x 4 Meter Größe. Sie können schrittweise vorgehen und im ersten Jahr ein Beet mit Kartoffeln bestellen. Diese Hackfrucht hat den Vorteil, dass der rohe Boden durch das ständige Hacken gut durchgearbeitet und gelockert wird. Ebenso ist es bei Zwiebeln und Möhren, bei denen der Boden durch häufiges Hacken locker gehalten wird. Wenn Sie mehr Gemüse anbauen wollen, können Sie von der Wiesen- oder Rasenfläche weitere Beete für den Gemüseanbau oder für Feldkulturen einnehmen.
- **Kräuter:** Ausdauernde Kräuterstauden und -gehölze stehen gut erreichbar auf sonnigen und geschützten Rabatten vor der Hausfassade und am Gewächshaus. Zum Grundbestand an ausdauernden Küchenkräutern zählen Schnittlauch, Sauerampfer, Pimpinelle und Liebstöckel. Wenn Sie gerne Tee trinken, sollten Sie auf jeden Fall Zitronenmelisse pflanzen.
- **Rhabarber:** Rhabarber ist eine Dauerkultur. Die ausladend wachsende Staude steht am besten seperat und gut zugänglich in einer Gartenecke.

MODUL OBST

	Min.	Max.
1 Süßkirsche, Halbstamm	25 kg	50 kg
1 Zwetschge, Busch	10 kg	20 kg
1 Pflaume, Busch	10 kg	20 kg

MODUL BEERENOBST

	Min.	Max.
6 Johannisbeersträucher	12 kg	24 kg
2 Stachelbeersträucher	4 kg	6 kg
1 Jostabeere	4 kg	6 kg

MODUL GEWÄCHSHAUS

	Min.	Max.
6 Tomatenpflanzen, veredelt	18 kg	30 kg
6 Paprikapflanzen	9 kg	15 kg
2 Schlangengurken, veredelt	8 kg	16 kg

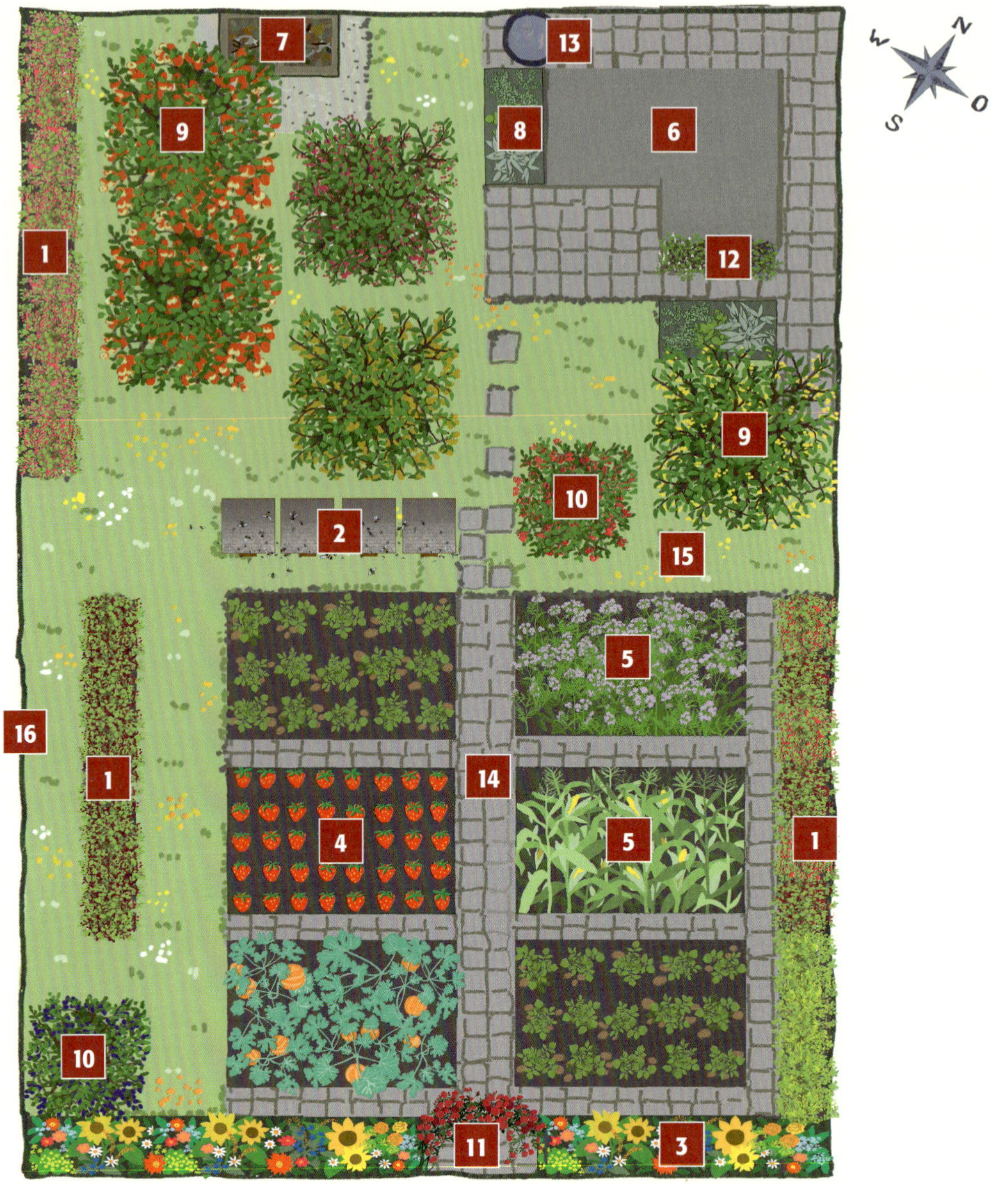

1	Modul Beerenobst	9	Modul Obstbaum (groß)
2	Modul Bienenkästen	10	Modul Obstbaum (klein)
3	Modul Blumen	11	Modul Rosenbogen
4	Modul Erdbeeren	12	Modul Spalierobst
5	Modul Feld	13	Modul Wasserbehälter
6	Modul Gartenlaube	14	Modul Wegefläche
7	Modul Kompost	15	Modul Wiese/Rasen
8	Modul Kräuter	16	Modul Zaun

Imkergarten 15 x 20 m = 300 m²

Bienenhaltung und Obstbau bedingen einander. Honigbienen brauchen Obstbäume und Beerensträucher als Trachtpflanzen und Obstgehölze brauchen Bienen zur Befruchtung. Das vorgestellte Beispiel können Sie in einer Kleingartenparzelle, im Hausgarten oder auf einem Freizeitgrundstück verwirklichen.

Trachtpflanzen fürs ganze Jahr

Stellen Sie die Bienenkästen auf Podesten an einer geschützten Stelle so auf, dass die Einflugslöcher für die Bienen nach Osten oder Südosten weisen. Denken Sie beim Standplatz auch an die Nachbarn, sodass diese sich nicht von herumfliegenden und summenden Bienen belästigt fühlen. Fangen Sie mit drei oder besser mit vier Bienenvölkern an. Wenn Sie genügend Erfahrung mit dem Imkern gesammelt haben, können Sie aufstocken. Sorgen Sie dafür, dass die Bienen auf dem Grundstück eine Wassertränke haben.

- **Obst und Beerenobst:** Wenn Sie Bienen halten, sollten Sie den Garten so bepflanzen, dass möglichst das ganze Jahr über etwas blüht. Mit Obstgehölzen, Wiesenblumen, Kräutern und Gründüngungspflanzen ist diese Aufgabe leicht zu erfüllen. Nicht nur mit Äpfeln und Birnen, sondern auch mit Beerensträuchern – Stachelbeeren, Johannisbeeren, Erdbeeren, Himbeeren und Brombeeren –, die monatelang eine gute Tracht geben. Vor allem Herbst-Himbeeren und Brombeeren geben Bienen spät noch Nahrung. Und statt ständig zu mähen, sollten die Blumen auf der Wiese wachsen und blühen dürfen.
- Die Bienenweidepflanze **Phacelia** ist ein Muss im Bienengarten. Sie sollte mindestens ein Feldmodul einnehmen und wandert in der Fruchtfolge mit. Säen Sie breitwürfig jedes Jahr wieder auf ein anderes Beet und sorgen Sie so für guten Fruchtwechsel.
- **Kräuter:** In einem Bienengarten sind lange blühende Kräuterstauden und -halbsträucher unverzichtbar, weil diese auch noch im Hochsommer und Herbst den Bienen Nektar liefern. Die Bienenvölker brauchen diese Nektarquelle, um selbst gut über den Winter zu kommen. Denken Sie an die Lippenblütler Dost, Lavendel, Ysop und Zitronen-Melisse, an die Kräuterstauden Gewürz-Fenchel und Goldrute.

MODUL TIERE		
	Min.	Max.
4 Bienenvölker, Honig	40 kg	80 (200) kg

MODUL OBST		
	Min.	Max.
3 Apfel, Halbstamm	60 kg	120 kg
1 Birne, Halbstamm	20 kg	40 kg
1 Birne am Spalier	10 kg	20 kg
1 Süßkirsche, Halbstamm	15 kg	50 kg
1 Pflaume, Busch	10 kg	20 kg
1 Mirabelle, Halbstamm	15 kg	50 kg

MODUL BEERENOBST		
	Min.	Max.
6 Johannisbeersträucher	12 kg	24 kg
4 Stachelbeersträucher	8 kg	16 kg
20 Himbeerpflanzen	8 kg	16 kg
3 Brombeersträucher am Spalier	12 kg	24 kg

MODUL FELD		
	Min.	Max.
10 m² Phacelia		
10 m² Erdbeeren	12 kg	24 kg
10 m² Kartoffeln	20 kg	40 kg
10 m² Körner-Mais	10 kg	20 kg
10 m² Kartoffeln	20 kg	40 kg
10 m² Kürbis		bis 100 kg

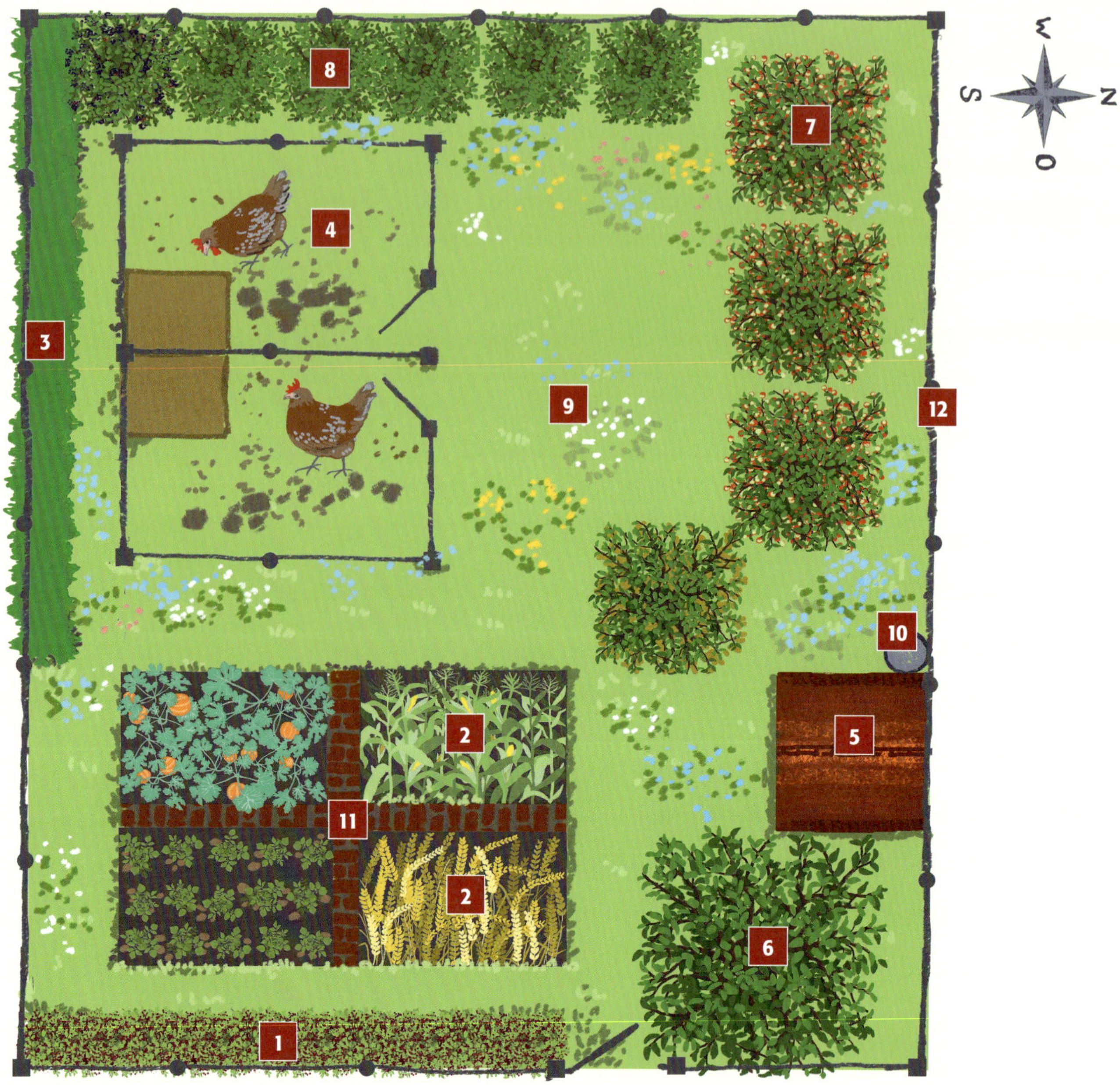

1 Modul Beerenobst (Brombeerspalier)
2 Modul Feld
3 Modul Hecke
4 Modul Hühnerhaltung
5 Modul Hütte
6 Modul Obstbaum (Walnuss)
7 Modul Obstbaum (groß)
8 Modul Obstbaum (klein)
9 Modul Wiese
10 Modul Wasserbehälter
11 Modul Wegefläche
12 Modul Zaun

Garten mit Hühnern und Obst 17 x 20 m = 340 m²

Hühner sollte man nur halten, wenn man gar keine oder eine duldsame Nachbarschaft hat. Beste Voraussetzung dafür bietet ein Grundstück in einer ländlichen Umgebung am Ortsrand. Das vorgestellte Beispiel lässt sich auch innerhalb eines großen Hausgrundstücks verwirklichen. In Kleingarten-Pachtanlagen ist Hühnerhaltung mit Rücksicht auf die Nachbarn nicht erlaubt.

Alles für ein glückliches Hühnerleben

Hühner brauchen Auslauf und einen kleinen Stall, in dem sie die Nacht verbringen und Eier legen. Das Hühnerhaus muss unbedingt mardersicher gebaut sein. Noch sicherer ist ein Gehege, das auch nach oben hin mit Maschendraht geschlossen ist, damit keine Greifvögel einfallen können.

- **Tiere:** Beginnen Sie mit 3–4 Hühnern und einem Hahn. Denen sollten Sie ein mit Maschendraht eingezäuntes Gehege von mindestens 40 Quadratmetern zur Verfügung stellen. Sehen Sie ein weiteres Gehege vor, damit Sie die beiden Gehege abwechselnd belegen können. So kann sich die jeweils unbelegte Fläche in der Zwischenzeit wieder erholen. Am besten ist es, wenn Sie die Hühnerhaltung in eine Obstwiese integrieren und die Hühner frei auf dem Gelände herumspazieren lassen. Auf der Wiese unter den Bäumen und Sträuchern versorgen sich die Hühner selbst mit Futter und picken Würmer, Insekten und Wildkräuter – beste Voraussetzungen für ein glückliches Hühnerleben! Der Hühnergarten sollte auf jeden Fall rundherum eingezäunt sein, um die Hühner drinnen zu halten und Füchse draußen. Marder und Greifvögel kommen trotzdem zum Räubern.
- **Obst:** Hühner brauchen Schutz vor Sonne und Wind. Deshalb sollten Sie das Hühnergehege mit Sträuchern umpflanzen. Nehmen Sie Haselnusssträucher, die sowieso in einen großen Selbstversorgergarten gehören. Sie bringen in manchen Jahren einen guten Ertrag an Nüssen und liefern Stecken und Reisig zum Abstützen von Pflanzen und als Baumaterial für Zäune.
- **Feld:** Idealerweise wird das Futter für die Hühner selbst angebaut. Sie sollten die Feldfläche umzäunen, damit die Hühner nicht Samen und Grünzeug wegpicken. Es bietet sich also an, jeweils ein Feldmodul mit 10 Quadratmetern für Getreide, Futter-Rüben, Körner-Mais und Kartoffeln vorzusehen. Wechseln Sie von Jahr zu Jahr die Fläche, um die Fruchtfolge einhalten zu können. Statt mit Feldkulturen können Sie die Fläche auch mit Gemüse bestellen. Auf einem größeren Grundstück abseits von Gebäuden können Sie es wagen, einen Walnussbaum zu pflanzen. Ein Sämlingsexemplar wächst zu einem sehr großen, ausladenden Baum heran, der eine Grundfläche von bis zu 100 m² überspannen kann. Darunter gedeihen keine Kulturpflanzen. Ein veredeltes Exemplar wird nicht so groß und beginnt früher zu tragen. Ein Walnussbaum ist eine Investition für die Zukunft. Er liefert mehreren Generationen von Gartennutzern kalorienreiche Walnüsse – unentbehrlich zum Backen von habhaften Kuchen und Weihnachtsgebäck.

MODUL OBST + BEERENOBST

	Min.	Max.
3 Apfel, Halbstamm	60 kg	120 kg
1 Birne, Halbstamm	20 kg	40 kg
5 Haselnuss	10 kg	30 kg
1 Walnuss, veredelt	10 kg	40 kg
1 Holunder	4 kg	8 kg
5 Brombeere an Spalier	20 kg	40 kg
1 Hunds-Rose, Hagebutte	0,5 kg	1 kg

MODUL FELD

	Min.	Max.
10 m² Gerste	5 kg	10 kg
10 m² Kürbis	30 kg	45 kg
10 m² Körnermais	10 kg	15 kg
10 m² Kartoffeln	20 kg	40 kg

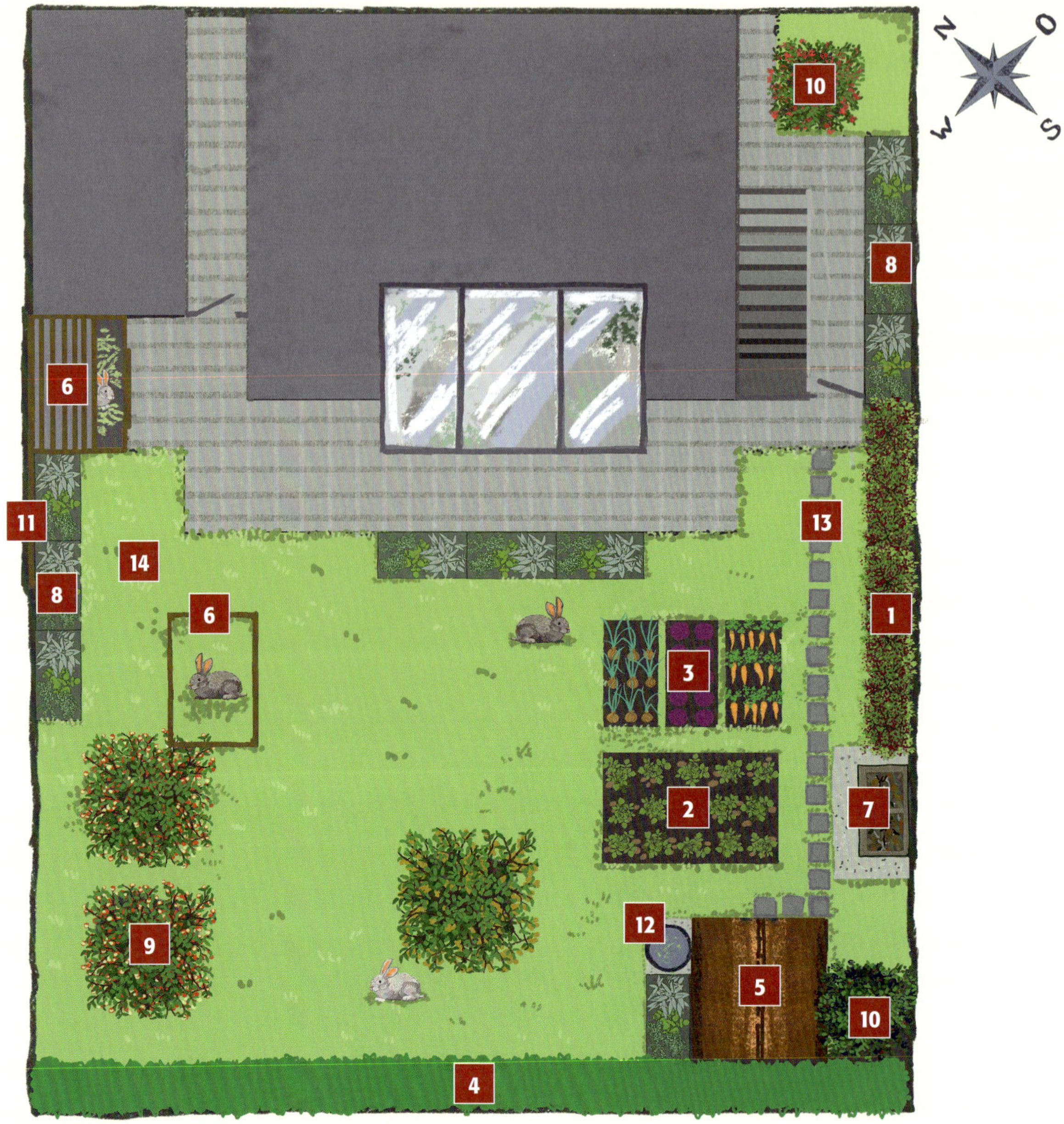

1 Modul Beerenobst	8 Modul Kräuter
2 Modul Feld	9 Modul Obstbaum (groß)
3 Modul Gemüse	10 Modul Obstbaum (klein)
4 Modul Hecke	11 Modul Sichtschutz
5 Modul Hütte	12 Modul Wasserbehälter
6 Modul Kaninchenhaltung	13 Modul Wegefläche
7 Modul Kompost	14 Modul Wiese/Rasen

Einfamilienhaus mit Freilauf für Kaninchen 20 x 25 m = 500 m²

Das rundum begehbare Haus ist an die nördliche Grundstücksgrenze gerückt, und der Garten liegt gut besonnt ohne Gebäudeschatten da. Der Wintergarten ragt in die Gartenfläche hinein und verzahnt das Haus mit der Gartenumgebung. Das Haus ist über mehrere Ausgänge eng mit dem Garten verbunden.

Eine Wiese für Kaninchen

Die Kaninchen sollen möglichst ihrem natürlichen Verhalten entsprechend auf der Wiese herumhoppeln können. In diesem Garten haben sie eine große Auslauffläche mit Ecken und Winkeln sowie schattigen Bereichen, wo sie sich verstecken können. Sie sollen jedoch keine Möglichkeit zum Ausbrechen haben. Achten Sie deshalb darauf, dass der etwa 1,2 Meter hohe Zaun rundherum dicht schließt und die Zugänge zum Garten absperrbar sind. Kaninchen finden ihr Grünfutter auf der ungedüngten Gartenwiese. Deren Aufwuchs darf nicht überständig werden. Kaninchen knabbern auch an Gartenkräutern, Brennnesseln und anderem Grünfutter in den »Wilden Ecken« des Gartens.

■ **Tiere:** Kaninchen fühlen sich in einem großzügigen Freigehege am wohlsten. Die geselligen Lebewesen brauchen Artgenossen um sich. Kaninchenzüchter halten die Tiere jedoch üblicherweise einzeln in Stallbuchten, was nicht ganz artgerecht ist. Wenn Sie oder Ihre Kinder viel Zeit für die Tiere haben, kombinieren Sie einfach die Haltungsmethoden. Tagsüber können die Tiere frei herumlaufen und über Nacht kommen sie in ihre Buchten. Verschließen Sie die Türen so sicher, dass Fuchs und Marder nicht eindringen können. Einzelstallbuchten sind am besten zu überwachen und leicht zu reinigen. In der Bucht muss genügend Einstreu sein. Die Tiere sollen sich an Heu in Raufen und Wasser in Tränken jederzeit bedienen können.

■ **Gemüse:** Damit die Kaninchen nicht an Salat und Möhren mümmeln, müssen Sie die Gemüsemodule einzäunen. Das Einzäunen dient auch dem Schutz der Kaninchen. Sie sollten nicht an Tomatenpflanzen fressen, die für sie giftig sind. Bauen Sie im Gemüseteil Futter für die Tiere an, hauptsächlich Möhren und Futter-Rüben.

■ **Kräuter:** Unmittelbar vor dem Küchenausgang liegen bei jedem Wetter erreichbar die Kräuterbeete, damit während des Kochens ohne großen Zeitaufwand schnell noch ein paar Kräuter geerntet werden können. Auch die Beerensträucher sind in Küchennähe gepflanzt. Eine Außentreppe führt vom Garten in den Keller.

■ **Hütte:** Eine Hütte zum Abstellen der Gartengeräte und des Schubkarrens steht praktischerweise am Grundstücksrand nahe der Gemüsebeete.

MODUL OBST

	Min.	Max.
2 Apfel, Halbstamm	40 kg	80 kg
1 Quitte, Halbstamm	20 kg	40 kg
1 Sauerkirsche, Busch	5 kg	10 kg
1 Holunder	4 kg	8 kg

MODUL BEERENOBST

	Min.	Max.
2 Johannisbeere, Hochstämmchen	4 kg	8 kg
2 Stachelbeere, Hochstämmchen	3 kg	6 kg
1 Brombeere am Spalier	4 kg	8 kg
5 Himbeerpflanzen	2 kg	4 kg

MODUL GEMÜSE + FELD

	Min.	Max.
3 m² Wurzelgemüse	12 kg	24 kg
3 m² Kohlgemüse	12 kg	24 kg
3 m² Zwiebelgemüse	9 kg	15 kg
10 m² Rüben	50 kg	70 kg

- **1** Modul Beerenobst
- **2** Modul Blumen
- **3** Modul Gemüse
- **4** Modul Gemüse + Erdbeeren
- **5** Modul Gewächshaus
- **6** Modul Haus
- **7** Modul Hecke
- **8** Modul Kompost
- **9** Modul Kräuter
- **10** Modul Laufenten
- **11** Modul Obstbaum (groß)
- **12** Modul Obstbaum (klein)
- **13** Modul Rosenbogen
- **14** Modul Säulenobst/Spalierobst
- **15** Modul Teich
- **16** Modul Terrasse
- **17** Modul Wegefläche
- **18** Modul Wiese/Rasen
- **19** Modul Zaun

Garten mit Laufenten und Gemüse im Karree, Gartenfläche 20 x 25 m = 500 m²

Dieser Garten ist auf die Bedürfnisse einer kleinen Laufentenschar abgestimmt. Laufenten sind wirklich possierliche Vögel. Man schaut den schlanken aufrechten Tiere gerne zu, wenn sie flink durch den Garten watscheln und wie sie zwischendurch ihr Bad im Teich nehmen.

Laufenten als Schneckenjäger

Laufenten ernähren sich von Weichtieren, also von Nacktschnecken, Regenwürmern und Insekten. Sie durchstöbern mit ihren Schnäbeln auf Nahrungssuche den Bewuchs in Bodennähe und räumen sehr gründlich mit Nacktschnecken auf. Wenn Sie Laufenten im Garten halten, haben Sie mit Schnecken garantiert keine Probleme. Bis in den Frühsommer hinein, solange feuchtes Klima herrscht, gehen die Tiere nicht an Salat und anderes Gemüse; das tun sie erst, wenn es zum Sommer hin trockener wird. Handhaben Sie es am besten so, dass Sie den Gemüseteil in Ihrem Garten mit einem niedrigen Zaun umgeben.

■ **Tiere:** Laufenten brauchen Wasser. Zur Not genügt eine ausgediente Badewanne. Besser ist ein Folienteich, in dem die Tiere schwimmen können. Der Teich wird nicht bepflanzt, denn Sie müssen ihn ab und zu entleeren und reinigen. Außerdem sollten Laufenten einen kleinen Stall zur Verfügung haben, in dem sie geschützt vor räubernden Füchsen die Nacht verbringen. Laufenten sind robuste Tiere und unserem Winterklima angepasst, Frost bis –15 °C macht ihnen nichts aus.

■ **Gemüse:** Der Gemüseteil lässt sich gut als »Garten im Garten« mit einer Einzäunung inmitten des Laufenten-Auslaufs verwirklichen. Die Gemüsemodule sind in der günstig zu bewirtschaftenden Kreuzform angelegt, sodass alle Bereiche gut zugänglich sind. Innerhalb eines Beetmoduls lassen sich drei Beete von jeweils 1,2 Meter Breite durch schmale Trittpfade von 20 Zentimeter Breite abtrennen. Sie können die Beete aber auch gut durchgehend ohne Zwischenwege bewirtschaften und eine durchgehende Reihenmischkultur anlegen. Säen Sie auf den Einzelbeeten jeweils eine Gemüseart oder -sorte oder pflanzen Sie verschiedene Arten nebeneinander in Mischkultur. Das hängt auch vom Platzbedarf der einzelnen Gemüsepflanze und von deren Ertrag ab. Von dieser Fläche können sich 3–4 Personen mit Gemüse sowie Tee- und Würzkräutern versorgen.

■ **Kräuter:** Rabatten mit ausdauernden Kräutern umgeben die Gemüsemodule.

MODUL TIERE
Pro Laufente bis zu 100 Eier

MODUL OBST		
	Min.	**Max.**
4 Apfel, Busch	80 kg	160 kg
2 Birne am Spalier	20 kg	40 kg
4 Zwetschge, Busch	40 kg	80 kg
2 Apfel, Säule	6 kg	10 kg
2 Birne, Säule	6 kg	10 kg
2 Pflaume, Säule	6 kg	10 kg
2 Süß-Kirsche, Säule	6 kg	10 kg

MODUL GEMÜSE + ERDBEEREN		
	Min.	**Max.**
3 m² Zwiebelgemüse	9 kg	15 kg
6 m² Wurzelgemüse	12 kg	24 kg
3 m² Blattgemüse		bis 10 kg
6 m² Kohlgemüse	12 kg	18 kg
3 m² Leguminosen	1,5	9 kg
3 m² Fruchtgemüse	30 St.	90 St. (Zucchini)
3 m² Erdbeeren	4 kg	8 kg
10 m² Kartoffeln	20 kg	40 kg

- **1** Modul Beerenobst
- **2** Modul Blumen/Stauden
- **3** Modul Gänsehaltung
- **4** Modul Gemüse
- **5** Modul Gewächshaus
- **6** Modul Haus
- **7** Modul Hecke
- **8** Modul Kompost
- **9** Modul Kräuter
- **10** Modul Obstbaum (groß)
- **11** Modul Obstbaum (klein)
- **12** Modul Wiese/Rasen
- **13** Modul Rhabarber
- **14** Modul Teich
- **15** Modul Terrasse
- **16** Modul Treppe
- **17** Modul Wasserbehälter
- **18** Modul Wegefläche
- **19** Modul Zaun

Frei stehendes Einfamilienhaus mit Gänseweide, Gartenfläche ca. 700 m²

Gänse sind, wie man weiß, gute Wachtiere und genügsame Haustiere. Eine großzügig bemessene Weidefläche und Wasser sind alles, was sie brauchen. Sie liefern Eier und begleiten uns viele Jahre lang durchs Leben.

Gänseweide statt Rasenmäher

Die Bedürfnisse der Gänse bestimmen die Einteilung des Gartens. Sie brauchen in bebauter Umgebung ein eingezäuntes Areal, in dem sie sich frei bewegen können. Für ein Gänsepaar sollten es mindestens 400–500 Quadratmeter Weidefläche sein. Günstig ist hügeliges Gelände oder ein Grundstück am Ortsrand, von dem aus die Tiere in die Ferne schauen und das Geschehen weiter weg wahrnehmen können. Auf der Weidefläche versorgen Gans und Ganter sich selbst mit Grünfutter. Der Beispielsgarten ist klar in zwei Bereiche getrennt – in den für die Gänse und in den fürs Gemüse und die anderen Nutz- und Ziergartenteile; das Haus selbst trennt die Weide von den anderen Gartenbereichen, sodass nur eine kurze Strecke zusätzlich einzuzäunen ist. Für ihr Wohlbefinden sollten Gänse einen Teich zur Verfügung haben, der als Folienteich ohne Bepflanzung angelegt ist. Nachts kommen die Tiere in den Stall, damit der Fuchs sie nicht holt.

Im Areal, in dem die Gänse weiden, haben krautige Pflanzen keine Chance. Aber Obstbäume und Kletterpflanzen passen gut. Für diesen Garten brauchen Sie keinen Rasenmäher. Die Gänse halten das Gras kurz.

- **Gewächshaus:** Ein großzügig bemessenes Gewächshaus versorgt die Familie fast das ganze Jahr über mit Gemüse – mit Salat und Radieschen im Spätherbst und Frühjahr; mit Tomaten, Schlangengurken, Paprika und Peperoni sowie wärmeliebendem Basilikum während der Saison. Den Winter über bedecken Feldsalat und Winterpostelein die Bodenfläche.
- **Gemüse:** Der kleine, vom Gänseareal abgetrennte Gemüse- und Kräutergarten wird intensiv genutzt. Auf den beiden Gemüsebeeten wachsen Buschbohnen und Erbsen, Radieschen und Rettich. Und am Grundstücksrand stehen mit ihren großen Blättern schön anzuschauende Rhabarberstöcke. Die Blattstiele lassen sich zu erfrischend säuerlich schmeckendem Kompott oder als Kuchenbelag zubereiten.

MODUL TIERE
Pro Gans bis zu 60 Eier

MODUL OBST	Min.	Max.
3 Apfel, Halbstamm	60 kg	120 kg
1 Birne Halbstamm	20 kg	40 kg
1 Zwetschge, Halbstamm	25 kg	50 kg
2 Weinstöcke am Spalier	20 kg	40 (100) kg

MODUL GEWÄCHSHAUS	Min.	Max.
12 Tomatenpflanzen	36 kg	60 kg
12 Paprikapflanzen	18 kg	30 kg
2 Schlangengurken	8 kg	16 kg

MODUL GEMÜSE + ERDBEEREN	Min.	Max.
3 m² Salatgemüse		bis 6 kg
3 m² Wurzelgemüse	12 kg	24 kg
3 m² Kohlgemüse	12 kg	18 kg
3 m² Leguminosen	1,5 kg	9 kg
3 m² Fruchtgemüse	30 St.	90 St.
3 m² Erdbeeren	4 kg	8 kg
3 Rhabarber		6 kg

Rund um die Mini-Farm

Träume vom Landleben – dazu gehören auch Gegenstände und Bauwerke aus Naturmaterialien, handwerklich gefertigt oder zusammengefügt. Hier vollendet sich das Prinzip von autarkem Leben auf der Mini-Farm, nämlich mit dem auszukommen, was da ist.

Handwerkliches mit Holz, Stein und Metall

Zum Landleben gehört das ländliche Handwerk: die Korb- und Rechenmacher, die Töpfer und Seiler, die Schmiede und Küfer, die Schreiner und Zimmerleute, die Maurer und Brunnenbauer. Ein ländliches Gemeinwesen konnte bis vor nicht allzu langer Zeit nahezu auf sich gestellt existieren. Die Fertigkeiten der Handwerksberufe können auf einer Mini-Farm sehr nützlich sein.

Auf einer Mini-Farm fallen viele handwerkliche Arbeiten an, und es lohnt sich – auch in finanzieller Hinsicht –, sich einige handwerkliche Fertigkeiten anzueignen. Es gehört vor allem auch zum nachhaltigen Wirtschaften, wenn auf dem eigenen Grundstück vorhandene oder heranwachsende Rohstoffe sinnvoll und nützlich eingesetzt werden – ohne lange Transportwege und ohne Energieverbrauch.

Holz vom Wald

Einen Teil der Materialien, die Sie für kleine Bauten brauchen, können möglicherweise vom eigenen Grundstück geholt werden. Vielleicht besitzen Sie etwas Wald oder ein großes Obstgrundstück, von wo Sie Holz und Steine kostenlos entnehmen können. Nicht nur Baumstämme sind nützlich, sondern auch Astwerk und Totholz. Aus Fichten- und Tannenholz können Sie Zäune und Spaliere bauen. Wenn Sie auf dem Land wohnen, gibt es vielleicht die Möglichkeit, die Holzstämme im Sägewerk zurechtsägen zu lassen. Dünne, entastete Fichtenstämme sind gute Stützen für viele Zwecke. Sie können beispielsweise als Kletterunterlage für Stangen- und Feuerbohnen oder zum Abstützen von Baumästen dienen.

Korbweiden selbst kultivieren

Wenn Ihr Grundstück nasse Stellen hat oder sogar ein Bach hindurchfließt, sollten Sie die Gunst des Standorts nutzen und

OBEN: Weiden und andere biegsame Zweige von Gehölzen lassen sich zu nützlichen Gegenständen, zu Zäunen und Körben verflechten.

eine Korbweidenkultur anlegen. Sie brauchen nur Zweige der Korbweide *(Salix viminalis)* in den Boden zu stecken; diese bewurzeln ziemlich sicher und wachsen innerhalb kurzer Zeit zu Bäumchen heran, von denen Sie regelmäßig im Winter die Weidenzweige abschneiden können. Diese werden dann gebündelt und bis zum Verarbeiten feucht gehalten.

Korbweiden kann man immer brauchen. Aus Weidenzweigen lassen sich viele nützliche Gegenstände für die Mini-Farm fertigen: Körbe, Flechtzäune und Rank- und Sichtschutzgitter. Vor allem für die Flechtzäune brauchen Sie sehr viel von dem nachwachsenden Rohstoff. Ältere Männer auf dem Land beherrschen noch die Technik des Korbflechtens. Nehmen Sie doch Kontakt zu einem Korbflechter auf; der zeigt Ihnen sicherlich gerne die Technik des Flechtens mit Korbweiden.

LINKS: Für die Arbeiten auf dem Bauernhof standen früher nur Handgeräte zur Verfügung. Sichel und Sense sind uns heute noch von Nutzen.

Zäune flechten

Zäune grenzen Grundstücke nach außen ab. Sie verhindern, dass die Tiere sich am Gemüse und Obst gütlich tun, und sie bieten Sichtschutz. Statt Fertigteile aus dem Baumarkt zu kaufen, ist es viel besser und preiswerter, natürliche Materialien für einen Zaun zu verwenden – so, wie es in früheren Zeiten auf dem Land üblich war. Das eigene Land mit seinen Gehölzen liefert Baumaterial in Form von dünnen Stämmen und Ästen vom Rückschnitt der Sträucher. Durch gezieltes Anpflanzen von Korbweiden, Rotem Hartriegel und vor allem Haselnusssträuchern sorgen Sie für ausreichend Nachschub an Flechtmaterial. Sie können aus dem Holz rustikale Lattenzäune zusammenfügen oder Flechtzäune herstellen. Zum Flechten eignen sich dünne, biegsame Weidenzweige, Hartriegeläste und Haselnussstecken besonders gut. Dünne Stämme oder dicke Haselnussstecken nimmt man als senkrechte Stützen oder Pfähle. Tragen Sie möglichst viel Material zusammen, bevor Sie anfangen. Der Zaun muss ja nicht in einem Arbeitsgang fertig gebaut werden, sondern nach und nach – je nachdem, wie viel Flechtmaterial zusammenkommt.

Flechtzaun aus Ästen und Zweigen

Schlagen Sie die Haselnussstecken oder dicke Holzpflöcke, die etwa 1,5 Meter lang sein sollten, im Abstand von 50–100 Zentimetern etwa 30–40 Zentimeter tief ins Erdreich ein. In die Zwischenräume werden biegsame Zweige und Äste eingeflochten. Jeden eingeflochtenen Zweig drückt man möglichst fest an die schon eingelegten Zweige an, so wie beim Arbeiten am Webstuhl. Mit Zweigen derselben Gehölzart wird ein einheitliches Flechtwerk daraus.
Viele Varianten eines solchen Flechtwerks sind denkbar: Mit braunen und grauen Weidenruten sowie mit rotem Hartriegelgeäst ergeben sich abwechslungsreiche Muster. Werden Lücken im Flechtwerk gelassen, bietet der Zaun Durchblicke auf das, was dahinter liegt.

Wenn nur wenig Flechtmaterial zur Verfügung steht, besteht die Möglichkeit, das Material in einen handelsüblichen Holz- oder Metallzaun einzuflechten.

Ein Flechtzaun ist kein Bauwerk für die Ewigkeit. Pflöcke und Zweige verrotten innerhalb einiger Jahre. Doch auch das hat seinen Reiz. Und im Laufe einiger Jahre beranken vielleicht wilde Kletterpflanzen – Zaunwinde, Zaun-Wicke oder Waldrebe – das Flechtwerk.

Lebender Gitterzaun

Bei dieser Zaunvariante werden etwa 1,5 Meter lange Weidenruten im Abstand von 20–30 Zentimetern schräg in den Boden gesteckt – immer abwechselnd in die eine oder andere Richtung weisend – und dabei wie beim Weben miteinander verflochten. Die Ruten werden abwechselnd über und unter die Rute, die sie berühren, geführt. Nach diesem Prinzip können Sie übrigens auch luftige Laubengänge und Weidenwigwams bauen.

Weiden ziehen im Boden schnell Wurzeln. Die Ruten treiben aus, bilden Blattgrün und neue Äste. So entsteht innerhalb eines Sommers eine dichte Wand aus jungem Austrieb mit abstehenden Ästchen. Das sehr rasch wachsende Gehölz muss allerdings durch laufenden Rückschnitt im Zaum gehalten werden.

LINKS: Nicht zu hohe Zäune sind vortreffliche Aussichtspunkte für die Katze, um nach Mäusen Ausschau zu halten.

MITTE: Die frischen, noch biegsamen Weidenzweige lassen sich gut zu phantasievollem Flechtwerk verarbeiten.

RECHTS: Ein Zaun der besonderen Art: Aus Weidenästen und -zweigen durchwirkt mit bunten Wiesenblumen.

Zaun aus Abfallholz

Wenn beim Roden von Bäumen viel altes Holz oder Gehölzschnitt auf dem Grundstück anfällt, kann es für einen Zaun verwendet werden. So lässt es sich sinnvoll verwerten. Gleichzeitig wird mit einem solchen Zaun ein neuer Lebensraum für Insekten, kleine Säugetiere und Amphibien geschaffen. Erdkröten, Eidechsen und Igel finden sich hier ein.
Schlagen Sie als Gerüst dicke Pflöcke aus verrottungsfestem Hartholz, am besten Eichenholz, in den Boden.

Die Pflöcke werden mit dem Vorschlaghammer kräftig ins Erdreich eingeschlagen. Das gelingt nur bei feuchtem Boden gut. Schlagen Sie jeweils zwei Pflöcke gegenüberliegend im Abstand von 20–40 Zentimetern ein. In einem Abstand von etwa 1 Meter werden wieder Doppelpflöcke eingeschlagen. Und in den Raum zwischen den beiden Pflöcken wird alles anfallende Holz eingeschichtet. Das sieht bei unterschiedlich dicken und krummen Hölzern vielleicht etwas wirr aus, aber darauf kommt es nicht an. Der Zaun ist ganz individuell, einmalig und natürlich. Mit niedrigen Totholzzäunen können Sie Beete eingrenzen. Höher aufgeschichtete Zäune geben Sichtschutz für »wilde Ecken« oder den Kompost. Das eingeschichtete Holz sackt nach und nach in sich zusammen. Dann können Sie weiteres Material obenauf legen.

Trockenmauern bauen

Mauern und Trockenmauern erfüllen mehrere Funktionen: Sie stützen Gelände ab, geben Sichtschutz oder grenzen ein Grundstück ein. Der Bau einer Begrenzungsmauer ist einfacher, weil sie nicht einem so starken Druck ausgesetzt ist wie eine Stützmauer.

Gelände terrassieren

Bei geneigtem oder abschüssigem Gartengelände sind Mauern nötig, um für die Gartennutzung ebenes Gelände zu schaffen. Terrassenbau ist eine uralte Technik, mit der Gärtner und Landwirte auf der ganzen Welt schwieriges Gelände und Land im Gebirge in Anbauflächen umwandeln. Mithilfe des Terrassenbaus kann man sogar Nordhänge noch für den Gemüse- und Obstbau nutzbar machen. Auf nach Süden- oder Südwesten exponierten, warmen und windgeschützten Terrassen gedeihen Weinreben, Feigen, Spalierobst, Beerensträucher sowie Tomaten und Paprika sehr gut.

Die Kunst des Trockenmauerbaus

Nehmen Sie zum Aufsetzen einer Trockenmauer Steine, die in der Region vorkommen: Muschelkalk, Sandstein oder Kiesel. Sie dürfen nicht zu groß sein, sodass sie ohne Maschinen zu transportieren und aufzusetzen sind. Es gibt viele Möglichkeiten, eine solche Mauer zu gestalten: Sie können behauene oder unbehauene Steine verwenden, und auch verschieden große Steine aufsetzen. Oftmals ergibt sich die Gelegenheit, behauene Steine aus Abbrüchen zu beschaffen. Auch Kombinationen mit Abbruchsteinen oder mit Holz sind denkbar. Eine Trockenmauer wird ohne Mörtel aufgesetzt.

Trockenmauern schaffen Lebensräume für Dachwurz, Eidechse und andere Wärme liebende Tiere und Pflanzen.

Damit die Mauer dem Druck des dahinter liegenden Erdreichs standhält, muss der Aufbau einer Trockenmauer sehr sorgfältig nach allen Regeln des Maurerhandwerks geschehen.
Die Mauer darf nicht umfallen, die Steine müssen an Ort und Stelle bleiben. Gründung und Neigungswinkel müssen deshalb stimmen und nach oben hin muss sich die Mauer verjüngen.

Beginnen Sie mit dem Aushub des Erdreichs, denn die erste Steinreihe muss teils im Boden versenkt sein. Dafür wird ein 50–60 Zentimeter tiefer und ein etwa 30–40 Zentimeter breiter Graben ausgehoben. Um eine gerade Linie zu bekommen, wird als Nächstes eine Schnur gespannt. Auf den gewachsenen Boden des Grabens kommt eine etwa 40 Zentimeter dicke Schicht Schotter-Sand-Gemisch oder Kiessand als Fundament. Diese Schotterschicht sollte zum Hang hin leicht geneigt sein und muss gut verdichtet werden. Nehmen Sie eventuell einen Vibrationshammer zu Hilfe. Die erste Steinschicht liegt halb unter der Erdoberfläche. Der Fundamentstein muss möglichst tief zum Hang hin reichen. Hintermauern Sie ihn mit kleineren Steinbrocken. Danach werden mit versetzten Fugen weitere Steinschichten aufgeschichtet, jeweils mit Hintermauerung. Die möglichst plan aufliegenden Steine müssen nach hinten leicht abwärts geneigt sein. Wenn Steine wackeln, verkeilen Sie diese mit kleineren Steinbrocken. Jede zweite Steinreihe sollte mit Durchbindern etwas weiter nach hinten reichen als die vorhergehende, um der Konstruktion Stabilität zu verleihen. Lücken und Fugen werden mit Sand oder Splitt und Erde aufgefüllt.

Die flachen und breiten Steine für die Mauerkrone müssen besonders sorgfältig ausgewählt und bei Bedarf auch bearbeitet werden, damit eine ebene Fläche entsteht. Wenn die Mauer die gewünschte Höhe erreicht hat, wird der Raum hinter der Steinsetzung mit Rohboden, Kies oder Schotter aufgefüllt. Die Schotterschicht puffert auch das nachrückende Erdreich ab. Wenn viel Wasser von hinten gegen die Mauer drückt, sollte hinter dem Mauerfuß ein Dränagerohr verlegt werden, um überschüssiges Wasser abzuleiten.

Beim Aufeinanderschichten der Steine sollten möglichst keine Kreuzfugen entstehen, die senkrecht verlaufenden Stoßfugen dürfen nicht über zwei Steinreihen durchgehen. Die Lagerfugen können dagegen eine durchgehende waagerechte Linie bilden.

Bei frei stehenden Trockenmauern sind beide Seiten zueinander geneigt. So verjüngt sich die Mauer nach oben. Der Hohlraum dazwischen wird mit Erde aufgefüllt. Hier können – wie auf einem Hochbeet – Zier- und Nutzpflanzen ihren Platz finden. Eine Kräuterspirale ist auch nach diesem Prinzip aufgebaut. Hierfür wird eine runde Grundform abgesteckt, die genügend groß bemessen sein sollte, mit einem Durchmesser von mindestens 2 Metern.

LINKS: Eine Trockenmauer muss fachgerecht aufgerichtet sein. Hinter der Mauerkrone gedeihen trockenheitsverträgliche Kräuter gut.

Mauern im Gartenraum

In vielen Gartensituationen ist es sinnvoll und nötig, leicht geneigtes Gelände mithilfe von niedrigen Mauern abzugrenzen. Für diesen Zweck reichen oft 1–2 Steinreihen, die nicht allzu tief im Erdreich versenkt zu sein brauchen. Jedenfalls wird kein Fundament benötigt. Wenn die Steine nicht allzu groß und schwer sind, lässt sich diese Arbeit leicht bewältigen.
Der Lebensraum Mauer ist etwas ganz Besonderes. Mauereidechsen und Smaragdeidechsen erobern sich diesen Lebensraum. Die typischen Trockenmauerpflanzen siedeln sich oft von alleine an. Sie können aber ein wenig nachhelfen und schon beim Aufsetzen der Mauer Fetthenne und Dachwurz, Mauerraute und Zimbelkraut einsetzen. Hinter der Mauerkrone ist ein idealer Platz für trockenheitsverträgliche und Wärme liebende Kräuter: Berg-Bohnenkraut, Dost, Garten-Salbei, Lavendel und Thymian fühlen sich an diesem Standort wohl.

Mähen mit der Sense

Bevor Mähmaschinen und schließlich Mähdrescher Einzug in die Landwirtschaft nahmen, mähten die Bauern Getreide und Gras mit Sense und Sichel. Um auf steilen Grundstücken, auf Randstreifen, unter Büschen und Bäumen sowie an unzugänglichen Stellen den Bewuchs niedrig zu halten, sind diese landwirtschaftlichen Handgeräte noch heute das Mittel der Wahl. Sense und Sichel brauchen keinen Strom, sind nahezu lautlos einsetzbar – Nachhaltigkeit pur! Es gibt nichts Besseres zum Mähen von hoch gewachsenen Wiesen mit Gräsern und Kräutern. Das selbst gemähte Gras kann als Grünfutter an Kühe und Kaninchen verfüttert werden oder Sie lassen es zu Heu trocknen.

Den richtigen Schwung finden

Beim Mähen mit der Sense kommt es darauf an, den richtigen Schwung des Oberkörpers und der Arme und den richtigen Rhythmus der Bewegung des Oberkörpers in Kombination mit dem Vorwärtsgehen zu finden. Der ganze Körper arbeitet beim Sensen mit. Der lange Sensenstiel hat zwei Griffe, die sogenannten Handhaben. Halten Sie den Stiel links vom Körper. Die rechte Hand fasst den unteren Griff, der mittels eines Holmes etwas Abstand vom Stiel hat; die linke Hand fasst den oberen Griff. Der Stiel sollte so lang sein, dass Sie sich beim Mähen nur leicht nach vorne beugen müssen und fast aufrecht stehend mit der Sense arbeiten können. Stellen Sie sich breitbeinig so hin, dass das linke Bein etwas weiter vorne steht. Nun drehen Sie von der Hüfte aus den Oberkörper samt den Schultern nach rechts und holen zum Schwung aus. Das scharf gewetzte Sensenblatt schneidet durchs Gras und bringt die Blätter und Halme zum Umfallen. Sie gehen vorwärts und holen gleich zum nächsten Schnitt aus. So schreiten Sie über das bereits Gemähte nach vorne. Das Mähen von Hand bringt den Mäher oder die Mäherin in einen Rhythmus und geht mit Übung immer besser von der Hand.

Damit Sense und Sichel glatt mähen, müssen Sie das Sensenblatt vor dem Mähen und während des Mähens mittels eines Wetzsteins immer gut wetzen. Der Wetzstein, der aus einem grauen Tonschiefer geschnitten ist und in einem Köcher mitgeführt wird, muss nass sein. Führen Sie den Wetzstein flach über die Klinge, in rascher Folge abwechselnd auf der einen, dann auf der anderen Seite.

Ab und zu ist es nötig, das armlange, schwach gebogene Sensenblatt zu glätten und Scharten auszugleichen. Bei der Sichel ist dies ebenso nötig. Dazu sagt man »dengeln«. Daher stammt auch die Redewendung »Eine Scharte auswetzen«. Das Dengeln ist Sache des Schmieds, der die Klinge mit dem Hammer glättet und scharf macht.

LINKS: Heu von der eigenen Wiese – mit einer Sense gelingt das Mähen mit etwas Übung leicht und ohne zusätzlichen Energieaufwand.

Leichte Bauten aus Holz

Holz ist ein wunderbares Material, aus dem Sie viel Nützliches für den Garten herstellen können. Entweder mit Holz vom eigenen Grundstück oder aus zugeschnittenem Kiefern- oder Fichtenholz aus dem Baumarkt.

Rankgerüste und Spaliere bauen

Spalierpflanzen, Weinreben, Kiwis, Birnen, Brombeeren, Johannisbeeren – Rankgerüste werden im Garten mancherorts benötigt. Schlingpflanzen wie Kiwis erobern die Gerüste selbst durch ihre Schlingbewegung. Brombeeren spreizen sich mit ihren Stacheln an den Gerüsten in die Höhe. Die anderen Obstgehölze muss man mit Bindematerial an den Latten befestigen. Traditionell nahm man früher zum Anbinden der Gehölze dünne, biegsame Weidenästchen.

Am stabilsten ist eine Konstruktion aus etwas größeren Latten für die Senkrechte mit 5 x 2,5 Zentimeter und 2,5 x 2,5 Zentimeter großen Vierkanthölzern für die Querlattung. Für Weinreben und Spalierobst werden die senkrechten Latten in einem Abstand von 30–40 Zentimetern montiert. Die Querlatten können einen weiteren Abstand zueinander haben. Mit rostfreien Nägeln oder Schrauben werden die Hölzer zu Lattenfeldern zusammengenagelt oder geschraubt.
Allein durch verschiedenes Zusammenfügen der Hölzer – durch verschiedenartige Lattung senkrecht, waagerecht, schräg, in verschiedenen Abständen – bekommen Sie effektvolle, ornamentale Muster, nicht nur einfache Vierecke oder Rechtecke, sondern auch Rauten.

Spaliere können zwischen Pfosten befestigt frei stehen oder sie können mit Abstandshaltern an Wänden montiert werden. Dazu hängt man die Lattenfelder in Haken ein, die mit Dübeln in der Wand befestigt sind. So können Sie das Wandspalier leicht abnehmen, wenn an der Fassade etwas zu reparieren ist. Die Abstandshalter sind nötig, um Schlingpflanzen Raum zu geben, sodass kleine Äste und Blattwerk hinter den Latten Platz haben.

Tomatenhaus und Wanderkasten

Schutzvorrichtungen für Tomaten und frühes Gemüse können Sie ebenfalls leicht selbst aus Holzlatten und Gitterfolie bauen. Tomatenhaus und »Gemüse-Wanderkasten« sollten aber nur so groß sein, dass Sie die Konstruktion alleine oder zu zweit auf dem Schubkarren transportieren können, denn sie müssen im Frühjahr auf- und im Herbst abgebaut werden. Über Winter stehen Holzbauten für den Garten am besten unter Dach, damit sie länger halten.

RECHTS: Aus Holzlatten, Bambusstäben oder Haselnussstecken lassen sich Rankgerüste mit wenigen Hilfsmitteln selbst zusammenfügen.

Vom richtigen Umgang mit Wasser

Um das Wasser dreht sich im Garten vieles. Ohne Wasser kein Wachstum. Wir wollen das Wasser nicht vergeuden, sondern umsichtig mit dem kühlen Nass umgehen. So wird die Natur geschont und gleichzeitig werden Wasser- und Abwassergebühren niedrig gehalten. Sammeln Sie von allen Dachflächen das Wasser und sorgen Sie für ausreichend Speichermöglichkeit, damit Sie weitgehend unabhängig vom Wasserhahn werden.

Wertvolles Wasser

Durch Hacken und Mulchen lässt sich viel Wasser sparen. Wenn es schon nötig sein sollte zu wässern, nehmen Sie dafür nicht den Gartenschlauch, sondern gießen Sie nur alle 2–3 Tage gezielt mit der Gießkanne. So kann auch die Wassermenge pro Quadratmeter gut abgeschätzt werden; beim Gießen mit dem Wasserschlauch wird die Wassermenge meist unterschätzt. Tägliches oberflächliches Benetzen schadet den Pflanzen dagegen eher. Das Wasser dringt nicht in tiefere Bodenschichten ein, sondern bleibt an der Oberfläche. Die Pflanzenwurzeln entwickeln sich dadurch auch nur in den oberen Bodenschichten und gehen nicht in die Tiefe. Gegossen wird außerdem nie in der Mittagshitze bei prallem Sonnenschein, sondern morgens oder abends. Bei sehr großer Hitze im Hochsommer kommt man nicht umhin, auch abends zu gießen, möglichst so, dass die Feuchtigkeit bis zur Nacht wieder abtrocknet.

Wasser sparen können Sie auch, wenn Sie nicht über die Pflanzen gießen, sondern direkt in den Wurzelbereich. So verdunstet weniger Feuchtigkeit und die Gefahr, dass sich durch das Benetzen mit Wasser Pilzkrankheiten ausbreiten können, ist geringer.

In der Nähe der Gemüsebeete oder des Gewächshauses sollte sich eine Wasserquelle, also entweder ein Leitungswasseranschluss oder eine Regentonne, befinden, damit Sie beim Gießen keine weiten Wege gehen müssen.

LINKS: Das klassische Holzfass zum Auffangen des Regenwassers fügt sich gut in eine natürliche Gartenumgebung ein.

OBEN: Ein Wasseranschluss zum Entnehmen von Leitungswasser sollte an einer gut zugänglichen Stelle im Garten angebracht werden.

Regenwasser nutzen

Wer sparsam und umweltbewusst auf der Mini-Farm arbeiten will, nutzt am besten Regenwasser zum Bewässern im Garten. Ganz einfach geht das, wenn Dachwasser über eine einfache Regenklappe im Fallrohr der Dachrinne in eine Regentonne geleitet wird. Bei dieser einfachen Methode müssen Sie nur daran denken, die Klappe zu schließen, wenn die Tonne voll ist, sonst läuft sie über. Wenn es regnet, sollten Sie die Klappe erst öffnen, nachdem der erste Schwall verschmutzten Regenwassers abgelaufen ist.

Etwas komfortabler und effektiver sind Einbauten zum Abzweigen des Wassers im Fallrohr. Diese sind als Regenwassersammler oder Füllautomaten im Handel. Über ein Schlauchverbindungsstück fließt das Wasser direkt in die Regentonne. Der Füllautomat schließt sich automatisch, wenn die Tonne voll ist, und leitet überschüssiges Wasser in die Kanalisation. Die Regentonne kann direkt neben dem Fallrohr oder weiter entfernt auf tieferem Niveau in der Nähe des Gemüsegartens stehen.

Mit einem Regenguss ist ein 500-l-Fass schnell gefüllt. Deshalb ist es sinnvoll, mehrere Fässer oder Becken hintereinander aufzustellen, dann kann das Wasser mithilfe eines Verbindungsschlauchs überlaufen.

Regenfässer und Schöpfbecken

Die Wasserfässer fungieren gleichzeitig als Schöpfbecken. Hier kann sich das Wasser erwärmen. Das ist vor allem wichtig, wenn Sie in Trockenzeiten kaltes Leitungswasser hinzunehmen müssen. Sie können ausrangierte Haushaltsgegenstände als Schöpfbecken verwenden, also alte Emaillebadewannen oder Zinkwannen oder eben Regenfässer aus dem Handel. Die Fässer sollen sich gut in eine natürliche Gartenumgebung einfügen. Baumarkt-Produkte wirken oft fehl am Platz. Wer auf Naturmaterialien Wert legt, für den gibt es eine Kompromisslösung: Stellen Sie Regenfässer auf, die aus einer Holzummantelung und frostsicherer Kautschukfolie bestehen.

Für die Fasswandung sind Holzleisten durch Drahtseile miteinander verbunden. Das ist eine äußerst stabile Konstruktion, die es mit einem Fassungsvermögen von 100–6 000 Liter zu kaufen gibt.

Regenfässer abdecken

Offene Regenfässer oder Schöpfbecken sollte man abdecken können, vor allem auch, damit Kinder und Tiere nicht hineinfallen können. Der Deckel hält zudem Stechmücken davon ab, ihre Eier ins Wasser zu legen. Offene Wasserbehälter sind eine Brutstätte für diese lästigen Blutsauger.
Im Spätherbst, vor den ersten starken Frösten, müssen unbedingt die Außenwasserleitungen und die Wassertonnen entleert werden, sonst entsteht durch Frost ein Schaden.

Zisterne und Brunnen

Früher wurde oft die Dreikammer-Kläranlage zum Wasserspeicher umfunktioniert und das Dachwasser eingeleitet. Heute kann man beim Hausbau und bei der Neuanlage eines Gartens von vorneherein Regenwasserzisternen unterirdisch einbauen. Mithilfe einer Tauchpumpe holt man das Wasser wieder heraus und leitet es zum Erwärmen in Schöpfbecken beziehungsweise Regenfässer. Der nachträgliche Einbau einer Zisterne ist dagegen aufwendig. Sie können das Wasser auch mit einer Hand-Schwengelpumpe aus der Zisterne hochbefördern. Ebenso wird das bei einem Brunnen gehandbabt.

Automatische Bewässerung

Im Garten und im Gewächshaus bietet sich die Möglichkeit zur automatischen oder halbautomatischen Wasserversorgung. Auf diese Weise kann man die Kulturpflanzen ganz gezielt und ohne Verlust bewässern und spart dabei viel Wasser. Die Bewässerungssysteme schließt man mithilfe von Schlauchkupplungen an die Wasserleitung an. Die Steuerung erfolgt dabei automatisch, entweder mit Bewässerungscomputern mit Zeitschaltuhren oder einfach manuell.

Je nach System sind es einzelne Tropfer oder Bewässerungsschläuche, die das Wasser an die Pflanzen befördern. Die Bewässerungsschläuche eignen sich für Gartenbeete und Gewächshäuser. Sie werden je nach Hersteller entweder auf dem Boden oder wenige Zentimeter tief im Boden oder unter einer Mulchschicht verlegt. Bei ihnen sickert das Wasser langsam aus den Poren oder Perforationen und versorgt die Pflanzen bis in etwa 0,5 Meter Entfernung mit Wasser.

LINKS: Wasser sollte für alle Tiere auf dem Hof in ausreichender Menge zur Verfügung stehen.
RECHTS: Mittels einer Schwengelpumpe lässt sich Wasser aus einem Brunnen oder einer unterirdischen Zisterne nach oben befördern.

Vorräte für den Winter

Obst, Gemüse, Kräuter frisch vom Beet oder eingelagert, dazu Getreide und Feldfrüchte – da ist die Selbstversorgung schon fast perfekt. Die richtige Lagerung und passende Haltbarmachungsarten garantieren einen abwechslungsreichen Speiseplan.

Die beste Lagerung

Was tun mit all dem Obst und dem Gemüse, das im Garten heranreift? Am wenigsten Arbeit haben Sie, wenn Sie das Erntegut nach und nach und auch im Winter direkt aus dem Garten holen können. Einige Obst- und Gemüsearten lassen sich zudem wochen- oder monatelang bis zum Frühjahr lagern. Vorausgesetzt, Sie haben von Apfel, Möhre oder Rettich spezielle Lagersorten gewählt.

Praktisches Einlagern beim Obst

Äpfel eignen sich besonders gut zum Einlagern in einem sehr kühlen, gut belüfteten Raum. Das kann ein gut zu belüftender Kellerraum sein, ein Schuppen oder ein nicht mehr genutzter Stall. Einige Sorten halten etwa bis Weihnachten. Spezielle Lagersorten wie beispielsweise 'Brettacher' oder 'Schöner von Boskoop' bleiben bis zum April oder Mai oder noch länger frisch. Von Birnen gibt es dagegen nur wenige Lagersorten, beispielsweise 'Gräfin von Paris'.

Lagern Sie das Obst nach Sorten getrennt entweder in Holzkisten oder auf Holzregalen. Am besten breiten Sie die Äpfel in einer Lage aus, um den Überblick zu behalten. Außerdem können so faulige Äpfel besser ausgelesen werden. Kontrollieren Sie die Bestände regelmäßig.
Quitten lassen sich ebenfalls einige Zeit in einem kühlen Raum lagern. Sie sollten jedoch nicht zu lange mit der Verarbeitung warten, weil sich das Innere der Quitten braun färbt und die Früchte nach und nach faulen. Weintrauben halten sich bei kühler Lagerung etwa zwei Wochen lang frisch; bei zu langer Lagerung werden sie jedoch sauer. Kiwis bleiben in einem kühlen Keller Monate lang frisch, Steinobst wie Zwetschgen und Pflaumen hält dagegen nur wenige Tage. Früchte, die Sie nicht frisch verbrauchen können, sollten eingefroren oder zu Konserven verarbeitet werden. Aber vielleicht freuen sich Freunde und Nachbarn über einen Eimer voll mit leckeren Früchten. So muss nichts weggeworfen werden.

LINKS: Mit den richtigen Apfelsorten ist die Selbstversorgung mit Äpfeln bis zum Frühjahr oder sogar bis zum Frühsommer möglich.

OBEN: Wurzelgemüse lagert gut in Erdkellern oder Erdmieten im Freien. Stroh und Styropor schützen vor dem Eindringen des Frostes.

Nüsse trocknen und lagern

Walnüsse und Haselnüsse lassen sich sehr gut lagern, müssen allerdings gut trocken sein. Walnüsse lässt man nach der Ernte im Haus oder auf einer Terrasse auf Horden nachtrocknen. Dabei muss Luft die Nüsse umstreichen; bewegen Sie deshalb während des Trocknens die Nüsse täglich mit der Hand. Zur Aufbewahrung werden sie dann luftig in Stoffsäcken oder Netzen an einem trockenen Platz aufgehängt.

Bei Haselnüssen muss man sich diese Mühe nicht machen. Sie trocknen bei luftiger Lagerung im Haus von alleine. Allerdings sind Haselnüsse oft vom Haselnussbohrer bzw. dessen Larve befallen. Man erkennt befallene Nüsse an dem winzigen Bohrloch, das der Rüsselkäfer beim Durchbohren der Nussschale hinterlässt. Solche Nüsse sind fast immer innen hohl. Am besten kontrolliert man akribisch vor dem Lagern jede einzelne Nuss.

Das ganze Jahr Gemüse

Beim richtigen Umgang mit Gemüse lässt es sich in einem Haushalt sehr sparsam wirtschaften. Verwerten Sie möglichst alles, und achten Sie darauf, dass wenig verdirbt.
Am einfachsten ist es, Gemüsearten anzubauen, die im Winter draußen auf dem Beet bleiben und nach Bedarf ganz frisch geerntet und verbraucht werden. Denken Sie an Feldsalat, Grünkohl, Lauch (Porree), Mangold, Pastinake, Rosenkohl, Topinambur und Winterpostelein. Lauch, Rosenkohl und Grünkohl kann kurzzeitig im Frühbeet oder im Gewächshaus zwischengelagert werden, wenn eine längere Schneeperiode droht.

Wurzelgemüse wie Möhren, Winterrettiche oder Rote Bete lässt man möglichst lange an Ort und Stelle im Garten stehen. Sie werden dann möglichst bei trockenem Wetter geerntet und trocken eingelagert. Erdreste müssen Sie nicht entfernen. In nicht zu kalten Wintern und in Gärten, in denen keine Gefahr von Mäusen und Kaninchen droht, können Möhren und Rettiche sogar draußen auf dem Beet stehen bleiben, eventuell unter einer Abdeckung aus Vlies oder ausrangierten Vorhängen bzw. Matten.

Gemüse einlagern

Zum Einlagern im Haus ist ein Gewölbekeller mit gestampftem Boden ideal. Allerdings gibt es in modernen Haushalten solche baulichen Voraussetzungen nur selten. Alternativ können Sie die Gemüse in großen Tontöpfen oder Plastikeimern einschichten und locker mit Pappe abdecken. Die Möhren, Rote Bete und Rettiche lagern so im sehr kühlen, gut belüfteten Keller monatelang. Eine weitere Möglichkeit besteht darin, die Möhren in Sand einzuschlagen.

Kartoffeln müssen Sie etwas anders behandeln als die Wurzelgemüse. Sie wollen kühl lagern, aber nicht unter 4 °C, da sie bei tieferen Temperaturen süß werden. Werden spezielle Kartoffelkisten verwendet, dürfen sie nicht direkt auf dem Boden stehen, sondern erhöht, damit Luft zirkulieren kann. Kartoffeln sollten außerdem dunkel lagern, damit sie nicht vergrünen. In den grünen Teilen der Kartoffel ist giftiges Solanin gespeichert. Diese Stellen müssen Sie vor dem Kochen ausschneiden.

Frühbeetkästen

Wenn Sie im Haus keine gute Lagermöglichkeit haben, bietet es sich bei einigen kälteverträglichen Gemüsearten an, sie im Freien zu lagern. Für diesen Zweck können Sie den Frühbeetkasten umfunktionieren. Dazu wird die lockere Erde ausgehoben und der Boden mit einem sehr engmaschigen, stabilen Drahtgeflecht ausgelegt, das auch an den Seiten rundum weit hoch reicht und wirklich dicht schließen muss. Dieses Geflecht soll vor Mäusen schützen, die beim Lagern im Freien immer eine Gefahr sind. Legen Sie sicherheitshalber noch ein Vlies über das Geflecht, bevor das Gemüse eingelagert wird. Möhren, Rote Bete & Co. müssen dann noch mit Vlies und Strohballen abgedeckt werden.

Erdmieten und Erdkeller

Das Lagern in einer Erdmiete funktioniert im Prinzip genauso. In Erdmieten lassen sich Wurzelgemüse lagern. Besonders geeignet sind Rüben, die wegen ihres hohen Zuckergehaltes gut lagerfähig sind, denn Zucker schützt vor Kälte. Graben Sie den Boden etwa einen Spaten tief aus, schichten Sie die Wurzeln ein und überdecken Sie sie mit der ausgegrabenen Erde. Auch hier schützt ein engmaschiges Drahtgeflecht vor Mäusen.

LINKS: In einem Selbstversorgerhaushalt versorgt man sich das ganze Jahr über mit frischem Obst und Gemüse aus eigenen Lagerräumen.

Der Frost dringt nur langsam in tiefere Erdschichten ein, und selbst wenn dies geschieht, sinken die Temperaturen hier nicht so tief wie in freier Atmosphäre. Da bietet es sich doch an, noch tiefer ins Erdreich zu gehen und eine Grube auszuheben. Vielfach bewährt hat sich das Lagern in ausgedienten Waschmaschinentrommeln, die man in ein solches Erdloch einsenkt – mit der Öffnungsklappe nach oben. Decken Sie die Trommel nach oben mit Styropor und einem Strohballen ab, damit kein Frost eindringen kann. In der Trommel halten sich Möhren, Rettich und Rote Bete hervorragend frisch.

Komfortabler ist das Einlagern in Erdkellern. Hierfür wird eine Grube etwa 60 Zentimeter tief ausgegraben und die Seiten werden mit Ziegelsteinen hochgemauert. Der Boden des kleinen Erdkellers wird zum Schutz vor Mäusen mit engmaschigem Drahtgeflecht ausgelegt. Als Abdeckung dienen Holzdielen und wiederum ein Strohballen.

Tipps für die Lagerung

- **Endiviensalat** und **Zuckerhutsalat** lassen sich einige Wochen oder sogar Monate lagern, wenn man trockene Köpfe fest in große Bogen Zeitungspapier einwickelt und in weite Plastikeimer steckt.
- **Zwiebeln, Knoblauch, Schalotten** kann man sehr gut im Haus an einem trockenen, kühlen Platz lagern, etwa im Treppenhaus oder in einem ungeheizten Wohnraum. Legen Sie die Zwiebeln in einer flachen Holzkiste oder in einem Spankorb aus. Die Zwiebeln halten bis zum Frühjahr und treiben dann Zwiebelgrün aus.
- **Trockenbohnen** werden am besten trocken und kühl gelagert. Zum Schutz vor dem Speisebohnenkäfer füllt man die Bohnenkerne in Gläser ab.
- **Speise-Kürbisse** werden trocken gelagert. Sie halten sich monatelang in einem kühl gehaltenen Wohnraum.
- Grün geerntete **Tomaten** reifen im Haus nach. Legen Sie die Früchte an einem warmen, dunklen Platz aus.

Gemüse und Obst haltbar machen

Obst und Gemüse haltbar machen ist alles andere als altmodisch! Egal, ob einfrieren, trocknen, eindünsten oder entsaften – es gibt viele Möglichkeiten, die Ernte zu konservieren und auch im Winter wohlschmeckende und gesunde Köstlichkeiten aus dem eigenen Garten auf den Tisch zu bringen. Wenn die Ernte hoch ausfällt, müssen Sie sich für die Verarbeitung zunächst etwas Zeit nehmen. Doch es lohnt sich und mit einigen nützlichen Haushaltsgeräten gelingt das Konservieren leicht.

OBEN: Selbst gemachte Feinkost mit Essig und Öl: aromatischer Estragonessig, fruchtiger Himbeeressig oder pikantes Knoblauchöl.

Obst und Kräuter trocknen

Die einfachste Konservierungsmöglichkeit ist das Trocknen beziehungsweise Dörren. Zum Trocknen von Tee- und Würzkräutern genügt es, Blüten und Blätter flach auszulegen – auf einem Tuch, in einer flachen Kiste oder auf speziellen Horden. Zum Trocknen großer Mengen ist ein elektrischer Dörrapparat praktisch, weil es damit rasch geht. An der Luft dauert das Trocknen einige Tage bis etwa eine Woche. Die genaue Zeitdauer lässt sich nicht pauschal angeben, da die Trockengeschwindigkeit stark von der Wärme und der Luftfeuchtigkeit abhängt. Nur ganz trockene Kräuter werden dann in Tüten oder Behälter abgepackt.
Die Trockentemperatur sollte höchstens 40 °C betragen. Bei höherer Temperatur verflüchtigen sich die wertvollen Inhaltsstoffe der Kräuter, die ätherischen Öle.

Schnelles Trocknen im elektrischen Dörrapparat

Obst hat einen hohen Wassergehalt und trocknet an der Luft nur sehr langsam. Am schnellsten und sichersten geht das Dörren mit einem elektrischen Dörrapparat oder auf Backblechen im Backofen. So können größere Mengen von Zwetschgen, Birnen, Äpfeln und Quitten zu Dörrobst (Hutzeln) verarbeitet werden. Schneiden Sie Äpfel, Birnen und Quitten in sehr dünne Scheiben. Von Äpfeln kann man auch Ringe trocknen. Heidelbeeren, Preiselbeeren und Hagebutten lassen sich ebenfalls gut trocknen. Die Trockentemperatur sollte nicht höher als 40–45 °C sein, damit die wertvollen Vitamine nicht zerstört werden.

LINKS: Süße Zwetschgen lassen sich mit wenig oder ganz ohne Zucker zu köstlichem Mus verkochen, das sich lange hält.

Einfrieren leicht gemacht

Das Einfrieren ist die schnellste Konservierungsmethode für viele Gemüsearten und Beerenobst. Tomaten können Sie so, wie sie sind, ganz einfrieren. Grüne Bohnen müssen jedoch blanchiert werden. Dazu werden die gesäuberten Bohnen in sprudelnd kochendes Wasser gegeben und etwa drei Minuten lang gekocht. Dann kommen sie kurz in kaltes Wasser, damit sie nicht weitergaren; abtropfen und abkühlen lassen und dann erst in die Vorratsgefäße füllen.

Brombeeren, Erdbeeren, Heidelbeeren, Himbeeren, Johannisbeeren eignen sich ebenfalls zum Einfrieren. Legen Sie die Beeren zunächst flach ausgebreitet auf einem Tablett in die Gefriertruhe oder ins Gefrierfach. Die so schonend schockgefrorenen Beeren können dann platzsparend in Beutel oder Gefrierdosen umgefüllt werden. Bei Zwetschgen und Pflaumen gehen Sie am besten so vor: Früchte aufschneiden, sodass die Fruchthälften noch zusammenhängen, den Stein entfernen und in ein Gefriergefäß einschichten. So haben Sie die Zwetschgen gleich zum Kuchenbelegen parat.

Einwecken

Jahrzehntelang gehörte das »Eindünsten« oder »Einwecken« zum Standardprogramm in den Haushalten, die Vorratswirtschaft betrieben. Eingeweckt wurde alles, was Garten und Natur an süßen Früchten hergaben. Das Eingeweckte konnte so viele Jahre lang aufbewahrt werden. Als Gefriertruhen und das Einfrieren in Mode kamen, geriet diese Konservierungsmethode lange Zeit in Vergessenheit. Heute ist das Einwecken aber wieder ganz modern. Und wie praktisch ist es doch, rasch eingedünstete Birnen oder Kirschen zum Nachtisch oder Essiggurken zum Vespern aus dem Keller zu holen.

Zum Einwecken brauchen Sie einen Einweckapparat und gut schließende Einweckgläser mit einem Gummiring oder Schraubgläser, sogenannte Twist-off-Gläser. Es ist auch möglich, im Backofen auf mit Wasser gefüllten Blechen einzudünsten. Die Einwecktemperatur liegt je nach Obstart bei 75–80 °C bei einer Dauer von 20–30 Minuten.

Bereiten Sie das Einwecken so vor: Das gewaschene und in Schnitze geschnittene Obst in Einweckgläser oder Schraubgläser mit Twist-off-Deckel füllen und Zuckerwasser bis zum Rand darübergießen.

Je nach Süße der Obstart werden dafür 50–100 Gramm Zucker je Kilogramm Früchte benötigt.

Birnen, Kirschen oder Quitten können Sie auch süßsauer eindünsten. Bei Quitten rechnet man dann zum Beispiel auf 1 Kilogramm Früchte 0,5 Liter Essig und 0,5 Liter Wasser. Geben Sie als Würze Nelken, etwas Zimt sowie Ingwer und Zitronenschale dazu.

Kalt entsaften

Roh gepresste Säfte gelten mit ihrer hohen Konzentration an Vitaminen und anderen sekundären Inhaltsstoffen als besonders gesund – Heilkraft pur. Zum kalt Entsaften brauchen Sie eine Saftzentrifuge. Wurzel- und Blattgemüse sowie Obst lassen sich damit hervorragend entsaften. Rote Bete mit Apfel, Brennnessel mit Apfel oder Möhre mit Sellerie – probieren Sie einfach aus, was Ihnen schmeckt.

Dampfentsaften

Große Mengen an Obst können am besten durch Dampfentsaften konserviert werden. Holunderbeeren, Johannisbeeren, Quitten und Weintrauben sind dafür bestens geeignet. Ein Dampfentsafter sollte im Haushalt vorhanden sein, in den die gewaschenen Früchte eingefüllt werden. Der Saft sammelt sich im Zwischenbehälter des dreiteiligen Topfes. Über einen abklemmbaren Schlauch wird der Saft dann fast kochend heiß direkt in sehr gut und sehr heiß gereinigte Flaschen oder Schraubgläser eingefüllt. Auf Zucker können Sie verzichten. Auch ungezuckerter Saft hält sich sehr gut, wenn die Gläser und Deckel vorher gründlich gereinigt worden sind. Wenn Sie ganz sichergehen wollen, können Sie die Flaschen oder Gläser zusätzlich in einem Einweckapparat sterilisieren.

Der gewonnene ungesüßte Saft ist die Grundlage für Gelee. Geben Sie den abgekühlten Saft in einen großen Topf, und fügen Sie Gelierzucker hinzu. Je nachdem wie süß Sie es mögen, nehmen Sie Gelierzucker mit unterschiedlicher Gelierkraft. Es gibt Gelierzucker 1:1, 1:2 oder 1:3, entsprechend dem Verhältnis, wie viel Zucker Sie dem Saft zusetzen wollen. Gelierzucker nimmt man ebenfalls zur Marmeladenbereitung.

LINKS: Einwecken wird wieder modern. Kirschen, Birnen, Gurken und andere Gemüse und Früchte lassen sich so haltbar machen.
MITTE: Weißkraut in sehr feine Streifen hobeln, unter Zugabe von Salz in ein Tongefäß einschichten und feststampfen – so entsteht Sauerkraut.
RECHTS: In Schnaps, Rum oder anderem Hochprozentigem eingelegte Zwetschgen oder Kirschen halten sich jahrelang.

Aus den Rückständen, die beim Entsaften von Quitten anfallen, lässt sich mit wenig Zucker und Gewürzen, wie Nelken, Zimt und Ingwer, ein leckeres Quittenmus als süßer Brotaufstrich herstellen. Wer mag, kann aus dem Mus Quittenbrot zubereiten. Das Mus wird dazu sehr dünn auf ein mit Pergamentpapier ausgelegtes Backblech gestrichen. Bei niedriger Temperatur muss es dann nur noch im Backofen trocknen.

Stichwortverzeichnis

A

Ackersalat 63
Ackerschachtelhalm 28 f.
Ackerwinde 28 f.
Actinidia arguta 104
Actinidia deliciosa 104
Allium cepa 50
Allium fistulosum 79
Allium porrum 51
Allium sativum 51
Allium schoenoprasum 79
Anbautechnik 47
Angorakaninchen 133
Apfel 87 ff., 139, 181, 185
Apium graveolens var. *rapaceum* 52
Araucana-Hühner 126
Ausgeizen 66, 68
Aussaat 24, 31 ff.
Avena sativa 109

B

Basilikum 32, 35 f., 77, 79
Baumtomate 45, 66, 68
Beeteinfassung 27
Beetform 13
Bergbohnenkraut 83
Beta vulgaris subsp. *vulgaris* var. *altissima* 116
Beta vulgaris subsp. *vulgaris* var. *rapacea* 116
Beta vulgaris subsp. *vulgaris* var. *vulgaris* 65, 116
Beute 18, 137 ff., 141, 186
Bewässerungssystem 177
Bienenkasten 137, 155
Bienenstock 137 ff.
Bienenvolk 139 f.
Bienenweidepflanze 21, 139
Birne 87, 89, 92, 181, 185 ff.
Birnenquitte 95
Blattlaus 27, 70, 79
Blaukraut 58 f.
Blumenkohl 56 f.
Blutlaus 27
Bodeneigenschaft 15
Botrytis 105
Brassica oleracea var. *Botrytis* L. 56
Brassica oleracea var. *gongylodes* 56 f.
Brassica oleracea var. *italica* 56
Brokkoli 56 f.
Brombeere 99 f., 173, 186
Bronzefenchel 79
Buschbohne 47, 49, 60, 65

C

Capsicum annuum 70
Capsicum annuum Longum-Gruppe 70
Capsicum frutescens 70
Cherrytomate 66, 69
Cichorium endivia 62
Cichorium endivia var. *crispum* 'Wallonne' 62
Cichorium intybus var. *foliosum* 60
Cocktailtomate 66
Comfreyblatt 17, 22
Corylus avellana 96
Cucurbita maxima 115
Cucurbita moschata 115
Cucurbita pepo 73
Cydonia oblonga 95

D

Dampfentsaften 187
Daucus carota 52
Deutscher Riese 133 f.
Dinkel 109, 113
Doldenblütler 79
Dörrapparat 185
Dost 77
Drahtwurm 27
Dreschen 112
Dünger 17 f.
Düngung 15 ff.

E

Einfrieren 185 f.
Einwecken 186 f.
Eissalat 60
Emmer 109
Endivie 62 f.
Entdeckeln 140
Ente 128 ff.
Entsaften 185
Erbse 64
Erdbeere 101, 186
Erdkeller 183
Erdmiete 183
Ernte 24 f., 35 f., 45
Erziehung 89
Exposition 13

F

Farbenzwergkaninchen 133, 135
Feldsalat 60 f., 63
Feuerbohne 65
Feuerbrand 90, 92
Flechtzaun 167 ff.
Fleischtomate 66
Florfliege 27
Foeniculum vulgare 'Rubrum' 79
Foeniculum vulgare subsp. *vulgare* var. *dulce* 79
Folie 35 ff.
Folientunnel 36, 61
Fragaria chiloensis 101
Fragaria vesca var. *hortensis* 101
Fragaria vesca var. *vesca* 101
Fragaria virginiana 101
Freigehege 135
Frisée-Endivie 62
Frostspanner 27
Fruchtfolge 21 ff.
Fruchtfolgekrankheit 21, 37
Fruchtfolgeschaden 21
Frühbeet 35 f.
Frühbeetkasten 183
Futter-Rübe 116

G

Gans 129 ff.
Gelbe Rübe 52
Gelee 95
Getreideernte 112
Gewächshaus 135 ff.
Gewölbekeller 182
Gewürzfenchel 79, 81
Giersch 29
Grauschimmel 101, 105
Gründüngung 19
Gründüngungspflanze 19
Grünkern 113
Grünkohl 58 f.
Gurke 72

H

Habanero-Chili 71
Halbstamm-Obstbaum 88
Haselnuss 96
Hausrebe 104 f.
Himbeere 102
Hochstamm-Obstbaum 88
Hokkaidokürbis 115
Holz-Magazinbeute 137
Honig 137 ff.
Hordeum vulgare 109
Horngries 17
Hornmehl 17
Hornspäne 17
Hühnerhaus 123 f.
Hühnerrasse 126
Hyssopus officinalis 78

J

Japanische Weinbeere 100
Johannisbeere 103, 106 f.
Jostabeere 103
Juglans regia 97

K

Kalken 17
Kälteschutz 35 f.
Kaninchen 133 ff.
Kartoffel 118 f., 183
Keimung 63, 70
Kirsche 93, 186 f.
Kiwi 104
Kleiner Wiesenknopf 79
Knoblauch 51
Knollen-Sellerie 52
Kohlhernie 21
Kohlrabi 57
Kohlweißling 27, 57
Kompost 18
Kompostplatz 18
Königsblüte 71
Konservierung 185 ff.
Kopfkohl 58
Kopfsalat 60 f.
Korbweide 167
Kraut- und Braunfäule 27, 37, 46, 68
Kräuterjauche 69
Kräuterspirale 77, 82 f., 171
Kräuterterrasse 82 f.
Küchen-Zwiebel 50
Kükenfertigfutter 130
Kürbis 115
Kurzhaarrasse 133

L

Lagergemüse 49
Lauch 51
Laufente 131

Lavandula angustifolia 77
Lavendel 77
Leghorn 126
Levisticum officinale 79
Lichtmangel 33, 61
Liebstöckel 79, 81, 83

M

Mais 109
Maisschrot 125, 131
Majoran 77, 79
Malus domestica 90
Marienkäfer 27, 90
Markerbse 64
Marmelade 187
Maulwurfsgrille 27
Melissa officinalis 78
Mentha 77
Milbe 27
Mirabelle 94
Mischkultur 21 ff.
Möhre 52
Möhrenfliege 22
Monatserdbeere 101
Moschus-Kürbis 115
Mulchdecke 15
Mulchen 15, 29
Mulchschicht 15, 99

N

Nachkultur 36, 47
Nacktschnecke 27
Nährstoff 15 ff.
Nährstoffversorgung 69, 71
Narrentasche 94
Nashi-Birne 92
Nematode 21, 46
New Hampshire-Hühner 126

O

Obstbaumbefruchter 138
Obstgehölzart 88
Obstwiese 88
Ocimum basilicum 77
Orangenminze 77
Origanum vulgare 77

P

Palerbse 64
Paprika 70 f.
Peperoni 70 f.
Petersilie 31, 82
Pfefferminze 77
Pferdemist 35
Pflanzkultur 24
Pflaume 94
Pflücksalat 60 f.
Phacelia 19, 21
Phaseolus vulgaris var. *nanus* 65
Phaseolus vulgaris var. *vulgaris* 65
Phytophthora infestans 68
Pilzkrankheit 27, 37, 68
Pimpinelle 79
Pisum sativum 64
Porree 49, 51
Prunus domestica 94
Pyrus communis 92
Pyrus pyrifolia 92

Q

Quecke 28 f.
Quitte 95

R

Radicchio 60
Radieschen 54
Rankgerüst 172
Raphanus sativus var. *niger* 55
Raphanus sativus var. *sativus* 54 f.
Regenfass 176 f.
Reneclode 94
Rettich 55
Rex-Kaninchen 133
Ribes nigrum 103
Ribes rubrum var. *domesticum* 103
Ribes × nidigrolaria 103
Roma-Tomate 66
Römischer Salat 60, 63
Rosmarin 78, 83
Rosmarinus officinalis 78
Rote Bete 116, 187
Rubus fruticosus 100
Rubus idaeus 102
Rubus phoenicolasius 100
Rumex acetosa 79
Runkel-Rübe 116

S

Saatbad 33
Saat-Gerste 109
Saatgut 31 ff.
Saat-Hafer 109
Saat-Roggen 109
Saat-Weizen 109
Säkultur 24
Salat 60 f.
Salatgurke 72
Salbei 77 ff.
Salix viminalis 167
Salvia officinalis 78
Samenfeste Sorten 31
Samenunkraut 28 f.
Samtfleckenkrankheit 66
Sanguisorba minor 79
Satureja hortensis 77
Satureja montana 77
Sauerampfer 79, 81 f.
Sauerkirsche 93
Sauerkraut 59
Säulenobst 89
Säulenobstbaum 89
Scharrzone 123 f.
Schatten 12, 81
Schildläuse 27, 140
Schlangengurke 72
Schleudern 140 f.
Schneckenkorn 27
Schnittlauch 79, 82
Schöpfbecken 176 f.
Schorf 27, 89
Schwebfliege 27, 79
Secale cereal 109
Sense 112, 172
Sonne 12
Spalier 89
Spindelbusch 89
Spinnmilbe 27
Spitzpaprika 70
Stabtomate 66
Stachelbeere 103
Stachelbeerkiwi 104
Stangenbohne 65
Starkzehrer 13, 16, 71
Steinmehl 17, 124
Stulptränke 124
Sussexhühner 126
Süßkirsche 93

T

Tageslänge 46
Taybeere 100
Teekraut 77, 82
Thymian 77 ff.
Thymus citriodorus 78
Thymus vulgaris 78
Tomate 66 ff.
Tomatenhaus 37
Tonmehl 15, 17
Topfkultur 69
Trachtpflanze 139
Triticum aestivum 109
Triticum monococcum 109
Triticum spelta 109
Trockenmauer 82, 170 f.
Trocknen 185

U

Überwintern 63, 139
Unkraut 27 ff.

V

Valerianella locusta 63
Varroamilbe 139
Veredelung 89 f.
Vlies 35
Vogelmiere 28 f., 124
Vorkultur 24, 32

W

Walnuss 97
Wasser 175 ff.
Weichweizen 131
Weinrebe 104 f.
Weiße Fliege 27, 46
Weißkraut 58 f.
Wildkraut 28 f.
Winterbohnenkraut 77
Winterheckezwiebel 79, 82
Winter-Steckzwiebel 50
Worfelkörbe 112
Wurzelunkraut 29
Wyandotte-Hühner 126

Y

Ysop 78 f., 82 f.

Z

Zichoriensalat 60
Zisterne 177
Zitronen-Melisse 78, 81 f.
Zitronenthymian 78
Zucchini 73
Zuckerhut 60, 181
Zucker-Rübe 116
Zusatzfutter 125
Zweihäusigkeit 104
Zwerghuhn 126
Zwetschge 94
Zwiebelfliege 22
Zwiehuhn 126

Adressen, die Ihnen weiterhelfen

Gartenausstattung, Gartengeräte

Gartenbedarf-Versand Richard Ward
Günztalstr. 22
87733 Markt Rettenbach
Tel.: 0 83 92/16 46
www.gartenbedarf-versand.de

Ing. G. Beckmann KG
Simoniusstr. 10
88239 Wangen/Allgäu
Tel.: 0 75 22/97 45-0
www.beckmann-kg.de
(Gewächshäuser, Frühbeete)

W. Neudorff GmbH KG
Postfach 1209
31857 Emmerthal
Tel.: 0 51 55/62 4-0
www.neudorff.de

Bezugsquellen für Pflanzen bzw. Saatgut (Gemüse, Kräuter, Obst)

Rühlemann's Kräuter & Duftpflanzen
Auf dem Berg 2
27367 Horstedt
www.ruehlemanns.de
www.kraeuter-und-duftpflanzen.de

Albert Treppens & Co. Samen GmbH
Berliner Str. 84–88
14169 Berlin
Tel.: 0 30/8 11 33 36
www.treppens.de

Bioland Hof Jeebel
Jeebel 17
29410 Salzwedel
Tel.: 03 90 37/7 81
www.biogartenversand.de
(Saatgut und Pflanzen)

Ellenbergs Kartoffelvielfalt
Ebstorfer Str. 1
29576 Barum
Tel.: 0 58 06/3 04
www.kartoffelvielfalt.de

Dreschflegel
In der Aue 31
37213 Witzenhausen
www.dreschflegel-saatgut.de

Bingenheimer Saatgut AG Ökologische Saaten
Kronstr. 24
61209 Echzell-Bingenheim
www.bingenheimersaatgut.de

Baumschule Klaus Ganter KG
Baumstr. 2
79369 Wyhl
Tel.: 0 76 42/10 61
www.obstbau.de

Baumschule Hofmann
Hauptstr. 36
91094 Langensendelbach
Tel.: 0 91 33/46 87
www.baumschule-hofmann.de

N. L. Chrestensen Erfurter Samen- und Pflanzenzucht GmbH
Witterdaer Weg 6
99092 Erfurt
Tel.: 0 36 1/22 45-0
www.gartenversandhaus.de

Tierhaltung

Imkereibedarf Heinrich Holtermann KG
Scheesseler Str. 12
27386 Brockel
Tel.: 0 42 66/9 30 40
www.holtermann-shop.de

Hasenstallbau VBL Langhagel
Am Bahnhof 3
29690 Lindwedel
Tel.: 0 50 73/92 34 41
www.hasenstall-bau.de

HühnerHausMobil Dipl.-Ing. agr. Ralf Müller
Waldquellenweg 42
33649 Bielefelde
Tel.: 05 21/94 57-140
www.huehnerhaus-mobil.de

Bildnachweis

A_Lein – Fotolia.com: 31
akiyoko – Fotolia.com: 50r
Alekss – Fotolia.com: 129
AlexRaths – istockphoto.com: 54
alisonhancock – Fotolia.com: 17
annamavritta – Fotolia.com: 9
Antje Lindert-Rottke – Fotolia.com: 131
avorym – Fotolia.com: 141
Baumjohann: 15, 24, 28, 32, 35, 70
Blickwinkel/McPHOTOs: 38
Bross-Burkhardt: 37, 44, 59, 60, 65, 68, 81, 99, 186l
Celeste Cota – Fotolia.com: 11
Christian Jung – Fotolia.com: 95
Cora Müller – Fotolia.com: 76
creative soul – Fotolia.com: 50l
Darios – Fotolia.com: 138
Deyan Georgiev – Fotolia.com: 180
Downunderphoto – Fotolia.com: 104
emjay smith – Fotolia.com: 21
ExQuisine – Fotolia.com: 186r
Flora Press/BIOSPHOTO/Denis Bringard: 47, 48
Flora Press/BIOSPHOTO/Gilles Le Scanff & Joëlle-Caroline Mayer: 86, 97
Flora Press/Botanical Images/CHRIS WHEELER: 4, 74/75
Flora Press/Christine Ann Föll: 51
Flora Press/Edition Phönix: 8, 144, 170
Flora Press/Gisela Caspersen: 172
Flora Press/Helga Noack: 69
Flora Press/MAP: 62r
Flora Press/Meyer-Rebentisch: 55
Flora Press/Nova Photo Graphik: 67, 173
Flora Press/Otmar Diez: 185
Flora Press/Practical Pictures: 87, 94
Flora Press/The Garden Collection/Derek St. Romaine: 117
Flora Press/The Garden Collection/FLPA: 114
Flora Press/The Garden Collection/John Glover: 1, 46r
Flora Press/The Garden Collection/Nicola Stocken Tomkins: 34
Flora Press/Visions: 58
focus finder – Fotolia.com: 23
funkyboney – Fotolia.com: 110
GBA/Didillon: 175
GBA/Nichols: 105, 142/143, 174
GBA/Noun: 16l, 18, 46l, 62l, 177
George Clerk – istockphoto.com: 2/3, 124
Grecaud Paul – Fotolia.com: 108
HandmadePictures – Fotolia.com: 53
Hecker: 26
hfox – Fotolia.com: 96
JayJay – Fotolia.com: 19
Kathleen Palnau – Fotolia.com: 176
Kenishirotie – Fotolia.com: 115
ksena32 – Fotolia.com: 64
Marianne Mayer – Fotolia.com: 118
mauritius images/Bridge: 5, 120/121
mauritius images/David & Micha Sheldon: 134l, 135
mauritius images/Flirt: 112
mauritius images/Food and Drink: 130
mauritius images/foodcollection: 93
mauritius images/Garden World Images: 168l
mauritius images/Gerard Lacz: 123
mauritius images/Hans Reinhard: 127
mauritius images/Harald Lange: 122
mauritius images/Hiroshi Higuchi: 128
mauritius images/ib/Albrecht Weißer: 167
mauritius images/ib/Angela Hampton/FLPA: 134r
mauritius images/ib/Christian Heinrich: 145
mauritius images/ib/David Hosking/FLPA: 140l
mauritius images/ib/Katja Kreder: 6/7
mauritius images/ib/Kurt Möbus: 16r
mauritius images/Klaus Scholz: 164/165, 166
mauritius images/P. Widmann: 106/107
Nina Petrova – Fotolia.com: 137
peteri – Fotolia.com: 140r
pholidito – Fotolia.com: 27
photocrew – Fotolia.com: 113
Reinhard: 132, 133, 178/179, 181, 182
RioPatuca Images – Fotolia.com: 45
Sergey Lavrentev – Fotolia.com: 136
Shutterstock.com – Dream79: 187
Shutterstock.com – Imcsike: 78
Shutterstock.com – audaxl: 14
Shutterstock.com – NatashaPhoto: 184
Shutterstock.com – texturis: 77
siberianlena – Fotolia.com: 56
smereka – Fotolia.com: 109
Strauß: 12, 20, 30, 36, 39, 42/43, 49, 63, 73, 83, 84/85, 88, 89, 91, 92, 99, 100, 101, 102, 103, 168r, 169
Tippapatt – istockphoto.com: 72
Viktor Pravdica – Fotolia.com: 80

Über die Autorin

Dr. rer. agr. Brunhilde Bross-Burkhardt arbeitet seit über drei Jahrzehnten als Fachjournalistin und Buchautorin mit den Schwerpunkten Gartenbau und Botanik. Sie war Chefredakteurin der ersten deutschen Biogartenzeitschrift »Gartenland« und war bei einem landwirtschaftlichen Wochenblatt viele Jahre lang verantwortliche Redakteurin für die Rubriken Pflanzenbau, Garten und Hobbytierhaltung. Ihr praxisorientiertes Wissen gibt sie in Vorträgen und Kursen weiter. Neben unzähligen Artikeln in landwirtschaftlichen und gärtnerischen Fachzeitschriften hat sie über dreißig Bücher über Nutz- und Zierpflanzen sowie über garten- und kulturgeschichtliche Themen veröffentlicht. Sie ist Kuratoriumsmitglied der Gärtnerhofstiftung.

Weitere Informationen unter www.bross-burkhardt.de

Impressum

Bibliografische Information der Deutschen Nationalbibliothek
Die Deutsche Nationalbibliothek verzeichnet diese Publikation in der Deutschen Nationalbibliografie; detaillierte bibliografische Daten sind im Internet über http://dnb.d-nb.de abrufbar.

BLV Buchverlag GmbH & Co. KG
80797 München

Umschlagkonzeption: Kochan & Partner, München
Umschlagfotos:
Titelbild: GAP Photos/Pernilla Bergdahl
Rückseite: Alex Raths – istockphoto.com (links); Sylvia Bespaluk (Mitte); Reinhard (rechts)

Lektorat: Christine Weidenweber
Herstellung: Angelika Tröger
Layoutkonzept Innenteil und Satz: griesbeckdesign, München

Gedruckt auf chlorfrei gebleichtem Papier

Printed in Slovakia
ISBN 978-3-8354-1215-6

Hinweis
Das vorliegende Buch wurde sorgfältig erarbeitet. Dennoch erfolgen alle Angaben ohne Gewähr. Weder Autorin noch Verlag können für eventuelle Nachteile oder Schäden, die aus den im Buch vorgestellten Informationen resultieren, eine Haftung übernehmen.

Der Grundkurs: Imkern für Einsteiger

Sabine Armbruster
Das Bienen-Praxisbuch
Imkern im Garten, in der Stadt, auf kleinem Raum, zur Unterstützung der Bienen, aus Freude an der Natur und um Honig für den Eigenbedarf zu ernten · Grundkurs: Ausrüstung, Bienenwohnungen, Praxis · Rezepte mit Honig, Propolis & Co.: Kuliarisches, Gesundes und Wellness · Extra: Imker ganz persönlich – ihre Motivationen und Erfahrungen.
ISBN 978-3-8354-1126-5

www.blv.de blv